Ermittlung auf zwei Rädern

Die wahre Geschichte des verdeckten Ermittlers, der sich in die brutalste Motorradgang Amerikas einschleuste

von William Queen

Copyright © der Originalausgabe 2005 by William Queen
Titel der amerikanischen Originalausgabe „Under and alone – The true story of the undercover agent who infiltrated america's most violent outlaw motorcycle gang"

Copyright © der deutschen Ausgabe 2008 Stattverlag KG, Berlin
Übersetzt von Rudolf Mast

ISBN 978-3-937542-01-0
1. Auflage Juni 2008

Alle Rechte vorbehalten. Das Werk ist urheberrechtlich geschützt und darf ohne vorherige Genehmigung des Verlages nicht – auch nicht in Teilen und Auszügen – reproduziert oder in jedweder elektronischer Form gespeichert/weiterverarbeitet werden.

Über den Autor

William Queen hat 20 Jahre als Special Agent für das Amt für Alkohol, Tabak und Schusswaffen* gearbeitet, einer Unterbehörde des US-amerikanischen Finanzministeriums. Während seiner Laufbahn arbeitete er widerholt als verdeckter Ermittler und wurde dafür mehrfach ausgezeichnet. Zuvor diente er bei der U.S. Army und kämpfte unter anderem in Vietnam. Nach seiner Militärzeit widmete sich Queen ausschließlich seiner Arbeit als Vertreter der Bundesbehörden. Für seinen erfolgreichen Einsatz als „Billy St. John" wurde er unter anderem vom Justizministerium, der Bundesanwaltskammer und dem ATF ausgezeichnet.

[* seit 2003: Bureau of Alcohol, Tobacco, Firearms, and Explosives = Amt für Alkohol, Tabak, Schusswaffen und Sprengstoff]

Den Männern und Frauen gewidmet, die im Einsatz für die gerechte Sache ihr Leben riskieren.

Anmerkung des Verfassers

Falls nicht anders angegeben, handelt es sich bei den in diesem Buch beschriebenen Ereignissen, Namen und Orten um Fakten. Die dreijährige amtliche Untersuchung der kriminellen Machenschaften des Motorradclubs Mongols führte zu einer Reihe von Anklagen, mit denen die Staatsanwaltschaft das wachsende Problem der organisierten Kriminalität und Gewalt in den Vereinigten Staaten in den Griff zu bekommen versuchte. In diesem Buch beschriebene Straftaten sind durch tausende Stunden heimlich aufgezeichneter Gespräche und ebenso viele Unterlagen belegt, die durch Ermittlungsbehörden, Bundesanwaltschaft und zuständige Bezirksstaatsanwaltschaften für zahlreiche Prozesse zusammengetragen wurden.

Auch wenn hier und da die Detailgenauigkeit meines Berichtes darunter leidet, wird der Leser sicherlich verstehen, dass ich mitunter absichtlich vage geblieben bin, um mich selbst und andere vor Racheaktionen von Mitgliedern des Motorradclubs Mongols zu schützen. Denn auch wenn meine Ermittlungen seit Jahren abgeschlossen sind, machen mir immer neue Drohungen schmerzlich bewusst, dass ich auch in Zukunft Anlass zu Vor- und Umsicht haben werde.

1. Kapitel

September 1998
Irgendwo nahe Visalia, Kalifornien

„Machen wir es kurz, Billy. Arbeitest du für das FBI oder das ATF?"

Red Dogs von Wind und Sonne gegerbtes Gesicht war nur zehn Zentimeter von meinem entfernt. In seinem Atem mischten sich frisches Budweiser und der Gestank des Vortages. Die Worte, die er ausspuckte, brannten heißer als die südkalifornische Mittagssonne. Er neigte seinen Kopf zur Seite und kam mir noch näher: „Ich habe dich etwas gefragt, Billy!"

Red Dog, als nationaler Sergeant at Arms für die Disziplin im Motorradclub Mongols zuständig, war gut 1,80 Meter groß, trug langes, strähniges Haar und einen rostfarbenen Schnauzbart, dessen Enden übers Kinn ragten. Direkt neben dem linken Auge baumelte eine silberne Kette, die an seiner gepiercten Stirn befestigt war. Seine muskulösen Arme zierten ein Gewirr aus Tattoos, die er sich bei diversen Gefängnisaufenthalten hatte stechen lassen, und seine Rechte umklammerte eine geladene halbautomatische 9mm Glock. Unterdessen standen sechs andere Mongols – Evel, C.J., Domingo, Diablo, Bobby Loco und Lucifer –, alle mehr oder weniger unter dem Einfluss von Alkohol und Drogen, hinter ihm und hauten die Magazine in ihre Glocks und Berettas. Mehr als einer von ihnen hatte sein Mongol-Abzeichen mit Totenschädel und gekreuzten Knochen dekoriert, um der Welt mit einigem Stolz zu verkünden, dass er für den Club getötet hatte.

Hier, am Ende eines langen Feldweges, in einem aufgegebenen Orangenhain gut 180 Meilen nördlich von Los Angeles, hatte sich ein typischer südkalifornischer Tag – die goldene Sonne brannte auf das schwarze Asphaltband des Highways – schnell in den schlimmsten Albtraum verwandelt.

Im Auftrag des Amtes für Alkohol, Tabak und Schusswaffen (ATF), einer Unterbehörde des Finanzministeriums, hatte ich mich vor mehreren Monaten bei den Mongols eingeschleust und es zum „Anwärter" gebracht. Das ist eine Vorstufe zur Mitgliedschaft, die es mir erlaubte, auf meiner schwarzen Lederweste zwar das untere Banner mit der Aufschrift „California" zu tragen, aber nicht den schwarz-weißen Mittelteil und das obere Banner, das die Vollmitglieder kennzeichnete.

Als Anwärter ist man ein Sklave und Eigentum des Clubs. Man muss tun, was einem befohlen wird: Drogen und Waffen besorgen oder einem Mitglied den Hintern abwischen. Einige beließen es bei Anweisungen wie „Hol' mir ein Bier", „Zünd' mir eine Zigarette an" oder „Putz' mein Motorrad". Andere wiederum, Typen wie Red Dog, genossen es regelrecht, einem Anwärter das Leben zur Hölle zu machen.

Bis in den inneren Zirkel der Mongols vorzudringen war ein riskantes Unterfangen. Das ATF hielt den Motorradclub Mongols für die brutalste Motorradgang der USA, eine verschworene Gemeinschaft durchgeknallter, unberechenbarer und skrupelloser Krawallmacher. Mit 350 Vollmitgliedern war die Bande zwar wesentlich kleiner als die verhassten Rivalen Hells Angels, dafür war ihr Anteil am angerichteten Schaden seit der Gründung in den frühen Siebzigern überproportional.

Ihre schlimmsten Übergriffe in den 1970er und 80er Jahren waren gegen die Angels gerichtet, gegen die sie einen 17 Jahre währenden Krieg führten (und schließlich gewannen). Ab Mitte der Neunziger aber, beeinflusst durch die rücksichtslosen Latino-Gangs von East Los Angeles, blieb die Gewaltanwendung nicht länger auf die Auseinandersetzungen in der Motorradszene beschränkt. Vielmehr begannen die Mongols die Bevölkerung Südkaliforniens zu terrorisieren. Beliebte Bars und Clubs, in die der furchterregende Ruf der Bande noch nicht durchgedrungen war, wurden zum Schauplatz brutaler Überfälle, Messerstechereien und Schießereien. Ende 1997 mündete eine Auseinandersetzung in einem Club im San Gabriel Valley vor den Toren von Los Angeles in eine Schießerei mit einem Toten. Ebenfalls 1997 suchten die Mongols zwei Nachtclubs mitten in Los Angeles heim und stachen mehrere Kunden

Red Dog, mit bürgerlichem Namen Donald Jarvis, schikanierte
Billy während der gesamten Dauer der Ermittlungen.

nieder. Keiner der zahlreichen Augenzeugen wollte später gegen die Täter aussagen.

Die Gewalttätigkeit der Mongols blieb nicht auf die Welt außerhalb des Clubs beschränkt; auch Anwärter, die aufgenommen werden wollten, wurden ihr Opfer. Ende der 90er Jahre war der Ruf der Mongols so sehr ramponiert, dass die Zahl der Mitglieder rapide sank. Niemand wollte einem Club beitreten, wenn er zum Dank dafür Gefahr lief, nach Belieben zusammengeschlagen zu werden. Seit 1998 gilt daher in den gesamten USA die Regel: Anwärter werden nicht mehr geschlagen. Und außer Red Dog hielten sich fast alle daran.

Obwohl er als Sergeant at Arms den Regeln und der Satzung des Clubs Geltung verschaffen sollte – ja, der Club hatte eine siebzigseitige Satzung! –, ignorierte Red Dog sämtliche Absprachen und steuerte seine Harley mit einer ausgemachten „Leck mich-Haltung" durchs Leben. In den letzten Monaten hatte er mir bei jeder sich bietenden Gelegenheit die Faust in die Magengrube gerammt oder einen Kinnhaken verpasst. Mehr als einmal hatte er mich so hart erwischt, dass ich mich vor Schmerz krümmen musste und kurz davor war, mich zu übergeben. Aber ich war Anwärter, also biss ich die Zähne zusammen und schluckte es runter.

An jenem Morgen hatten wir uns bei C.J. getroffen, wo die „Patches" – so werden die Vollmitglieder des Clubs genannt, weil sie das vollständige Abzeichen tragen dürfen – zu saufen begannen und ich mich als Anwärter nützlich machte: Bier ranschleppen, Zigaretten anzünden und zusehen, wie sie sich Crank und Koks reinzogen. Als Red Dog sich davon überzeugt hatte, dass keiner mehr nüchtern war, gab er den Befehl zum Aufbruch: „Lasst uns ein bisschen ballern gehen."

Das gehörte zu den Voraussetzungen, um den Mongols beitreten zu können: Um als Vollmitglied anerkannt zu werden, musste ein Anwärter unter Beweis stellen, dass er eine Schusswaffe besaß und ein annehmbarer Schütze war. Als ich mich ans Lenkrad meines von Einschüssen durchlöcherten roten Ford Mustangs setzte, dachte ich deshalb, wir würden zu einem legalen Schießplatz fahren – und das dachte auch mein Schutzengel vom ATF. In einem Konvoi mit Red Dogs burgundrotem Chevrolet Monte Carlo an der Spitze verließen wir das Stadtgebiet von Visalia. Immer wieder sah ich in den Rückspiegel, um mich zu vergewissern, dass meine Kollegen vom ATF folgten. Aber als wir schließlich inmitten von Weinbergen und Orangenhainen in einen einsamen Feldweg abbogen, wurde mir schmerzlich bewusst, dass sie mich verloren hatten. Ebenso schmerzlich wurde mir klar, dass wir keineswegs zu einer normalen Schießübung fuhren. Und auf Hilfe von außen brauchte ich nicht zu hoffen. Dumm gelaufen, dachte ich mit einem letzten Rest Galgenhumor. Ich war allein.

Auf den Motorhauben der Autos lag inzwischen eine stattliche Kollektion halbautomatischer Waffen, und mit jedem Magazin, das in den Schäften verschwand, wurde die Stimmung im Orangenhain bedrohlicher. Ein Mongol fütterte schließlich eine halbautomatische Maschinenpistole, die in etwa so aussah wie die gute alte Thompson Submachine Gun aus der Zeit der Prohibition. Jedenfalls ist es eine extrem respekteinflößende Waffe, die sich bei Drogendealern und anderen harten Jungs großer Beliebtheit erfreut und selbstverständlich verboten ist. Mir war jedenfalls klar, dass eine solche Kugelspritze für Schießübungen völlig ungeeignet war. Wie die Thompson erfüllt auch sie nur einen einzigen Zweck: zu töten.

Ohne Vorwarnung kam mir Red Dog noch näher, schrie mit leicht geneigtem Kopf auf mich ein und beschuldigte mich, ein verdeckter Ermittler zu sein.

„Was soll die Scheiße, Red Dog?"

„Das wüsste ich gern von dir, Billy! Wem hast du gesagt, dass du nach Visalia fährst, um uns zu treffen? Wer weiß alles davon?"

„Niemand. Wie kommst du auf das schmale Brett, Red Dog?"

Sein Blick war so kalt wie Eis. „Wenn ich jetzt eine Kugel in deinen verdammten Schädel jage, weiß also niemand, wo er nach dir suchen soll. Habe ich das richtig verstanden, Billy?"

„Das hast du richtig verstanden, Red Dog."

Er zeigte auf das trostlose, von Müll übersäte Feld und befahl mir, leere Dosen aufzusammeln und sie als Zielscheibe aufzubauen. Unwillkürlich musste ich an einen Kriminalfall von 1963 denken, der durch den Bestseller von Joseph Wambaugh und der späteren Verfilmung berühmt geworden ist. Zwei junge Polizeibeamte hatten in Hollywood ein Auto angehalten, das im Zusammenhang mit mehreren bewaffneten Raubüberfällen zur Fahndung ausgeschrieben war. Dabei waren sie von den beiden Insassen entführt und auf ein abgelegenes Zwiebelfeld vor den Toren von Bakersfield verschleppt worden. Ian Campell, so der Name des einen Beamten, wurde vor den Augen seines Kollegen Karl Hettinger erschossen, der wie durch ein Wunder lebend entkam.

Als ich nun Red Dog und den anderen bewaffneten Mongols den Rücken zudrehte, machte ich mir keinerlei Illusionen: Nachdem ich den Einsatz in Vietnam und 25 Dienstjahre als Gesetzeshüter überstanden hatte, sollte es also so enden – und ich unter der sengenden Sonne Südkaliforniens in einem gottverlassenen Orangenhain irgendwo in der Nähe von Visalia durch die Kugel eines Mongols sterben.

Ich schloss die Augen und ging in der Erwartung los, dass mich gleich ein Kugelhagel niederstrecken würde. Zu allem Überfluss war ich nicht nur allein, sondern auch wehrlos. Red Dog und Domingo hatten wohlweislich dafür gesorgt, dass ich als einziger keine Waffe trug. Es war eine simple Gleichung: Wenn ihnen der Sinn danach stand, würde ich heute sterben. Ich stolperte in meinen Motorradstiefeln über das Feld, und plötzlich glaubte ich, meine beiden Söhne vor mir zu sehen, die tränenüberströmt über meinem offenen Sarg standen. Eine ähnlich schauerliche Vision hatte ich während meiner Dienstzeit in Vietnam, aber hier und heute gab es zweifellos nichts, wofür sich zu sterben lohnte.

Da hörte ich ein lautes Knirschen und spürte, wie mein Stiefel eine leere Bierdose zertrat. Mit zitternden Knien bückte ich mich und hob die Dose auf. Dabei drehte ich mich zu den Mongols und sah, dass sie nicht auf mich anlegten, sondern die Köpfe zusammensteckten und irgendetwas besprachen. Offensichtlich wollten sie mich doch nicht erschießen. Jedenfalls nicht sofort ...

2. Kapitel

„Queen, Leitung eins!"

An einem sonnigen Vormittag Ende Februar 1998 saß ich in meinem Büro am Van Nuys Boulevard und schrieb Berichte, als ein Anruf mein Leben veränderte. Durch den Hörer drang die Stimme von Special Agent John Ciccone, der aus dem ATF-Büro im Zentrum von Los Angeles anrief: „Billy Boy", sagte er, „wie wär's, wenn wir aus dir einen Mongol machen?"

Tief unter mir zog sich ein Band aus Autos und Motorrädern über den Highway. Ciccone war bekannt für seine üblen Streiche und die schlechten Spitznamen, die er verteilte. Aber mir war sofort klar, dass ihm diesmal absolut ernst war. „Was ist los, Johnny?"

Ciccone wusste, dass ich für einen anderen Fall mal einige Wochen bei den Hells Angels mitgemacht hatte. Damals arbeitete das ATF Hand in Hand mit der Steuerfahndung und der Polizei des Ventura County, um eine wasserdichte Anklage gegen die Angels hinzubekommen. Ciccone wusste auch, dass die Mongols für viele Morde und andere Verbrechen in Los Angeles verantwortlich waren, die der Motorradszene zugerechnet wurden.

„Billy, warum vergisst du nicht diese rotweiße Scheiße und siehst dir die Mongols mal genauer an?" Nach den Farben ihres Abzeichens werden die Hells Angels oft die Rot-Weißen genannt. Aus demselben Grund kennt man die Mongols auch als die Schwarz-Weißen.

Ciccone war zwar schon seit elf Jahren beim ATF, aber alles andere als ein Bilderbuch-Agent: „Ein Mann, ein Colt", Fälle, die nach diesem Muster abliefen, interessierten ihn herzlich wenig. Nur 1,70 Meter groß und schlank, gehörte Ciccone zu jenen Menschen, denen man auf der Straße oder im Einkaufszentrum begegnen kann, ohne Notiz von ihnen zu nehmen. Trotz seiner geringen Körpergröße strahlte er allerdings die zähe Entschlossenheit eines Langstreckenläufers aus – er lief tatsächlich Marathon und stemmte mit großer Begeisterung Gewichte –, und innerhalb des ATF galt er unbestritten als Autorität.

Ciccone und ich waren von 1992 bis 1998 gemeinsam in einer Spezialeinheit des ATF, und im Lauf der Jahre hatte ich seine besonderen Fähigkeiten kennen- und bewundern gelernt: Wie kein anderer im ATF konnte er selbst komplizierteste Fälle leiten. Das ist etwas, was man nicht an der ATF-Akademie in Glynco, Georgia, lernen kann. Zudem besaß John die seltene Gabe, mit der heiklen Mischung aus unterentwickeltem Selbstbewusstsein und übersteigerten Ansprüchen umgehen zu können, wie es im von alten Seilschaften und Korpsgeist geprägten Management des ATF die Regel war. Neidlos hatte ich anerkennen müssen, dass Ciccone als Barrakuda im Kielwasser großer weißer Haie schwimmen konnte und dabei noch was zu futtern abbekam.

„Willst du mir nicht erst mal verraten, was du von den Mongols willst?" erwiderte ich.

In den vergangenen Monaten hatte Ciccone zunehmend besorgniserregende Berichte über den Anstieg der kriminellen Aktivitäten der Mongols in den gesamten USA erhalten. Jene von uns, die sich bei der ATF mit kriminellen Motorradgangs befassten, waren ziemlich alarmiert, weil die Opfer von Überfällen, Schießereien und kaltblütigen Morden der Mongols nicht länger nur aus der Bikerszene, sondern immer öfter aus der normalen Bevölkerung stammten.

Das „Reich der Mongols", wie sie es selbst nannten, erstreckte sich über die südlichen und westlichen Staaten der USA und Mexiko, mit wachsenden Chaptern in Oklahoma, Arizona, Colorado und Georgia; das Zentrum jedoch lag in Südkalifornien und dort vor allem in den hispanisch dominierten Kommunen und Vierteln in und um Los Angeles herum.

Ciccone berichtete mir von einer Informantin, die sich bereit erklärt hatte, den Kontakt zur Gang herzustellen. Falls ich interessiert sei, so Ciccone, würde er mit den Jungs aus der Verwaltung reden, den Papierkram erledigen, und es könnte losgehen.

Billy vor dem The Place zu Beginn der Ermittlungen, ehe er auf dringendes Anraten eines Mongols den Bart trimmte.

Plötzlich meinte ich bonbonfarbene Chevrolet Impalas zu sehen, aus deren Fenstern Latino-Rap dröhnte, röhrende Harley-Davidsons, die majestätisch über den Asphalt glitten. „Wenn das so ist ... dann leg' mal los."

Weder Ciccone noch ich konnten in diesem Moment ahnen, welche Gefahren auf uns warteten und wie viele persönliche Opfer jeder von uns in den nächsten 28 Monaten würde bringen müssen. Und keiner von uns hätte sich träumen lassen, dass mit diesem Routineanruf die langwierig-ste verdeckte Ermittlung gegen eine Motorradgang in der Geschichte der USA beginnen sollte.

Im März 1998 war ich nach Oakland gereist, um bei Special Agent Steve Martin ein Motorrad abzuholen. Steve Martin leitete unseren Stützpunkt in Oakland. Ich hielt auf den Absolventen der Militärakade-mie von West Point große Stücke. Während unserer Ausbildung für die Spezialeinheit des ATF hatte uns eine freundschaftliche Rivalität verbun-den: Martin hatte als Jahrgangsbester abgeschlossen, ich, knapp dahinter, als Zweiter.

Vor einigen Jahren hatte sich Martin bei den Warlocks, einer krimi-nellen Motorradbande aus Florida, eingeschleust und es geschafft, eine beträchtliche Zahl an Mitgliedern wegen Drogen-, Waffen- und Spreng-stoffdelikten hinter Gitter zu bringen. Das Motorrad, das er seinerzeit ge-fahren hatte, war ihm lieb und teuer geworden, und als er zurück nach Oakland ging, hatte er es wie eine Trophäe mitgebracht. Nun, so hoffte ich, würde es mir Glück bringen.

Es war das Bike eines Motorradfreaks: eine nachtschwarze Harley-Da-vidson FLHTC mit einem frisierten Motor, der es in Sachen Höchstge-schwindigkeit mit jeder anderen Maschine aufnehmen konnte. Dank der nachgerüsteten Endrohre war dieses Monstrum schon aus einer Meile Entfernung zu hören. Und für Cops sogar aus zwei. Dass ich während der Arbeit ein solches Motorrad fahren dürfte, war das Tüpfelchen auf dem „i".

Nachdem der ganze Papierkram erledigt war, rief Ciccone an und be-richtete, dass seine Informantin uns gegen 21 Uhr auf dem Parkplatz der Rose Bowl in Pasadena treffen wollte. Es war Donnerstag, und uns war beiden klar, dass einige Mongols an diesem Abend im The Place sein würden.

Es hatte mich schon immer amüsiert, dass die Mongols, nicht eben als Intelligenzbestien bekannt, einen Ort namens The Place zu ihrem Treff-punkt erkoren hatten. Das erinnerte mich sehr an diese Socken für kleine Kinder, auf deren Zehen zur besseren Orientierung die Buchstaben „L" und „R" stehen.

„Okay", antwortete ich. „Ich werde da sein."

Komischerweise habe ich über das Unternehmen damals so gut wie gar nicht nachgedacht. Ich hielt es wohl für einen stinknormalen Undercover-Auftrag. Eher was für Anfänger. Nur ein paar Informationen zusammentragen.

Ich verließ mein Büro am Van Nuys Boulevard, nachdem ich meinen Vorgesetzten darüber informiert hatte, dass ich die Nacht über unterwegs wäre. Er ließ das übliche Geschwätz eines Bürohengstes ab und erinnerte mich daran, dass sich auf meinem Schreibtisch Papierberge stapelten. Das stimmte zwar, aber dass erfahrene Ermittler zu Sekretariatsarbeiten verdonnert werden, hatte Uncle Sam sicher nicht im Sinn, als er seine Steuergelder in meine Ausbildung als Gesetzeshüter steckte.

Gegen halb neun abends setzte ich mich auf meine neue Harley und fuhr zur Rose Bowl. Ciccone saß in seinem schwarzen Pontiac Grand Am und erwartete mich bereits. John liebte sein Auto abgöttisch, aber fuhr, als sollte es noch heute auf den Schrott. Ich bin nicht sonderlich religiös, aber jedesmal, wenn ich bei ihm mitfuhr, und sei es auch ein noch so kurzes Stück, betete ich für mich und alle, die das Schicksal vor Johns Kühlerhaube führte.

Die Rose Bowl, an jedem ersten Januar im Fokus der sportbegeisterten Nation, ist eine gigantische Arena, in der mehr als 90.000 Menschen die Spiele der College-Liga im Football verfolgen. Sie liegt an einem kleinen Pass, der die Täler von San Fernando und San Gabriel trennt. Das Viertel ist eigentlich ein altes Wohngebiet für Leute mit Geld und Geschmack, und selbst wenn keine Veranstaltungen stattfinden, kommen Menschen aus aller Welt her, um sich die Gegend anzusehen. Aber in dieser Nacht lag die Rose Bowl totenstill, und der Parkplatz war gähnend leer. Dafür funkelten tausende Sterne am wolkenlosen Nachthimmel Kaliforniens.

Ciccone und ich saßen im Pontiac und unterhielten uns über die bevorstehende Operation, während wir auf die Informantin warteten.

Ciccone hatte nicht allzu viel über die junge Frau erzählt. Ich wusste nur, dass Sue *[Name geändert]* einen Beamten der Polizei von Los Angeles kontaktiert hatte und bereit war, jemanden bei den Mongols einzuschleusen. Als Grund, so der Beamte, hatte sie ihre Wut darüber genannt, was die Mongols einem ihrer Freunde angetan hatten. Nicht, dass die Bande ihm Hab und Gut abgenommen, halb totgeprügelt oder andere Grausamkeiten angetan hätte. Nein, die junge Frau war wütend, weil sich die Mongols einen ihrer besten Freunde vorgeknöpft und aus dem vorbildlichen Familienvater ein skrupelloses Arschloch gemacht hatten. Dass diese Verwandlung sein ausdrücklicher Wunsch gewesen war (und sie selbst weiterhin zum Anhang der Mongols zählte), spielte in ihrer verqueren Logik keine Rolle. Doch ehrlich gesagt, waren mir ihre Motive ziemlich egal; Hauptsache, sie half mir und damit der gerechten Sache.

In Polizistenkreisen heißt es über solche Informanten: „Du musst immer damit rechnen, dass sie dich verarschen." Auch ohne Sue zu kennen, wusste ich daher, dass es ein gewisses Risiko barg, mich auf ihre Hilfe zu verlassen. Wie gefährlich es tatsächlich war, wurde mir erst klar, als sie vor mir stand.

Wenige Minuten nach unserer Ankunft bog ein alter, dreckiger und verbeulter Pritschenwagen auf den Parkplatz. Langsam kam er auf uns zu und hielt vor der einzigen Straßenlaterne, die weit und breit brannte. Darunter saßen Ciccone und ich im Pontiac. Bewusst hatte ich zwar keinen Gedanken daran verschwendet, aber wahrscheinlich hatte ich mir die Informantin als süße kleine Motorradbraut vorgestellt, bei der sich das schlechte Gewissen gemeldet hatte.

Was sich dann aus dem Lieferwagen herausarbeitete, war ein zweihundert Pfund schwerer, blondierter Tweaker, der weder stillstehen noch den Mund halten konnte. „Tweaker", so lautet im Polizeijargon der Ausdruck für Methamphetamin-Süchtige. Jeder, der auch nur einen Hauch davon versteht, wird bestätigen, wie brutal die körperlichen Auswirkungen dieser Droge sind. Eine attraktive junge Frau verwandelt sich im Nu in eine Medusa. Eine Schönheit war Sue sicherlich auch vor ihrer Drogenkarriere nicht gewesen; entsprechend drastisch war die Verschlechterung.

Inmitten des Redeschwalls, der sich aus Sues Mund ergoss, nickte ich Ciccone wortlos zu, um ihm zu seiner ausgezeichneten Wahl zu gratulieren. Schließlich einigten wir uns darauf, uns zu trennen und zu einem Schuppen namens In-N-Out Burger am Foothill Boulevard in Tujunga zu fahren. Dort sollte Sue zu mir aufs Motorrad umsteigen, damit wir zusammen ins The Place weiterfahren konnten. So weit war alles besprochen, und mit diesem Plan fuhren wir los.

Tujunga liegt am nordöstlichen Ende des San Fernando Valleys. Das Städtchen grenzt an Glendale und Pasadena und liegt eingebettet in die umgebende Hügellandschaft. Die Bebauung umfasst die gesamte Skala von heruntergekommenen Bruchbuden bis hin zu palastähnlichen Villen auf riesigen Grundstücken.

Mit einem überdurchschnittlich hohen Anteil weißer, kleinbürgerlicher bis proletarischer Bevölkerung und einer sehr aktiven Bikerszene ist Tujunga ein sozialer Brennpunkt. In Polizeikreisen trägt das Viertel daher auch den gleichen Spitznamen wie das Gefängnis von Alcatraz: The Rock. Im Laufe meiner Dienstzeit hatte ich hier viele Fälle, und in The Rock begann auch dieses Abenteuer.

Ich fuhr auf den Parkplatz des In-N-Out Burger, gefolgt von Sue und Ciccone. Sue parkte ihren Pritschenwagen und machte sich fertig, während Ciccone im Wagen blieb. Ich saß auf meinem Bike und wartete, ohne den Motor abzustellen. Mit einem gehobenen Daumen signalisierten Ciccone und ich quer über den Parkplatz: Alles in Ordnung.

Doch dann kam Sue zu mir und dem Motorrad. Wie in einem Wildwestfilm sprang sie auf eine der hinteren Fußrasten, als wäre es ein Steigbügel. Selbst Laien können ermessen, dass eine Harley-Davidson ein Superschwergewicht ist, und für eine FLHTC gilt das umso mehr. Ich hatte jedenfalls nicht die geringste Chance, das Bike aufrecht zu halten, wärend Sues fetter Hintern außenbords hing und es gnadenlos nach unten zog. Und so landeten wir mit einem lauten Knall auf dem Asphalt des Parkplatzes: ich, meine Informantin und Steve Martins geliebte Harley – ein denkbar unglücklicher Auftakt.

Von meinem Platz auf dem Asphalt sah ich zu Ciccone hoch. Seinen Gesichtsausdruck zu beschreiben ist ein Ding der Unmöglichkeit. Ich glaube, er wollte lachen, sich entschuldigen und flehte gleichzeitig die für das ATF zuständigen Götter an, dass dieser Vorfall kein schlechtes Omen sein möge. Ich richtete erst das Bike, dann mein Ego auf und bereitete den zweiten Versuch vor. Als hätte ich ein sechsjähriges Mädchen vor mir, erklärte ich Sue, dass ich unmöglich das Motorrad und sie, mithin ungefähr tausend Pfund, auf einmal stemmen könnte. Sie musste einen anderen Weg finden, um aufzusteigen. Sie warf mir einen vorwurfsvollen Blick zu, aber dann atmete sie tief durch und versuchte es vorsichtig noch mal.

Dank regelmäßiger Ausschreitungen und Gewalttätigkeiten hatte sich das The Place den Ruf des übelsten Bikertreffpunktes in der gesamten Gegend erworben. Tätlichkeiten und bewaffnete Handgemenge sowohl in als auch vor der Bar waren quasi an der Tagesordnung, und unter normalen Umständen hätte ich keinen Fuß in das Lokal gesetzt – jedenfalls nicht ohne einen Durchsuchungsbeschluss, eine Pistole und ein paar Kollegen zur Verstärkung. Jetzt näherte ich mich dem Schuppen mit einem flauen Gefühl im Magen. Das war mir von anderen Einsätzen her durchaus bekannt und zeigte mir, dass ich die nötige Anspannung hatte. Schließlich liegen Mut und Übermut nah beieinander.

Sechs oder sieben Motorräder standen vor dem Lokal. Als ich auf den Hof fuhr, konnte ich Hardrock-Musik hören. Ein abgerissener Gast, der offensichtlich zu viel getrunken hatte, stand an einem Münzfernsprecher vor der Tür. Ich fuhr einmal ums Haus herum, um einen Platz für mein Bike zu finden. Niemand nahm von uns Notiz – was mir nur recht sein konnte. Denn auch wenn ich bewaffnet war, fühlte ich mich nicht sonderlich wohl in meiner Haut. Schließlich sollte ich in wenigen Augenblicken einige Mitglieder der berüchtigten Mongols kennenlernen.

Ich hielt in der Nähe der Eingangstür, damit Sue absteigen konnte. In Erinnerung an den Unfall vor dem In-N-Out versuchte ich mit aller

Kraft, das Motorrad aufrecht zu halten. Es hier fallen zu lassen hätte einen denkbar schlechten Eindruck gemacht. Zum Glück gelang es Sue abzusteigen, ohne das Motorrad und mich zu Boden zu werfen. Ich klappte den Seitenständer aus und stellte den Motor ab. Als ich abstieg, sah ich Ciccone in seinem Pontiac vorbeifahren. Ich nahm den Helm ab und hängte ihn über den Rückspiegel. Jetzt wurde es ernst.

Von außen wirkte das The Place überraschend anders als sein Ruf: Es befand sich in einem alten Haus, das in den 1860er Jahren dem Pony Express als Station gedient hatte. Über dem Schankraum befanden sich fünf oder sechs Gästezimmer und ein gemeinsames Bad. Im Schankraum selbst war es entsetzlich eng. Carrena, die Besitzerin, hatte es tatsächlich geschafft, zwei Pooltische reinzustopfen und einen Bereich für Darts zu reservieren. Die beiden Toiletten waren vollkommen verdreckt. Der Holzfußboden sah aus, als läge er dort seit den Zeiten des Pony Express: schartig und fleckig durch die dauernde Berieselung mit Budweiser, Urin und Erbrochenem. Selbstverständlich gab es auch eine Jukebox, die mit Platten von Marilyn Manson, Metallica und Santana bestückt war.

Zu Ehren der Mongols waren die Wände schwarz und weiß gestrichen und mit typischen Biker-Utensilien behängt. Carrena war eine Bikerbraut aus echtem Schrot und Korn und mit einem Mongol namens The Kid liiert, der gerade eine Gefängnisstrafe absaß. Auf Carrenas Rücken waren die Worte „Privateigentum von The Kid" tätowiert. Ironischerweise war ihr Vater ein pensionierter Polizist.

Ich folgte Sue ins Innere des Lokals, das ausgesprochen spärlich beleuchtet war, voller Rauchschwaden hing und von zwielichtigen Gästen besucht war. Dazu gehörten auch zwei Mongols, die in vollem Ornat am anderen Ende des Raumes standen und Bier tranken. Um ein Haar wäre meine Mission bereits beendet gewesen, denn um mich auf die beiden aufmerksam zu machen, streckte Sue die Hand aus und zeigte für jeden sichtbar mit dem Finger auf sie.

„Herr Gott noch mal!" fauchte ich sie an. „Hast du noch alle Tassen im Schrank? Reiß dich gefälligst zusammen. Sonst reißen sie uns beiden den Arsch auf."

Sue war nicht nur drogensüchtig, sondern obendrein auch strohdumm. Zum Glück aber hatte niemand ihren Fingerzeig gesehen. So arbeitete ich mich zur Bar durch und schleppte sie hinter mir her. Dass ich meine Augen überall haben müsste, war mir vorher klar gewesen. Aber nun wusste ich, dass ich ein besonderes Augenmerk auf Sue haben musste, wenn ich hier lebend wieder rauskommen wollte.

Der Barmann war ein älterer, finster dreinschauender Typ. „Zwei Buds!" rief ich ihm durch die plärrende Gitarrenmusik zu, um eines gleich an Sue weiterzureichen. Ich hatte fest vor, nüchtern zu bleiben und mich mit einem Bier zu begnügen. Sue hatte offenbar die gegenteilige Absicht: In weniger als 30 Sekunden war ihre Flasche leer, und sie keifte: „Willst du auch noch eins?" Verdammt! Ich konnte den Ärger, der mich erwartete, förmlich riechen. Trotzdem gab ich ihr zehn Dollar, damit sie ihren Bedarf für die nächsten Minuten decken konnte, und musste erleben, wie sich beides – ihr Bier und mein Geld – quasi in Luft auflöste.

Sue stromerte scheinbar ziellos durch das Lokal und blieb bei verschiedenen Gästen kurz stehen, bis sie schließlich die beiden Mongols erreichte. Mein Einsatz stand kurz bevor. Ich sah, wie Sue die Arme ausstreckte und erst den einen, dann den anderen Biker kurz umarmte. Keiner von beiden erwiderte die Geste, aber sie verscheuchten Sue auch nicht. Schließlich nahm sie Blickkontakt mit mir auf und gab mir wortlos zu verstehen, dass ich dazukommen sollte. „Billy", sagte sie, als ich mich durchgekämpft hatte, „das ist Rocky."

Der Typ runzelte die Stirn und hob kurz seine Bierflasche. Ich folgte seinem Beispiel. „Hallo Rocky", begrüßte ich ihn.

Mit dem langen schwarzen Zopf, der bis fast zum Hintern reichte, glich Rocky eher einem Indianer auf dem Kriegspfad als einem Mexikaner. Er war ganz in Schwarz gekleidet und trug am Gürtel eine schwere Kette und ein langes Jagdmesser. Er war vergleichsweise jung, vielleicht Mitte Dreißig, und gehörte erst seit einem guten Jahr dazu. Um als richtig harter Hund durchzugehen, fehlte ihm noch das ein oder andere, aber er arbeitete daran.

Sue stellte mir auch den zweiten Mongol vor: „Und das ist Rancid."

Ein unbekannte Frau mit Rocky (Mitte) und Rancid (rechts) bei einer Beerdigung.

Ich hob mein Bud und sagte: „Hallo Rancid."

Der Name – „ranzig" – passte wie die Faust aufs Auge. Rancid hatte langes mattschwarzes Haar, das bis über die Schultern reichte. Die Menge Fett und Dreck unter seinen Nägeln wurde nur übertroffen von dem Fett und Dreck in seinem Haar. Er hatte eine Unmenge von Tätowierungen, beginnend mit einer Uzi in seinem Nacken. Wenn sein T-Shirt hochrutschte, wurde über seinem enormen Bierbauch das Wort „Mongol" sichtbar. Auf seinen Armen schließlich fand sich keine freie Stelle mehr. Seine raue Stimme war laut genug, die Gitarrenriffs von Carlos Santana zu übertönen, die aus der Jukebox dröhnten, gegen die Rancid lehnte. Er trug schwarze Jeans, an deren Gürtel ebenfalls eine schwere Kette und ein Jagdmesser funkelten. Wie ich später erfahren sollte, gehörten diese Utensilien zur Standardausrüstung jedes Mongols. Seine schwarzen Stiefel hatten Stahlkappen und zusätzlich verchromte Metallstachel – die ideale Waffe, um Gegnern eine klaffende Fleischwunde zu-

zufügen. Rancid war gekleidet, als wolle er in die Schlacht ziehen, und das trug nicht zu meiner Entspannung bei.

Sue sprach unterdessen schneller, als ihr Gehirn arbeitete. Mir war klar, dass sie helfen wollte, aber ihre Versuche waren derart unbeholfen, dass sie Gefahr lief, das Gegenteil zu erreichen. Sie erzählte in immer neuen Versionen, wie gut wir uns kannten und was wir alles schon gemeinsam erlebt hatten. Aus mindestens zwei Gründen bereitete mir das Sorgen: Denn erstens war es kein Ruhmesblatt, als ihr Freund zu gelten. Und zweitens war mir klar, wie schnell ich mich in dem Lügengespinst verfangen konnte, das sie gerade wob. Darum musste ich sie aus dem Lokal heraus schaffen, und zwar schnell. „Lass uns abhauen, Sue", sagte ich. „Ich muss noch was erledigen."

Sie legte den Kopf in den Nacken und lachte lauthals los. Keine Chance, sie loszueisen. Dafür steckte sie zu sehr voller Drogen, Alkohol und der Lust, sich zu amüsieren. Das war ihre Welt und hier ihr Platz, an dem sie mit ihren Kumpels von den Mongols feiern wollte.

Einige qualvolle Minuten später kämpfte ich mich zum Ausgang. Es war Schwerstarbeit, aber wie einen widerspenstigen Hund an der Leine schleppte ich Sue hinter mir her und auf die Straße. Ich fühlte mich, als sei ich aus einem Schattenreich in die Wirklichkeit zurückgekehrt. Alles war gut gegangen, keine Verluste zu beklagen. Und so war die erste Nacht unserer Undercover-Aktion gegen die Mongols zu einem guten Ende gelangt.

3. Kapitel

Arglose Zeitgenossen mögen Motorrad- und so genannte Rockerbanden für ein Relikt der 1960er Jahre und den Ausdruck eines Freiheitsgefühls halten, wie er in dem Film »Easy Rider« beschworen wurde. Andere assoziieren damit vielleicht den skandalösen Vorfall aus dem Jahr 1969, als Hells Angels auf dem Altamont Speedway einen Konzertbesucher erstachen, während Mick Jagger auf der Bühne „Under My Thumb" sang.

Heutige Motorradgangs jedoch sind kein Zusammenschluss saufender und ungebärdiger, etwas zu wild geratener Staatsbürger – eine motorisierte Variation von Jesse James und seiner Bande –, sondern streng durchorganisierte und extrem gewalttätige kriminelle Organisationen, eine der vielen Fratzen des organisierten Verbrechens.

Schriftliche Satzungen und Statuten sowie regelmäßige Abgaben und Beiträge machen diese Banden so schlagkräftig und gefährlich wie die traditionelle Cosa Nostra – nur dass sie noch aggressiver sind. Längst haben sie auch mehr Mitglieder als die Mafia, und Ableger finden sich überall auf dem Globus. Wie die traditionellen Mafia-Familien bilden diese Motorradclubs eine hermetisch geschlossene Gesellschaft. Der – aus polizeilicher Sicht entscheidende – Unterschied ist der ungleich offenere und hemmungslose Gebrauch von Gewalt. Während sich die Mafia immerhin bemüht, ihre kriminellen Geschäfte mit dem Anschein von Ehrbarkeit und Rechtschaffenheit zu ummänteln, geben sich die Biker durch ihre „Kutte" offen und ungeniert als Hells Angels, Pagans, Outlaws, Bandidos oder eben Mongols zu erkennen.

Einem Biker ist die Kutte – eine ärmellose Weste aus Baumwolle oder Leder mit unzähligen Abzeichen und Aufnähern, die von sexuellen oder kriminellen Heldentaten zeugen – absolut heilig und der wertvollste Besitz, dessen Verteidigung jeden Preis wert ist. Auch den eigenen Tod.

Die Kutte dient als weithin sichtbares Zeichen für die Identität und Zugehörigkeit eines Bikers – und das mit voller Absicht, denn die kriminellen Motorradgangs wollen, dass man weiß, wer und was sie sind, sie legen es darauf an, der Welt das Fürchten zu lehren, wenn sie im Pulk aus Hunderten Harleys und mit ohrenbetäubendem Lärm durch die Straßen fahren. All das gehört zu den Einschüchterungen, mit denen sie die Angst der Allgemeinheit schüren; dank dieser Angst können sie in den USA, in Kanada und Europa ungestört ihrem viele Milliarden Dollar schweren Geschäft mit illegalen Drogen, Waffen und Prostitution nachgehen.

Bei meinem ersten Einsatz als verdeckter Ermittler gegen kriminelle Motorradbanden in Südkalifornien in den späten 1990er Jahre befand sich die Szene gewissermaßen im Kriegszustand, einem internationalen Konflikt, in dem ein Bündnis aus mehreren Clubs – darunter Bandidos, Outlaws, Pagans und Mongols – die Hells Angels bekämpfte, damals wie heute die größte Rockerbande der USA. Von Long Island über Montreal bis Los Angeles mussten alle große Zeitungen regelmäßig über Messerstechereien, Schießereien und Brandanschläge berichten – einer Welle der Gewalt mit vielen Morden und noch mehr Mordversuchen.

Natürlich resultierte diese Gewalt zum Teil aus blankem Machismus. Vor allem aber ging es um Verteilungskämpfe im internationalen Drogenhandel. Den finanziellen Anteil der kriminellen Motorradbanden genau zu beziffern ist schwer, aber eine Ermittlung der kanadischen Behörden gegen die Hells Angels gibt eine Ahnung von den Größenordnungen. Im März 2001 endete eine Operation mit dem Codenamen „Frühling", bei der im Safe einer Wohnung in Quebec mehr als 5,6 Millionen Dollar gefunden wurden – die Tageseinnahmen aus dem Drogenhandel, wie es hieß. Allein in Quebec kontrollierten die Hells Angels ein Vertriebsnetz, das monatlich mehrere hundert Kilogramm Kokain und Haschisch im Wert von gut einer Milliarde Dollar pro Jahr umsetzte und die Ware aus so unterschiedlichen Ländern wie Pakistan, Südafrika, den Niederlanden, der Schweiz, Belgien und Jamaika bezog. Und dies sind nur die Erkenntnisse einer einzigen Ermittlung, die sich auf nur ein Chapter der Hells Angels in lediglich einer kanadischen Provinz beschränkte. Derzeit sind die Angels in 27 Ländern vertreten und haben weltweit nach den Bandidos die zweitmeisten Mitglieder.

Vielfach gleichen kriminelle Motorradbanden längst international tätigen terroristischen Organisationen. In Dänemark beschossen die Bandidos einen Treffpunkt der Hells Angels mit Granaten. In Montreal wurde Maurice „Mom" Boucher, Anführer der Hells Angels in Quebec, zu lebenslanger Haft verurteilt, weil er den Mord an zwei Gefängniswärtern angeordnet hatte. Um die Geschworenen während der Verhandlung zu schützen, sah sich die Provinz-Regierung von Quebec gezwungen, eigens ein neues Gerichtsgebäude zu bauen.

Motorisierte Clubs entstanden unmittelbar nach dem Zweiten Weltkrieg. Viele heimkehrende Soldaten vermissten Kameradschaft und Abenteuer, und da sie ohnehin Schwierigkeiten hatten, ins Zivilleben zurückzufinden, schlossen sie sich zusammen und machten mit ihren Motorrädern Marke Harley Davidson oder Indian gemeinsame Ausfahrten, die von Besäufnissen und Prügeleien gekrönt wurden.

Der Ausdruck „Ein-Prozenter" entstand 1947 als Folge eines Handgemenges in Hollister, Kalifornien, jener Auseinandersetzung unter Motorradfahrern, die auch den Film »The Wild One« inspirierte und die Bikerszene der USA zum ersten Mal in Misskredit brachte. Daraufhin distanzierte sich die American Motorcycle Association, der Dachverband der amerikanischen Motorradclubs, von der Minderheit, die den Ruf von angeblich „99 Prozent" gesetzestreuer Motorradfahrer beschädigten. Die so Geächteten griffen die Charakterisierung als Bedrohung der öffentlichen Ordnung dankbar auf, und seither tragen fast alle Clubs auf ihren Kutten einen Aufnäher mit dem Zeichen „1%er"

Der auch bei Außenstehenden bekannteste dieser Clubs sind sicherlich die Hells Angels, aber unter den Ein-Prozentern selbst ist keine Bande so gefürchtet wie die Mongols. Für uns beim ATF repräsentieren die Mongols die Rückkehr zu jenem Geist der Gesetzlosigkeit, mit dem die Bewegung ihren Anfang nahm. Ihr Motto lautet: „Respect few, fear none" – Achtung vor wenigen, Angst vor niemandem. Und nach diesem Motto leben sie auch.

17 Jahre lang lieferten sie sich eine verbissene Auseinandersetzung mit den Angels – den blutigen Kampf um das Recht, den Schriftzug „Cali-

fornia" auf der Kutte tragen zu dürfen.

Als die Mongols Anfang der 1970er Jahre erstmals auf der Szene erschienen, stellten die Angels ihnen ein Ultimatum: Entweder der Schriftzug wird entfernt, oder die Träger werden umgebracht. Noch nie hatten die Hells Angels zugelassen, dass sich eine andere Gruppe mit dem Namen eines Bundesstaates schmückt, in dem sie selbst vertreten waren. Und jedermann erwartete, dass sie sich auch gegen die wesentlich kleineren Mongols durchsetzen würden. Aber nach einem siebzehnjährigen Krieg und mehr als zwei Dutzend Angels und Mongols, die erstochen, durch Maschinengewehrsalven niedergestreckt oder in die Luft gesprengt wurden, gaben die Angels schließlich klein bei und gestanden den Mongols das Recht zu, auf ihren Kutten die Aufschrift „California" zu tragen. Im Gegenzug gestatteten die Mongols den Angels, auch weiterhin in Südkalifornien zu operieren. *[Anmerkung: Jesse Ventura, der spätere Gouverneur von Minnesota, kam 1973 als hochdekoriertes Mitglied einer Eliteeinheit der Marines aus Vietnam zurück und wurde auf einen Stützpunkt nahe San Diego versetzt. Dort schloss er sich den Mongols an und wurde bald zum Vollmitglied. Wie die Männer seiner früheren Kampfeinheit galten auch die Mongols als knallharte Jungs, die auch bei zahlenmäßiger Unterlegenheit weder einer Schlägerei noch einer Schießerei aus dem Weg gingen. Ventura aber behauptete steif und fest, nie an einer ungesetzmäßigen Aktion beteiligt gewesen zu sein (oder von einer solchen auch nur Kenntnis gehabt zu haben). Andernfalls hätte er sich zunächst vor einem Kriegsgericht und später vor einem Zivilgericht verantworten müssen.]*

Obwohl sie deutlich weniger Mitglieder haben als die Angels, Bandidos oder Outlaws *[Anmerkung: Laut neuester Schätzung der Ermittlungsbehörden gibt es knapp 3.000 Hells Angels in 27 Ländern, gut 3.000 Bandidos in 13 Ländern und 1.100 Outlaws in 11 Ländern.]*, hatten die Mongols vermutlich den höchsten Anteil an verurteilten Schwerverbrechern und Mördern. Von Beginn an bemühte sich die Gang, Mitglieder unter den kriminellen Chicanos von East Los Angeles zu rekrutieren — eingewanderte Mexikaner und deren Nachfahren, die in den kaliforni-

John Ciccone und Bill Queen während ihrer gemeinsamen Zeit in einer Spezialeinheit des ATF.

schen Gefängnissen das Sagen hatten. Zudem schmiedeten sie eine unheilvolle Allianz mit La Eme, der mexikanischen Mafia.

Alle kriminellen Banden Kaliforniens – einschließlich der berüchtigten Crips and Bloods – hatten lernen müssen, einen großen Bogen um die Mongols zu machen. Für die nämlich war das Töten eine Selbstverständlichkeit, mit der sie auf belanglose Streitigkeiten und selbst ein falsches Wort reagieren konnten. Die unbedingte Loyalität und kleinteilige Struktur der Gruppe machte sie zu einer Art großstädtischer Eliteeinheit. Bis zum heutigen Tag haben die Mongols keine Auseinandersetzung mit einer rivalisierenden Gang verloren.

Während die Hells Angels heute Gewalt nur noch zur Durchsetzung ihrer wirtschaftlichen Interessen einsetzen, sind Mord und schwere Körperverletzung für die Mongols Ausdruck einer Lebenshaltung. So war es auch kein Zufall, dass die Gründungsmitglieder auf den Namen Mongols verfielen. Es erfüllt sie mit Stolz, als Geißel der Gesellschaft zu gelten, als legitime Erben Dschingis Khans, der die Bevölkerung durch Plünderungen und Vergewaltigungen terrorisierte.

Obwohl die Mongols die ermittelnden Behörden immer wieder geschickt ins Leere laufen ließen, gerieten sie Ende der 1990er Jahre ins Visier des ATF. Vor allem Special Agent John Ciccone interessierte sich brennend für Verbrechen wie Mord, Vergewaltigung, Erpressung, schweren Raub, Drogenhandel und Waffenschmuggel.

Ciccone wusste intuitiv, welch großer Fall hier schlummerte. Das FBI und die Polizeipräsidenten zahlloser Städte und Gemeinden hätten die Mongols liebend gern selbst hochgenommen. Doch das ATF mit seiner langen Geschichte erfolgreicher Ermittlungen gegen kriminelle Motorradclubs war am ehesten für eine solche Aufgabe gerüstet.

Die originellste verdeckte Ermittlung des ATF war zweifellos die der so genannten „Witwenmacher" in den frühen 1970ern Jahren, als sechs Beamte des ATF – Ray Ramos, Paul McQuistion, Paul Burke, Dick Newby, Jay Lanning und Bobby Greenleaf – einen fiktiven Motorradclub namens „Widow Makers" gründeten, um gegen Biker in Long Beach, Kalifornien, zu ermitteln. Am Ende der Aktion, der ersten gegen eine kriminelle Motorradbande an der gesamten Westküste, standen 13 Festnahmen wegen Waffen- und Drogenbesitzes. Ungefähr zur selben Zeit ermittelte das ATF in Zusammenarbeit mit der Antidrogenbehörde DEA in Nordkalifornien gegen die Hells Angels. Special Agent Douglas Gray schleuste sich für einige Monate bei den Angels ein, ohne es allerdings zum offiziellen Mitglied zu bringen. Dieser Fall war der erste, bei dem das Racketeer Influenced and Corrupt Organizations Gesetz (RICO) erfolgreich auf eine kriminelle Motorradbande angewandt wurde.

Im Lauf der Zeit setzten weitere Emittlungen des ATF die Gangs zunehmend unter Druck, etwa die erfolgreiche Unterwanderung des Warlock Motorradclubs in Florida durch meinen Freund Steve Martin, der drei weitere Beamte des ATF in die Bande einschleusen konnte. Der Erfolg des Unternehmens waren Anklagen wegen Waffen- und Drogenhandels. Und Ende 1997, kurz bevor ich zu den Mongols stieß, schleusten sich meine Kollegen Blake Boteler und Darrell Edwards in den Motorradclub Sons of Silence ein, den das ATF für die wichtigste kriminelle Organisation in ganz Colorado hielt, ohne je eines ihrer Mitglieder verhaften oder gar verurteilen zu können. Boteler und Edwards arbeiteten sich binnen zwei Jahren zu Vollmitgliedern des Chapters Colorado Springs hoch und trugen in dieser Zeit Belastungsmaterial zusammen, das für 51 Festnahmen, die Beschlagnahme von mehr als 75 Schusswaffen und Methamphetamin im Wert von über 250.000 Dollar reichte.

Auf die wachsenden Probleme mit kriminellen Motorradgangs hatte John Ciccone mit der Gründung einer eigenen „Gang" reagiert; deren Kern bildeten die ATF-Beamten John Carr, Eric Harden und Darrin Kozlowski, liebevoll Koz gerufen. Sie hatten zeitgleich bei der „Firma" angefangen und waren auch zehn Jahre später noch dieselben Haudegen wie zu Beginn ihrer Karriere. Und weil sie sehr eng zusammengearbeitet hatten, wussten sie sehr genau, wie der jeweils andere tickt, und waren – sofern das unter Polizisten möglich ist – so etwas wie Freunde geworden. Zumindest wussten sie, dass sie sich aufeinander verlassen konnten, wenn es brenzlig wurde.

Monatelang hatten sich Ciccone, Koz, Carr und Harden den Kopf darüber zerbrochen, wie mit dem Erstarken der Mongols in Südkalifornien umzugehen sei. Schließlich verfielen sie auf die verwegene Idee, einen Bundesbeamten einzuschleusen.

Als sie die Mitarbeiter des ATF auf ihre Eignung hin durchgingen, war allen eines klar: Wer sich in die Rocker-Szene einschleusen lassen wollte,

29

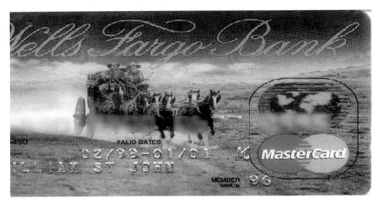

Einige der vielen Ausweise und Dokumente für Bill Queens Rolle als Billy St. John.

musste ein hart gesottener Bursche sein, um trotz der extremen Entbehrungen, der völligen Isolation und des ewigen Misstrauens klaren Kopf zu behalten. Zudem sollte er über eine gehörige Portion Erfahrung als verdeckter Ermittler verfügen – denn um jemanden in den Job erst einzuarbeiten, dafür reichte die Zeit nicht. In Sachen Erfahrung konnte mir im ATF keiner das Wasser reichen. Harden ist zudem schwarz, und Schwarze sind in der Szene der Ein-Prozenter eine absolute Ausnahme. Carr konnte nicht Motorrad fahren, und Koz hatte gerade eine Ermittlung gegen den Vagos Motorradclub hinter sich. Ein erneuter Einsatz als verdeckter Ermittler kam zweifellos zu früh. Gesucht wurde also, wie Ciccone es ausdrückte, jemand, dessen Mumm seinem Verstand mindestens ebenbürtig war.

Über Unmengen von Kaffee machten John und ich uns ein Bild über die aktuelle Stärke der Mongols und kamen auf etwa 350 Vollmitglieder – davon zirka 300 in Freiheit, der Rest in Haft –, verteilt auf mehr als 20 „Chapter" genannten Sektionen in Kalifornien, Nevada, Colorado, Oklahoma und Georgia. Doch nach Mexiko expandierte die Bande ebenso rasch wie in den Nordwesten der USA, zudem waren sie Bündnisse mit den Outlaws (gegründet in Chicago und inzwischen in Detroit ansässig) und dem texanischen Ableger der Bandidos eingegangen.

350 Mitglieder – das mag nach einer überschaubaren Bedrohung klingen. Ein Vergleich zeigt, wir irrig diese Annahme wäre: Laut Schätzungen des FBI hat jede der beiden mächtigsten Mafiagruppierungen, die Gambinos und die Genueser, derzeit 200 bis 250 Mitglieder. Und wie jede „Familie" der Mafia hat auch jedes Chapter eines Motorradclubs neben Anwärtern auch zahlreiche Mitläufer und Helfer, die im kriminellen Fall die Drecksarbeit übernehmen.

Ciccone und ich wussten aus Erfahrung, dass verdeckte Ermittlungen gegen eine kriminelle Motorradbande zwar extrem arbeitsaufwändig, aufgrund der enormen Gefahren aber selten erfolgreich sind. Schließlich handelt es sich nicht um gewöhnliche Kleinkriminelle, und falls es mal zur Anklage kommt, sind Zeugen und Opfer – und selbst ermittelnde Beamte – extrem gefährdet. Ende 1987 „verurteilten" Mitglieder des Pagan Motorradclubs in Pennsylvania einen FBI-Agenten vom Pittsburgher Spezialkommando gegen organisiertes Verbrechen und seinen Führungsoffizier zum Tode. Der Plan flog auf, ehe die Morde ausgeführt werden konnten, aber das Ziel der Drohung war eindeutig, jeden zu terrorisieren, der irgendwie in die Ermittlungen involviert war. In einem anderen Fall erhielten zwei Mitarbeiter der Staatsanwaltschaft, die gegen den Motorradclub Sons of Silence ermittelten, Morddrohungen.

Oft hat die Anklage enorme Schwierigkeiten, überhaupt Belastungszeugen zu finden – oder die Polizei findet deren Leichen. 1997 arbeitete ich an einem Fall, in den eine südkalifornische Bande involviert war. Ein Mitglied, das aus dem Club rausgeworfen worden war, hatte sich den Behörden als Informant angedient. Als die Gang davon Wind bekam, suchten sie ihn zu Hause auf und ermordeten ihn vor den Augen seiner Freundin.

Ciccone wusste selbstverständlich, dass ich durch meine Bereitschaft, verdeckt gegen die Mongols zu ermitteln, mein gewohntes Leben weitgehend aufgeben musste. Wie weit und für wie lange – das konnte keiner von uns wissen. Denn für ein gutes und schnelles Ende würden wir massive Unterstützung anderer Behörden und vor allem der Polizei von Los Angeles benötigen. Und je mehr Menschen von der Sache wussten, desto größer war das Risiko, denn schon ein einziges falsches Wort könnte fatale Folgen haben. Was unsere Vorgesetzten im ATF angeht, so war uns klar, wie schwer es würde, bei ihnen das viele Geld loszueisen, das ein langer Einsatz als verdeckter Ermittler nun einmal kostete: Eine neue Identität erforderte Wohnung, Telefon, Auto und natürlich ein Motorrad. Blieb noch das Problem meiner persönlichen Sicherheit. Denn sollte unsere Aktion gegen die Mongols am Ende erfolgreich sein, würde der Erfolg viele Väter haben. Wenn es aber dumm laufen und ich bei dem Einsatz verletzt würde – oder schlimmer –, dann, so war mir klar, würden alle sagen, dass die hochriskante Operation allein Ciccones und meine Idee war.

Doch gerade wegen der Verwicklungen war der Fall wie maßgeschneidert für John Ciccone. Sich mit der Verwaltung anzulegen lag ihm ungleich mehr als mir und machte ihm fast so viel Freude wie schwere Jungs hinter Gitter zu bringen.

4. Kapitel

Im Laufe meiner Karriere als Gesetzeshüter hatte ich damals schon 17 Jahre beim ATF gedient, zwei Jahre als Grenzbeamter und sechs als Polizist in North Carolina. In Vietnam, von wo ich zum Glück lebend zurückgekehrt bin, war ich Soldat in einer Sondereinheit, die bis zum letzten Tag in Saigon ausgeharrt hatte. In meinem gesamten Berufsleben war ich also nie etwas anderes als Polizist oder Soldat. Damit war ich in die Fußstapfen meines Vaters getreten, der in den 1950er und -60er Jahren als Beamter im Finanzministerium in den Bergen von North Carolina und Virginia Jagd auf Schwarzbrenner gemacht hatte.

Im ATF war ich bekannt als jemand, den es auf die Straße drängte, der Papierkram verabscheute und in der Verwaltung lauter Dummköpfe wähnte, die uns „Agenten" von der eigentlichen Arbeit abhielten. Ciccone wusste um meine Erfolge als verdeckter Ermittler, der ohne jedes Anzeichen von Nervosität den Crips and Blood in South Central Los Angeles Kokain und einem Neonazi im ländlichen West Virginia Maschinengewehre abgekauft hatte.

Die Fähigkeiten, über die ein verdeckter Ermittler verfügen sollte, muss er sich weitestgehend selbst beibringen, und bevor er zum ersten Mal abtaucht, erhält er so gut wie keine Ausbildung. Am gemeinsamen Trainingszentrum der staatlichen Ermittlungsbehörden in Georgia gibt es eine Art Grundkurs, und mit einer gewissen Berufserfahrung im Rücken, können Beamte dort einen Aufbaukurs belegen. Nach meiner Erfahrung lehren die Ausbilder dort jedoch Dinge, die man schon beim ersten Einsatz wissen sollte, etwa wie man sich eine wasserdichte Legende verschafft und wie weit man bei einem Einsatz gehen darf, ohne sich strafbar zu machen. Darüber hinaus vermitteln sie psychologische Techniken, mit deren Hilfe man bedrohliche Situationen besser beurteilen können soll, und den Umgang mit elektronischer Überwachungstechnik. Darüber hinaus werden die rechtlichen Grundlagen eines Einsatzes erklärt. Denn ein verdeckter Ermittler darf sich zwar verteidigen, sollte aber nie als Erster Gewalt anwenden. Und Straftaten sollten von ihm selbstverständlich auch nicht ausgehen.

Die Regeln des ATF verbieten einem Ermittler darüber hinaus ausdrücklich den Konsum von Drogen. Eine Ausnahme ist ihm nur dann erlaubt, wenn er die berechtigte Befürchtung hat, sein Leben sei in Gefahr. Wurde er gezwungen, Drogen zu rauchen, zu schlucken oder sich zu spritzen, wird er wie jeder andere Staatsbedienstete behandelt, der in Ausübung seines Dienstes verletzt wurde, und soll so schnell wie möglich zum Arzt, besser noch ins Krankenhaus gebracht werden. Hat er sich erholt, muss er einen riesigen Berg Papierkram abarbeiten, um den Vorfall zu erklären und sich zu rechtfertigen. Und dann liegt es im Ermessen seines Vorgesetzten, ob er seinen Auftrag weiterführen darf.

Tatsache ist: Die Arbeit eines verdeckten Ermittlers lässt sich nicht im Klassenzimmer lehren. Das wäre, als wollte man die Position des Quaterback im Football oder virtuoses Klavierspiel allein aus Büchern lernen. Ein Ausbilder kann gewisse Grundlagen vermitteln, aber am Ende hängt alles vom individuellen Talent und Temperament, der Cleverness und der Improvisationsgabe ab. Das Ganze ist eher Kunst denn Wissenschaft. Die nötigen Tricks und Kniffe lernt man mit der Zeit im Einsatz, so wie ich nach mittlerweile über 20 Jahren.

Bevor ich die Ermittlungen gegen die Mongols aufnahm, hatte ich schon so oft verdeckt gearbeitet, dass ich mir eine neue Tarnung nicht erst zusammensuchen musste. Im Lauf des letzten Jahrzehnts hatte ich mir eine wasserfeste Identität als Billy St. John zugelegt, ein Name, den ich beim Einsatz gegen verschiedene rechtsradikale Gruppierungen – die KKK, Neonazis und Skinheads, die Aryan Nations und die National Alliance – quer durch die USA benutzt hatte. Im Zuge einer solchen Ermittlung konnte ich so tief in die National Alliance – die größte und aktivste Neonazi-Organisation der USA –, eindringen, dass ich nicht nur als Mitglied aufgenommen wurde, sondern auch das Angebot hatte, im Hauptquartier in West Virginia mitzuarbeiten. Dort freundete ich mich zum Schein mit dem Gründer und Leiter der National Alliance, Dr. William Pierce, an, der auch den apokalyptischen, die „weiße Rasse" verherrlichende Roman „The Turner Diaries" verfasst hat. Dieses Machwerk sollte später durch Timothy McVeigh, den so genannten Oklahoma-Bomber, zu trauriger Berühmtheit gelangen, der in Pierce den Propheten eines kommenden Rassenkrieges sah. In mein Exemplar des Buches hat William Pierce eine persönliche Widmung geschrieben:

Revolutionäre Grüße
an Bill St. John,
einen echten Kameraden
Wm Pierce
7/17/94

Im Januar 1998 jedoch ermittelte ich nicht mehr gegen Neonazis, sondern fuhr auf einer Harley durch Südkalifornien und suchte Anschluss an kriminelle Motorradgruppierungen.

Es gibt einen Punkt, der in meiner echten und in meiner gefälschten Persönlichkeit identisch war, und das war meine Liebe zu Motorrädern. Seit ich erwachsen bin, fahre ich Motorrad. Als ich 16 Jahre alt war, kaufte sich mein älterer Bruder eine alte und völlig heruntergekommene Triumph 650 cc, die wir irgendwie wieder ans Laufen brachten. Später hätte sich mein Bruder um ein Haar damit totgefahren. Nach der Armeezeit und vom ersten Geld als Polizist in North Carolina kaufte ich meine erste Harley Davidson. Damals war ich 24. Seither habe ich immer eine Harley besessen, vom aufgemotzten und frisierten Chopper bis zum Serienfahrzeug direkt aus dem Schaufenster.

Seit Jahresbeginn war ich als Billy St. John auf einer Harley unterwegs, die zum Fuhrpark des ATF gehörte. Vorzugsweise trieb ich mich mit einigen Hells Angels im Tal von San Fernando herum, um im Rahmen einer gemeinsamen Ermittlung von ATF, IRS und der Polizei von Ventura Informationen zu beschaffen. Dafür verbrachte ich viel Zeit in einer heruntergekommenen Striptease-Bar namens Candy Cat in Chatsworth. Das Tal von San Fernando, überregional bekannt geworden durch den Fall Rodney King und das Erdbeben drei Jahre darauf, war damals eine Hochburg der Hells Angels.

35

Wer im Zuge einer verdeckten Ermittlung ganz auf sich gestellt ist, sollte sich an die alte Maxime halten: „Bist du in Rom, benimm dich wie ein Römer." Seit ich mich den Angels angeschlossen hatte, hatte ich mir also das Haar wachsen lassen, und wie mein grauer Bart war es inzwischen lang und ungepflegt. Um ehrlich zu sein, rümpfte der ein oder andere Zeitgenosse bereits die Nase. Leider erfuhr auch mein Gruppenleiter beim ATF von meinem Aussehen, und der war alles andere als begeistert. Als typischer Bürohengst hatte er seine eigene Vorstellung davon, wie ein Beamter aussehen sollte: Egal ob im verdeckten Einsatz oder nicht.

Ich hatte die Harley, das entsprechende Aussehen und die Erfahrung als verdeckter Ermittler. Aber etwas anderes war noch wertvoller: Ich durfte von Darrin Kozlowski lernen.

Wir waren beide im Büro am Van Nuys Boulevard untergebracht, und dort hatte ich ihm vor einem Jahr bei seinen Ermittlungen gegen den Vagos Motorradclub über die Schulter sehen dürfen. Schon dass es ihm gelungen war, sich einzuschleusen, hatte mich verblüfft. Denn selbst für Leute, die aus freien Stücken Mitglied werden wollen, ist es ein hartes Stück Arbeit, in eine Motorradgang aufgenommen zu werden, und erfordert ein Höchstmaß an Loyalität, Willensstärke, Durchhaltevermögen und physischer Leistungsfähigkeit, die in verschiedenen Tests geprüft werden. Um das Vertrauen der Gang zu gewinnen, muss man notfalls an Straftaten teilnehmen, zu denen auch Mord gehören kann. Das Vorleben der künftigen Mitglieder wird so gründlich durchleuchtet wie für eine militärische Unbedenklichkeitsbescheinigung. Für einen verdeckten Ermittler wird die Luft verdammt dünn, wenn harte Drogen konsumiert, Raubüberfälle und Vergewaltigungen geplant oder andere Gewaltverbrechen begangen werden. In einer solchen Situation muss der Ermittler intuitiv wissen, wie er sich zu verhalten hat, und zugleich einen sechsten Sinn entwickeln, der ihm sagt, wann er sich abzusetzen hat. Zudem ist es eine immense Belastung, der Gang ständig etwas vorspielen zu müssen und sorgfältig zu verbergen, wer und was man wirklich ist, was man fühlt und für welche Werte man tatsächlich eintritt.

Mit Bewunderung und einer Portion Ehrfurcht hatte ich erleben dürfen, wie Koz die Vagos-Sache bearbeitet hatte. Ich hatte gesehen, wie sich Kollegen den Hintern aufreißen mussten, um an ihm dranzubleiben. Ich hatte ihn von spontanen Eingebungen sprechen hören, die ihm mehrfach aus der Patsche geholfen hatten, wenn die Vagos ihn in ihre kriminellen Machenschaften hineinziehen oder ihm Drogen schmackhaft machen wollten. Ich hatte aber auch erleben müssen, wie seine Ermittlungen zu einer Sache auf Leben und Tod wurden. Es begann damit, dass der Informant, der Koz bei den Vagos eingeschleust hatte, auf dem Hollywood Boulevard einen Verkehrsunfall hatte, und zwar mit einem Motorrad aus dem Fuhrpark des ATF. Zwar nicht das Nummernschild, aber die Fahrgestellnummer ließ Rückschlüsse auf den wirklichen Besitzer zu. Eine solche Nachlässigkeit konnte zu Mord und Totschlag führen. Denn direkt nach dem Unfall fuhren die Vagos zu einer Polizeiwache in Los Angeles, um den Vorfall zu melden. Dabei erfuhren sie, wem das Fahrzeug in Wirklichkeit gehörte. Daraufhin statteten sie der Frau des Informanten einen Besuch ab, um zu erfahren, wie ihr verstorbener Mann an ein Motorrad des ATF gekommen war. Die vollkommen aufgelöste Frau redete wie ein Wasserfall und verriet, dass ihr Mann als Informant für das ATF gearbeitet und Koz in die Bande eingeschleust hatte.

Koz' Tarnung war mit einem Schlag aufgeflogen, und unter normalen Umständen wäre das sein Todesurteil gewesen. Dass er sich heute noch bester Gesundheit erfreut, liegt nicht an fehlenden Versuchen der Vagos, das zu ändern. Als die Ermittlungen weitergingen, erhielt Koz den Anruf eines Vagos, der so tat, als wüsste er von nichts, und ein Treffen arrangieren wollte. Der richtige Riecher, der schon manchem Polizisten den Hintern gerettet hat, ließ an diesem Tag auch Koz nicht im Stich, und er ging nicht zur Verabredung. Schließlich fanden die Vagos raus, wo er wohnte, und begannen, ihn und seine Familie zu terrorisieren.

Doch Koz war niemand, der sich auf der Nase herumtanzen ließ: Der große, athletische Kerl aus dem Mittleren Westen mit dem fröhlichen Lächeln und einem sonnigen Gemüt wollte sich weder versetzen lassen noch klein beigeben. Also musste das ATF einige Männer einer Spezialeinheit abstellen, die normalerweise Jagd auf Crackdealer machten und nun für einige Wochen mit ihren Sturmgewehren zu Koz und seiner Familie zogen.

Doch auch in dieser Situation arbeitete er weiter – und war nicht nur deshalb einer unserer besten Ermittler. Zwar mündete der Fall Vagos letztlich in einer Sackgasse, trotzdem habe ich damals ungeheuer viel gelernt.

Nachdem ich Rocky und Rancid im The Place vorgestellt worden war, fuhr ich häufiger ins Stammlokal der Mongols. Meine Informantin hatte erreicht, was sie erreichen wollte, und ließ sich nicht mehr blicken. Also verbrachte ich meine Nächte allein in der Spelunke, spielte Poolbillard, führte belanglose Unterhaltungen und trank Bud. Die Mongols wussten inzwischen zwar einiges über den Typen namens Billy St. John – geschiedener Vater, Veteran der U.S. Army und Angestellter in der Luft- und Raumfahrtindustrie –, aber noch überwog das anfängliche Misstrauen.

Bis Anfang April 1998 hatte ich ungefähr zehn oder zwölf Mongols kennengelernt, und ich geriet unter wachsenden Druck, die nächsten Schritte einzuleiten – und zwar schnell. Denn im Gegenzug für das viele Geld, das wir ausgaben, wollten meine Vorgesetzten belastbare Resultate sehen. Doch um eine derart komplizierte verdeckte Ermittlung beurteilen zu können, fehlte der Verwaltung schlicht die Kompetenz. Ich hingegen wusste sehr genau, dass wir durch allzu großen Zeitdruck das genaue Gegenteil erreichen würden. Die harten Jungs konnten nämlich sehr empfindlich reagieren, wenn man ihr Misstrauen weckte. Und ich wusste auch, dass eine verdeckte Ermittlung mit jedem Fehler schwieriger und gefährlicher wurde. Schließlich und endlich wusste ich aber auch, dass die Bürohengste im ATF jederzeit imstande waren, die Aktion ohne Angaben von Gründen abzublasen.

Um die Ermittlungen zu beschleunigen, planten Ciccone und ich den nächsten Schritt: Wenn irgend möglich, sollte ich zusammen mit den Mongols nach Laughlin fahren. Und dafür müsste mich einer der Mitglieder, die ich inzwischen kannte, ausdrücklich dazu auffordern.

Der Laughlin River Run ist nach Sturgis, South Dakota, und Daytona, Florida, Jahr für Jahr das drittgrößte Motorradtreffen in den USA, und für Biker aus Südkalifornien ist es das wichtigste Ereignis des Jahres. Nur gut fünf Fahrstunden von Los Angeles entfernt, liegt Laughlin – mitunter auch „Las Vegas für Arme" genannt – auf der Grenze zwischen Arizona und Nevada am Colorado zwischen dem Lake Mohave und dem Lake Mead. Normalerweise ist Laughlin eine Kleinstadt mit 10.000 Einwohnern und ganzjährig mildem Klima. An jedem dritten Aprilwochenende aber strömen zirka 25.000 Harleyfahrer in die Stadt, gesetzestreue Bürger ebenso wie Halbstarke und echte Rocker. Die durchweg friedliche und ausgelassene Stimmung wird gelegentlich getrübt durch Motorraddiebstähle und -unfälle sowie handgreifliche Auseinandersetzungen rivalisierender Clubs.

Viel Zeit, mich den Mongols anzuschließen, blieb mir nicht. Also überlegte ich, bei wem ich die größten Chancen hatte. Rocky war zwar unbestritten ein Ekelpaket, aber bei weitem kein so harter Hund wie Rancid. Bucket Head, ein weiteres Mitglied des Chapters San Fernando Valley, schien recht umgänglich zu sein, kam aber nur sehr unregelmäßig und deutlich seltener als Rocky ins The Place. Alles lief also darauf hinaus, dass Rocky den Türöffner für mich spielen müsste. Ich informierte mich über ihn und erfuhr, dass er 13 Jahre bei der Stadt Los Angeles gearbeitet hatte, bevor er an die Mongols und auf die schiefe Bahn geriet. Er war zwar nie verurteilt worden, aber die Liste seiner Verhaftungen war beeindruckend.

Wieder einmal trieb sich Rocky im The Place herum, spielte Poolbillard und trank Bier. Für einen Rocker lachte er recht viel und schien mit jedermann gut auszukommen. Als ich bemerkte, dass sein Bier alle war, wusste ich, was ich zu tun hatte.

„Rocky!" überschrie ich die Jukebox und reichte ihm ein frisches Bud. „Fahrt ihr eigentlich nach Laughlin?"

„Na klar. Du etwa nicht?"

„Lust hätte ich schon. Aber noch weiß ich nicht, mit wem."

„Tja", erwiderte Rocky nach einer kurzen Pause, „dann musst du wohl mit uns fahren."

„Einverstanden." Um die Abmachung zu besiegeln, streckte ich ihm meine Flasche Bier entgegen.

„Dann können wir ja ordentlich die Sau rauslassen", erwiderte er und stieß mit mir an.

Ich versuchte nach Kräften, meine Genugtuung zu verbergen. Und auch wenn ich die Details der Fahrt am liebsten sofort geklärt hätte, verkniff ich mir jegliche Nachfragen. Die Einladung hatte ich in der Tasche, alles andere konnte warten. Noch waren einige Tage Zeit, und die Details würde ich bis zum Wochenende noch in Erfahrung bringen. Also holte ich Rocky noch ein Bier und spielte einige Runden Pool.

Als ich mich um zwei Uhr morgens von Rocky verabschiedete, wiederholte er die Einladung, mit nach Laughlin zu fahren. Ich konnte es kaum erwarten, Ciccone davon zu berichten. Also setzte ich den Helm auf, startete den Motor und entschwand mit heillos überhöhter Geschwindigkeit in die Nacht.

In der Hoffnung, mehr über die Fahrt nach Laughlin herauszubekommen, trieb ich mich an den folgenden Tagen viel im The Place herum. Aber Rocky war so unberechenbar wie unzuverlässig. Je mehr Zeit verstrich, desto eigenartiger wurde sein Verhalten, und allmählich fragte ich mich, ob er überhaupt noch nach Laughlin fahren wollte. Schließlich wurde es Freitag, und da mehrere Mongols bereits losgefahren waren, machte ich mir allmählich Sorgen.

Warum verhielt sich Rocky so komisch? Misstraute er mir plötzlich? Klar war nur: Wenn ich nicht die Initiative ergriff, würde die Fahrt nach Laughlin ausfallen. Also nahm ich mir ein Herz und sprach ihn auf dem Weg zum Ausgang einfach an. „Sag mal, Rocky, wann wollen wir morgen früh eigentlich los?"

„Sei um neun Uhr bei mir", antwortete er, ohne die Partie Pool zu unterbrechen.

Als ich daraufhin die Bar verließ, folgte mir eines dieser Mädchen, wie es sie im Dunstkreis von Bikern im Überfluss gibt. Offensichtlich hatte sie mein Gespräch mit Rocky belauscht, denn sie fragte: „Willst du mich nicht mit nach Laughlin nehmen, Billy?"

Ich musterte sie von Kopf bis Fuß. Sie hatte einen passablen Körper, aber ein Gesicht zum Weglaufen. Ihre Bitte, sie nach Hause zu bringen, kam mir sehr gelegen. Meinem Image als Billy St. John konnte es nur nützlich sein, mit einer Frau im Schlepp gesehen zu werden – sowohl heute abend als auch in Laughlin. „Steig auf", sagte ich deshalb. „Wo wohnst du?"

„Immer den Foothill Boulevard lang. Ich sage Bescheid, wenn wir da sind."

Sie schlang ihre Arme um mich und rückte näher an mich heran als nötig. Während der Fahrt über den Foothill Boulevard schlug ich vor, sie solle um halb neun vor dem The Place stehen falls sie tatsächlich mit nach Laughlin wollte. Im Rückspiegel sah ich, dass Ciccone mir folgte. Sicherlich brannte er schon darauf, den Stand der Dinge zu erfahren. Eine Gruppe Beamter stand jedenfalls Gewehr bei Fuß, um mich nach Nevada zu begleiten.

Ich setzte das Mädchen vor ihrer Haustür ab, und als ich wieder losfuhr, ordnete sich Ciccone direkt hinter mir ein. Ich lotste ihn zu einem Parkplatz an der Lowell Avenue. Außer dass Rocky zwischendurch die Lust auf die Fahrt nach Laughlin verloren hatte, gab es nicht viel zu besprechen. Ich drehte eine Ehrenrunde und kam schließlich neben Ciccones Auto zum Stehen.

„Wie sieht's aus? Was hat er gesagt?"

„Wir treffen uns morgen früh um neun bei ihm. Ob noch andere Mongols mitfahren, weiß ich nicht."

„Wer war das Mädchen?"

„Ich soll sie mit nach Laughlin nehmen."

Ciccone lächelte verschmitzt: „Keine schlechte Tarnung."

„Das habe ich mir auch gedacht."

In dieser Phase der Ermittlung verbot es sich, versteckte technische Ausrüstung wie ein Aufnahmegerät zu tragen. Dafür war ich noch nicht lange genug dabei, und noch bestand das Risiko, dass Rocky oder ein anderer Mongol mich zusammenschlug und filzte. Und von einer kriminellen Vereinigung wie den Mongols mit einer Wanze oder dergleichen erwischt zu werden ist gleichbedeutend mit dem Todesurteil. Darum sollten Ciccone und seine Männer uns folgen, und um Kontakt aufzunehmen, würde ich ein normales Münztelefon benutzen.

Einigermaßen besorgt machte ich mich auf den Heimweg und versuchte mir einzureden, dass alles nach Plan laufen würde. Noch stärker aber war das Gefühl, dass vom nächsten Tag die gesamte Aktion abhing. Vielleicht spielte mir mein Gehirn deshalb Streiche. Die Nacht schien jedenfalls plötzlich dunkler und der Heimweg weiter.

Vor Sonnenaufgang war ich schon wieder auf den Beinen und zu meiner Erleichterung auch einigermaßen bei Sinnen. Ganz wohl war mir aber nicht in meiner Haut, als ich Ciccone anrief und ihm sagte, dass ich in wenigen Minuten losführe. Er gab mir den Rat mit auf den Weg, vorsichtig zu sein.

Von der Lowell Avenue bog ich auf den Foothill Boulevard Richtung The Place. Zu meiner Überraschung stand das Mädchen vor der Tür und wartete auf mich. Ich hielt an, sie stieg auf und klammerte sich so fest an mich wie am Abend zuvor. Noch war es zu früh, um zu Rocky zu fahren, also schlug ich vor, irgendwo zu frühstücken. Wie Sue war auch dieses Mädchen ein Tweaker, aber anders als bei den meisten Abhängigen litt ihr Appetit nicht unter der Drogensucht. Staunend sah ich zu, wie sie Pfannkuchen und Würstchen in sich reinstopfte. Außer „Gib mir mal das Salz" sprach ich allerdings kein Wort, denn meine Gedanken waren bei Rocky und dem, was mich vor seiner Haustür erwartete.

Er wohnte ganz in der Nähe des kleinen Restaurants, und bevor meine Stimmung ganz in den Keller rutschen konnte, waren wir schon da. Einen Moment lang hatte ich das Gefühl, mich in der Zeit vertan zu haben. Denn als ich an der Haustür klopfte, deutete nichts darauf hin, dass im Innern jemand wach war. Nach zwei endlos langen Minuten öffnete schließlich Rockys Frau. Sie hieß Vicky und kannte, wie ich später erfuhr, Rocky noch aus dem Sandkasten. Seither war sie stark gealtert, und ihre Augen waren so leer wie bei allen Drogensüchtigen. Sie ließ uns rein, nuschelte etwas wie „Rocky schläft noch", forderte uns auf, es uns bequem zu machen und verschwand Richtung Schlafzimmer. Einige Minuten später stand Rocky in der Tür. Er sah zum Erbarmen aus.

„Scheiße, Bill, wie spät ist es denn?"

„Neun."

„Dann kommt um elf noch mal."

Ich nickte. Immerhin blies er den Trip nicht ab.

„Okay, Rocky. Dann bis später."

Das Mädchen und ich kehrten zu meinem Motorrad zurück. Dort fiel ihr ein, dass sie zu wenig Drogen mitgenommen habe und deshalb noch mal nach Hause müsse. Mir war ziemlich klar, dass ich sie dort zwar absetzen, aber nicht wieder aufsteigen lassen sollte. „Auf Laughlin habe ich keine Lust mehr", erklärte ich ihr, als wir in die Straße bogen, in der sie wohnte. „Ich werde auch nach Hause fahren."

Sie seufzte einige Male und versuchte, mich umzustimmen, aber vergebens. Auf der Suche nach einer Telefonzelle, von der aus ich Ciccone informieren konnte, fuhr ich den Foothill Boulevard entlang. Schließlich berichtete ich Ciccone, dass Rocky noch geschlafen und die Abfahrt auf elf Uhr verschoben hatte. Wann wir loskamen, war Ciccone egal. Hauptsache, wir fuhren.

Seine Haltung war verständlich. Ciccone und sein Team vom ATF saßen auf heißen Kohlen, und ich hatte nicht vor, sie zu enttäuschen.

So früh am Morgen war niemand im The Place, aber nebenan lag der R & J Motorradshop, und der war geöffnet. R & J stand für Roy und Johnny, die Eigentümer, zwei erfahrene Harley-Davidson-Mechaniker, die zwar schlecht organisiert, ziemlich ruppig und nicht gerade reinlich waren, aber von einer Harley mehr verstanden als jeder andere in The Rock.

„Jemand zu Hause?" rief ich und arbeitete mich durch Berge von Ersatzteilen.

„Komm rein", erwiderte eine tiefe Stimme.

Johnny saß in der hintersten Ecke seines Ladens, wo er dem Motor einer Harley das Leben rettete.

„Was führt dich her, Billy?"

„Ich schlage nur die Zeit tot, bis wir nach Laughlin fahren."

„Mit wem fährst du denn?"

„Mit Rocky."

Johnny schaute zu mir auf und runzelte die Stirn. Sein Blick sprach Bände. Auch wenn sie zu keinem Motorradclub gehörten, waren Johnny und Roy von allen respektiert. Und um selbst Ein-Prozenter zu werden, waren sie schlicht zu clever. Sie wussten sehr genau, was dieser Schritt bedeutet hätte, und darum ließen sie es.

Nachdem mich Johnny eines Abends zusammen mit einigen Mongols gesehen hatte, war er zu mir gekommen, hatte mir den Arm auf die Schulter gelegt und mit großem Ernst gesagt: „Halt dich von den Brüdern fern, Billy. Wer sich mit denen einlässt, ist selbst schuld."

Johnny konnte natürlich nicht wissen, wen er vor sich hatte. Doch auch wenn sein Ratschlag überflüssig war, werde ich ihm ewig dafür dankbar sein.

Um halb elf beschloss ich, zurück zu Rocky zu fahren. Je mehr Zeit ich verstreichen ließ, desto größer die Wahrscheinlichkeit, dass die Fahrt ausfallen würde. Schon als ich vorfuhr, machte ich möglichst viel Lärm. „Hey, Rocky!" rief ich und hämmerte gegen die Tür.

Auf die ersten Lebenszeichen musste ich lange warten. Schließlich ruckelte das Schloss, die Tür ging auf, und Vicky stand vor mir – frisch aus dem Tiefschlaf gerissen und entsprechend begriffsstutzig. „Was willst du, Billy? Rocky schläft noch."

„Kann ich reinkommen?" Ohne eine Antwort abzuwarten, ging ich ins Haus und weiter Richtung Schlafzimmer, wo Rocky schnarchend unter der Bettdecke lag. „Hey Mann", begrüßte ich ihn, „wir wollten doch los."

„Nicht so hastig", antwortete er. „Komm in einer Stunde wieder."

Um zu verhindern, dass er es sich anders überlegte, hätte ich in der Wohnung bleiben müssen. Doch da ich keinen Verdacht wecken wollte, sprang ich auf mein Motorrad und fuhr zurück zum The Place, wo ich die Zeit bei einem Bier mit Carrenas Vater totschlug. Bei der kleinen Unterhaltung ließ ich den pensionierten Polizisten in dem Glauben, dass Billy St. John mit seinesgleichen ziemlich schlechte Erfahrungen gemacht hatte. Daraufhin räumte er freimütig ein, dass auch er zu vielen seiner früheren Kollegen ein gespanntes Verhältnis hatte. Im Laufe meiner verdeckten Ermittlungen hatte ich noch mehrfach Gelegenheit, mich mit ihm über seinen Beruf zu unterhalten, und obwohl er längst im wohlverdienten Ruhestand war, schien er mit seiner Berufswahl bis heute zu hadern. Die Mongols sahen in ihm einen harmlosen Greis, der zwar manches mitbekam, es aber nicht wagen würde, sie bei seinen früheren Kollegen zu verpfeifen. Manchmal beobachtete ich ihn heimlich und fragte mich, wie sich ein Mann, der 20 Jahre lang für Recht und Ordnung gekämpft hatte, in eine solche Spelunke hatte verirren können. Aber da er mich stets korrekt behandelte, hatte ich keinerlei Grund, ihm zu misstrauen. Das tat Ciccone umso mehr. Wer konnte schon wissen, ob er seine Kontakte zur Polizei von Los Angeles nicht nutzte, um heimlich Nachforschungen über mich anzustellen?

Ein Bier und eine Stunde später saß ich wieder auf meinem Motorrad und fragte mich, was sich Rocky inzwischen ausgedacht hatte, um den Trip endgültig abzublasen. Umso erfreuter war ich, als ich ihn schon von Weitem vor seiner Haustür sah. „Bist du startklar?" fragte ich ihn, als ich mein Motorrad abgestellt hatte.

Dann erst sah ich, dass Rocky eine Seitenverkleidung abgenommen hatte und einen Revolver, Kaliber .22, darunter verstaute. Offensichtlich war er gewillt zu fahren. Dafür sprach auch Vicky, die mit Lederjacke und Sturzhelm aus dem Haus kam.

Unterdessen betätigte Rocky abwechselnd den Kickstarter und fluchte, bis er die richtige Mischung fand und sein Motorrad endlich ansprang. Doch Rocky war von der Tortur so erschöpft, dass er minutenlang keuchte und ich schon fürchtete, ihm bliebe die Luft weg. Doch dann erholte er sich und lenkte seine Maschine sicher durch das Labyrinth aus Hunden, Spielzeug, Ersatzteilen und gewöhnlichem Müll, das seinen Vorgarten verunzierte. Als er die Straße erreicht hatte, stieg Vicky auf, und unsere Fahrt nach Laughlin begann. Vor mir lag ein Wochenende mit einem Haufen übler Jungs, die zum Zeichen der Zusammengehörigkeit einen schwarz-weißen Aufnäher trugen.

Um zu tanken oder etwas zu essen, hielten wir unterwegs mehrfach an, und jedes Mal hielt ich Ausschau, ob Ciccone oder ein anderer Beamter des ATF uns heimlich folgte. Ganz wohl war mir nicht, wenn ich ein Auto des ATF erkannte. Wenn mir unser Schatten auffiel, warum nicht auch Rocky und Vicky?

Wir erreichten Laughlin irgendwann gegen zehn Uhr nachts und fuhren direkt zum Riverside Resort Hotel, wo die Mongols regelmäßig abstiegen. In einem abgesperrten Bereich standen zahlreiche Motorräder, ein jedes geschmückt mit Aufklebern in den Farben Schwarz und Weiß. Zur Bewachung des wertvollen Fuhrparks waren mehrere Anwärter abkommandiert. Ich stellte den Motor ab und klappte den Seitenständer aus. Unterdessen gingen zwei Mongols auf Rocky zu und klatschten ihn ab. Rocky stellte mich als Kneipenbekanntschaft vor und ordnete an, dass ich mein Motorrad im abgesperrten Bereich parken durfte. Daraufhin hießen die beiden Mongols mich willkommen, so dass ich Rocky und Vicky deutlich entspannter ins Hotel folgte.

Aus mir unerfindlichen Gründen herrschte drinnen eine sachliche, geradezu geschäftsmäßige Atmosphäre – wie bei einer Kampfeinheit, die einen Einsatz vorbereitet. Zufällig bekam ich mit, wie Rocky über ein Treffen aller angereisten Mongols informiert wurde, das in einer halben Stunde in einem der Zimmer stattfinden sollte. Irgendetwas hatte sie alarmiert.

Dann drehte sich Rocky zu mir um und sagte leise: „Dumm gelaufen, Billy. Alle Zimmer sind belegt." Dann drehte er sich um und ging weg. Vicky hatte sich der Begleiterin eines anderen Mongols angeschlossen und mich meinem Schicksal überlassen. Immerhin bekam ich so Gelegenheit, mich bei Ciccone zu melden.

Handys gehörten damals noch nicht zu meiner Ausrüstung, und so musste ich mich mit einem der Münztelefone begnügen, die in der Lobby standen. Doch Ciccone meldete sich nicht, und so wählte ich die Nummer des kleinen Raumes im ATF, in dem wir unsere Kommandozentrale eingerichtet hatten. Und weil auch dort niemand abnahm, wählte ich erneut Ciccones Nummer und sprach ihm eine Nachricht auf die Mailbox. „Ich bin im Riverside Hotel. Irgendetwas ist im Busch. Rocky hat ewig gebraucht, bis wir los konnten, und jetzt sind alle Zimmer belegt."

Ich blickte mich um, aber niemand schien mitbekommen zu haben, dass ich mich kurz abgesetzt hatte, um zu telefonieren. Jetzt war ich müde und brauchte einen Platz zum Schlafen, denn ich hatte nicht vor, die ganze Nacht aufzubleiben. Als jemand, der keine Aufputschmittel nahm, sehnte ich mich nach einem weichen Bett. Also ging ich zur Rezeption, wartete geduldig, bis ich dran war, und erhielt die Auskunft, das Hotel sei ausgebucht. Daraufhin marschierte ich ins Büro des Chefportiers und sagte ihm, dass ich zum Tross der Mongols gehörte. Daraufhin schaltete er den Computer an, tippte ein paar Zahlen ein und bat schließlich um meine Kreditkarte.

Der Ruf der Mongols konnte in diesem Hotel offensichtlich manches bewegen. Denn mit zwei Schlüsseln in der Hand kehrte ich zurück zu Vicky: „Ich hab' uns ein Zimmer besorgt", berichtete ich ihr.

„Wie hast du das denn angestellt?"

„Wusstest du nicht, dass ich ein VIP bin?" Mit einem Lächeln nannte ich ihr die Zimmernummer. „Sag Rocky, dass ich mich schon hingelegt habe."

In unserem gemeinsamen Zimmer angekommen, musste ich feststellen, dass es nur ein Bett hatte. Also schön, dachte ich und beschloss, freiwillig auf dem Fußboden zu Schlafen und das Bett Rocky und seiner Frau zu überlassen. Das würde mir sicherlich einen weiteren Stein im Brett eintragen, tröstete ich mich, während ich auf dem Fußboden aus Kissen und Decken ein Lager baute. Müde, wie ich war, schlief ich im Handumdrehen ein.

Als Rocky und Vicky mitten in der Nacht ins Zimmer kamen, wurde ich zwar wach, stellte mich jedoch schlafend. So konnte ich heimlich ihr Gespräch belauschen.

„Dieser Billy ist ganz okay, findest du nicht?" sagte Rocky.

„Nicht zu fassen, dass er freiwillig auf dem Boden schläft", erwiderte Vicky. „Schließlich hat er das Zimmer besorgt."

Am nächsten Morgen war ich um neun Uhr auf den Beinen, duschte und zog mich an. Rocky und Vicky schliefen noch, als ich zum Frühstück ging. Dort traf ich zwar einige Mongols, aber sprach keinen von ihnen an: Als Nicht-Mitglied stand mir das auch nicht zu. Ich aß Eier und Speck und telefonierte heimlich mit Ciccone, bevor ich mich wieder in unser Zimmer wagte. Rocky und Vicky waren zwar aufgestanden, aber noch nicht fertig angezogen. Weil so recht kein Gespräch zustande kommen wollte, schaltete ich den Fernseher ein.

Als alle bereit zum Aufbruch schienen, langte Rocky in seine Kutte und zauberte ein durchsichtiges Tütchen mit einem weißen Pulver hervor, bei dem es sich um Koks oder Crank handeln musste. Er hielt es direkt vor meine Nase und zog sein Bowiemesser aus dem Gürtel. Dann schlitzte er das Tütchen auf, ließ das Pulver auf einen Tisch rieseln und formte daraus mit der Messerklinge zwei Linien. Vor meinen Augen beugte er sich herunter und zog eine davon durch die Nase. Insgeheim betete ich, dass die zweite für Vicky gedacht war.

Der Himmel wollte es anders. Rocky sah mich an und hob das Messer, bis die Klinge fast mein Gesicht berührte. „Oder ist dir das Zeug zu hart?"

Das war keine Frage, sondern ein Befehl. Mir blieb nur die Hoffnung, dass Rocky nicht sah, wie ich errötete, als ich antwortete: „Wohl kaum."

Ich entfernte mich von ihm und dem Messer und ging ins Bad, um, wie ich ihm sagte, vorher noch zu pissen. Das Gesicht, das mir aus dem Spiegel entgegensah, wirkte ratlos. Was, zum Teufel, sollte ich tun? Ich konnte Rocky nicht ewig warten lassen, und wenn ich mich weigerte, das Zeug zu nehmen, würde ich wahrscheinlich Bekanntschaft mit seinem Messer machen. In jedem Fall – und das war das Entscheidende – wären die Ermittlungen vorbei. Wenn ich mich aber fügen und das Zeug durch die Nase ziehen würde, müsste ich so schnell wie möglich aus dem Hotel verschwinden, Ciccone anrufen, ein Krankenhaus ausfindig machen und schließlich den Papierkram erledigen, den sich die Behörde für Beamte ausgedacht hatte, die im Zuge einer verdeckten Ermittlung Drogen konsumierten. Und zu guter Letzt hatte Rocky mich nicht mit nach Laughlin genommen hatte, damit ich mich für einige Stunden absetzte, ohne einen vernünftigen Grund nennen zu können. Er würde riechen, dass etwas nicht stimmte, und mir nicht mehr über den Weg trauen.

Die gesamte Operation stand in diesem Moment auf der Kippe. Daher nahm ich meinen Mut zusammen, verließ das Bad und fragte Rocky nach seinem Röhrchen.

„Nimm doch 'nen verdammten Geldschein", antwortete er.

Vicky und er verfolgten, wie ich einen Schein aus der Hosentasche zog und mit zitternden Händen aufrollte. Mein Blick ging zu Rocky, dann zu der weißen Linie, die auf mich wartete.

Plötzlich wusste ich, was ich tun konnte. Rocky und Vicky saßen auf dem Bett, ich stand neben dem Tisch. Wenn ich mich nur wenige Zentimeter vorwärts bewegte, könnte ich mich so hinstellen, dass ihnen der Blick versperrt war, und das Pulver unbemerkt vom Tisch wischen. Hoffentlich, denn wenn Rocky mich dabei erwischte, würde er mir das Messer in den Bauch rammen.

Ich trat an den Tisch und stellte mich so hin, dass Rocky meinen Rücken anstarrte. Dann beugte ich mich vor. Mit der rechten Hand hielt ich den Geldschein, und während ich laut und vernehmlich Luft durch die Nase sog, wischte ich mit der Linken den Stoff vom Tisch. Als ich mich aufrichtete, sah ich Rockys skeptischen Blick. Aber das Pulver war verschwunden, und um meine Vorstellung glaubwürdig zu machen, schnaubte ich noch ein paar Mal durch die Nase. Rocky grinste, dann sah er mir fest ins Gesicht. „Guter Stoff, was, Billy?"

„Ooooh-whaa!" Mir entfuhr eine Art Urschrei, und ich warf den Kopf ein paar Mal hin und her. „Das kannst du wohl sagen, Rock", antwortete ich schließlich.

„Dann mal los", meinte Rocky und sprang voller Elan auf.

Da bemerkte ich ein kleines weißes Häufchen vor meinen Füßen. Augenblicklich trat ich es mit dem Stiefel platt und arbeitete das Pulver tief in den Teppich ein.

„Dann mal los."

Ich folgte den beiden auf den Flur. War ich mit dem billigen Trick wirklich durchgekommen? Oder hatten sie alles gesehen und würden mich vor den anderen Mongols zur Rede stellen? Überhaupt: Nur eine Person mehr im Raum, und mein Plan wäre schmählich gescheitert. Und ein zweites Mal würde es auch nicht funktionieren – geschweige denn das ganze Wochenende. Um nicht doch noch Drogen nehmen zu müssen, musste ich mir also dringend etwas überlegen, oder die Ermittlungen würden keinen Tag länger dauern.

In der Lobby trafen wir den Präsidenten des Chapters San Fernando Valley, ein furchterregender Typ namens Domingo. Domingo war etwas jünger als Rocky, zirka Ende Zwanzig. Das lange schwarze Haar trug er als Zopf, der ihm bis zur Hüfte reichte. Er war ein hellhäutiger Hispanic mit der Statur eines Hydranten: nur knapp 1,70 Meter groß, aber über 100 Kilogramm schwer. Seine Arme waren muskulös und stark tätowiert.

Wie ich später erfuhr, war er gerade aus dem Gefängnis entlassen worden, wo er wegen einer Schlägerei in einem Nachtclub und anschließender Schießerei am Stadtrand von Los Angeles gesessen hatte. Später hat man dort eine Leiche gefunden, aber da man ihm keinen Mord nachweisen konnte, wurde Domingo wegen schwerer Körperverletzung verurteilt. Ebenfalls später erfuhr ich, dass Domingo ursprünglich dem Chapter Los Angeles angehört hatte, aber nach einigen internen Querelen im San Fernando Valley hatte der Präsident des Mongols MC ihn dorthin abkommandiert, um für Ordnung und Disziplin zu sorgen.

Zur Begrüßung klatschten Rocky und Domingo sich ab, und ich hörte Rocky leise sagen: „Er ist okay."

Domingo nickte mir zwar zu, vermied aber jede Berührung. Auf dem Weg zum Ausgang schlossen sich uns weitere Mongols an. Draußen war es warm, und von der Bühne, die auf dem Hotelparkplatz aufgebaut war, plärrte uns die Musik einer Live-Band entgegen. Das Bier floss in Strömen. Laute Rock-Musik und kaltes Bier – mehr braucht ein Mongol nicht, um glücklich und zufrieden zu sein. Höchstens noch ein dankbares Opfer, das er halbtot prügeln kann. Ein Opfer war vorläufig nicht in Sicht, aber dafür Bier im Überfluss.

Die Mongols bewegten sich mit ziemlicher Vorsicht über das Festgelände, und schon bald erfuhr ich, was sie seit gestern abend alarmierte. Ein Trupp Vagos war in der Stadt und hatte gedroht, sich den ein oder anderen Mongol vorzuknöpfen. Allzu ernst konnten sie die Drohung nicht meinen, denn die Mongols waren in der Überzahl, und an den Kutten, die sie mit großem Selbstbewusstsein trugen, waren sie von Weitem zu erkennen.

Irgendwann trug Rocky mir auf, ein verwegenes Gesicht zu machen und an einer Ecke des Festgeländes Posten zu beziehen. Und falls ein Mongol mir einen anderen Befehl geben sollte, möge ich ihn ausführen, ohne Fragen zu stellen. „Keine Fragen, Billy, ist das klar?" wiederholte er.

Da er mich mit hergenommen hatte, war Rocky mein Gewährsmann. Also stellte ich mich in die pralle Sonne, bemühte mich um einen verwegenen Gesichtsausdruck und hielt Ausschau nach den Vagos. Immerhin war ich bei den Mongols jetzt offiziell geduldet und hatte damit die erste Hürde zum Anwärter auf eine Mitgliedschaft genommen. In einem internen Papier des ATF las ich später über mich: „Billy St. John gehört zum engeren Umfeld des Motorradclubs Mongols"

Am Sonntag abend machten wir uns in einem größeren Trupp auf den Rückweg nach Los Angeles. Doch schon kurz hinter Laughlin verloren wir zwei Stunden mit einer Reparatur an Rockys Maschine. Als wir die Kreuzung der Fernstraßen 10 und 210 erreichten, fuhr Rocky Richtung Pomona weiter. Ich folgte ihm. Und weil ab hier jeder seines Weges fuhr, waren wir wieder allein. Rocky hielt an einer Tankstelle, obwohl sie schon geschlossen war. Es war dunkel, und die Fahrt hatte uns alle geschlaucht. Rocky stellte sein Motorrad ab und ging zu einer Telefonzelle. Vicky und ich setzten uns derweil auf den Randstein.

In Gedanken zog ich eine kurze Bilanz des Wochenendes. Ich saß an einer einsamen Tankstelle mit einem Kriminellen, der mich unter seine Fittiche genommen hatte. Wenn er wüßte, wer ich wirklich war, würde er mich auf der Stelle töten. Die Waffe hatte er dabei. Der Ort war ideal: dunkel und kein Zeuge weit und breit. Der Lärm des nahen Freeways würde den Schuss übertönen.

Nach einigen Minuten kam Rocky zurück und setzte sich zu mir und Vicky. „Weißt du eigentlich, auf was du dich einlässt?"

Die Frage überraschte mich. „Was meinst du?" erwiderte ich und sah ihn fragend an.

„Du hast mich schon verstanden. Du reißt dich um etwas, das tödlich enden kann. Ist dir das klar?"

Ich wusste nicht recht, was ich darauf antworten sollte.

„Wir sind kein Verein", fuhr Rocky fort. „Wir sind Geächtete. Ich musste Dinge tun, für die ich einige Jahre gesessen hätte, hätte man mich erwischt. Bist du dazu bereit? Würdest du für die Mongols töten? Um einer von uns zu werden, musst du dazu bereit sein, Billy. Das musst du dir klar machen. Du musst dir absolut sicher sein. Und du musst wissen, worauf du dich einlässt." Ohne ein Antwort abzuwarten, gab er mir einen Klaps auf den Rücken. „Ich fahre jetzt. Und du solltest darüber nachdenken, Billy."

Ich beobachtete, wie sich Rocky und Vicky auf ihr Motorrad setzten und davonfuhren.

Der Krach des Freeways dröhnte in meinem Kopf. Ich war müde. Als ich meine Harley startete, wurde mir klar, dass ich tatsächlich keine Ahnung hatte, worauf ich mich gerade einließ.

5. Kapitel

Ursprünglich waren die Ziele unserer Ermittlung recht bescheiden: Wir wollten an Rocky, Domingo und einige andere Mongols aus dem San Fernando Valley herankommen, Methamphetamin und Kokain kaufen und so viele illegale Waffen wie möglich beschlagnahmen. Hätte ich damals gewusst, welches Ausmaß das Ganze annehmen würde … Ich bin nicht sicher, ob ich den Job dann übernommen hätte. Denn auch wenn ich die Härten einer verdeckten Ermittlung bereits kannte, ging es normalerweise nur um Tage oder Wochen, die man von der Familie getrennt war. Zu Beginn der Aktion war ich seit ziemlich genau zehn Jahren geschieden, doch meine Exfrau und ich waren Freunde geblieben. Sie lebte mit unseren beiden Söhnen in einer ruhigen Ecke von Riverside. Die Jungen waren damals neun und zehn Jahre alt, und trotz meines Stress als ATF-Beamter sah ich sie fast jedes Wochenende, ging mit ihnen zum Fußball, besuchte Schulaufführungen und Elternabende. In all den Monaten, die ich mit den Mongols verbrachte, konnten meine Söhne quasi zusehen, wie ich mich veränderte: Haare und Bart wurden länger, und die ungepflegte Erscheinung wollte gar nicht zu mir passen, denn normalerweise trug ich das Haar kurz und rasierte mich täglich. Und die Jungen waren alt genug, um Fragen zu stellen, aber zu jung, um die Kehrseiten meines Berufes zu verstehen.

Allzu viel konnte ich ihnen ohnehin nicht sagen, selbst wenn ich es gewollt hätte. Denn eine der wichtigsten Regeln bei einer verdeckten Ermittlung lautet: Jeder Mitwisser kann deine Tarnung auffliegen lassen, und eine unbedachte Bemerkung aus dem Munde eines Kindes kann fatale Folgen haben. Das Sicherste ist es daher, jeden, auch Freunde und Familie, über deine Arbeit im Unklaren zu lassen. Dass man an einer streng geheimen Sache arbeitet, begreifen sie auch so, aber jede weitere Information über den Beruf oder einen Auftrag schadet ihnen nur.

In einer kühlen Frühlingsnacht in Los Angeles, wo die Motorradsaison zwölf Monate dauert, leitete ich die nächste Etappe unserer Ermittlung ein und wagte mich zum ersten Mal ins Stammlokal der Mongols von East Los Angeles.

Tony's Hofbrau ist ein berühmt-berüchtigter Biker-Treff in unmittelbarer Nähe des Stadtzentrums. East Los Angeles ist eine Art Enklave im Schatten der Wolkenkratzer, die vor allem von Hispanics bewohnt wird. Durch die Straßen weht der Duft von Koriander und Chili, dazu mischen sich die Klänge von Mariachi, Rap und Rock. Kleine, gepflegte Häuser mit Vorgärten wechseln sich ab mit gewöhnlichen Mietskasernen. Eine ältere, ehrliche, hart arbeitende und gottesfürchtige Bewohnerschaft lebt Seite an Seite mit einer Generation von Hitzköpfen, die sich zu kriminellen Banden zusammenschließen. Und East Los Angeles war auch eine Hochburg der Mongols.

Als ich vom Long Beach Freeway auf den Valley Boulevard bog, beschleunigte ich meine Harley noch einmal. Kurz darauf bot sich mir der faszinierende Anblick von 80 oder gar 90 Motorrädern, die wie an der Perlenschnur aufgereiht vor Tony's Hofbrau mit dem Hinterrad zum Bürgersteig standen – in Fluchtrichtung. Unwillkürlich beschlich mich ein mulmiges Gefühl, wie ich es zuletzt 1971 in Vietnam erlebt hatte, als wir ins Tal von A Shun einrückten. Und auch jetzt war mir, als zöge ich wieder in den Krieg. Nur das Schlachtfeld war ein anderes: Keine Kompanie, die mir Feuerschutz gab, und kein Kamerad, auf den ich Acht geben musste. In diesem Krieg war ich ein Einzelkämpfer.

Während ich mich meinem Ziel näherte, drosselte ich die Geschwindigkeit. Immer deutlicher zeichneten sich die schemenhaften Gestalten ab, von denen jede einzelne an Gevatter Tod denken ließ. Auf der Suche nach einem Platz für meine Harley fuhr ich schließlich langsam an dem Spalier aus finster dreinblickenden, bärtigen, tätowierten und in schwarzes Leder gekleideten hispanischen Rockern vorbei: Raubtier und Beute, Aug in Auge.

War mir bislang mulmig gewesen, so befiel mich jetzt eine Anspannung, die ich körperlich spürte, als ich endlich eine Lücke für mein Motorrad fand. Die wenigen Straßenlaternen, die es gab, hatte das lichtscheue Gesindel mutwillig zerstört, und selbst direkt vor dem Lokal war

Rocky und Bucket Head (rechts) vor Tony's Hofbrau.

es stockfinster. Dafür drang aus dem Inneren laute Latino-Musik. Ich rollte rückwärts an die Bordsteinkante heran, was das raubtierhafte Grollen des Motors noch verstärkte. Erneut ertappte ich mich bei der Frage, ob ich noch ganz bei Trost war, und spielte kurz mit dem Gedanken kehrtzumachen. Zumindest zögerte ich eine kleine Ewigkeit, den Motor abzustellen. Dann atmete ich tief durch und wiederholte stumm das Mantra meines Berufes: „Bleib cool, Billy, es ist ein Spiel. Und das Ende werden all die Typen in Handschellen erleben."

Ich nahm den Helm ab und hängte ihn über den Rückspiegel. Dann zog ich das Tuch herunter, das mich wie ein vermummter Revolverheld aus einem John-Wayne-Film wirken ließ. Schließlich stieg ich in der Hoffnung ab, dass meine Beine ihren Dienst nicht versagen würden.

Auch ohne es in der Dunkelheit sehen zu können, spürte ich, dass mich zahllose Augenpaare beobachteten. So unauffällig wie möglich hielt ich nach Ciccones Pontiac Ausschau. Zu sehen war er nicht, aber ich wusste, dass er irgendwo da draußen war und ein Auge auf mich hatte. Trotzdem schlug mein Herz so heftig, dass ich fürchtete, das Heben und Senken meiner Brust würde sich durchs T-Shirt abzeichnen. Jetzt war ich ganz auf mich gestellt, und um kehrtzumachen, war es zu spät.

Sofern man sie im Griff hat, kann Angst bei einer verdeckten Ermittlung hilfreich sein. Sie hält wach und schärft die Sinne. Aber wenn es umgekehrt ist und die Angst einen im Griff hat, ist sie der ärgste Feind. Und Feinde hatte ich bei diesem Himmelfahrtskommando schon genug.

Je näher ich dem Lokal kam, desto lauter wurde die Musik. Und auch die Gestalten, an denen ich wie von einer unsichtbaren Hand geschoben vorbeiging, bekamen klarere Konturen: Mongols in schwarzen Lederwesten mit Aufnähern und Abzeichen, die Eingeweihten vieles über den Träger sagen: Kleine Rechtecke vorn links stehen für das Chapter und den Dienstgrad, ein violettes Herz bedeutete die Teilnahme an einer Schießerei, ein Totenkopf mit gekreuzten Knochen hieß, dass der Entsprechende gemordet hatte, verschiedenfarbige Flügel schließlich zeugten von Meriten beim Gruppensex und diversen anderen Sexualpraktiken.

Kurz bevor ich den Eingang zum Hofbrau erreichte, stellte sich mir ein Hüne von Mongol in den Weg und rief: „Geschlossene Gesellschaft, Kleiner."

Da er mir heillos überlegen war und ich den nächsten Tag noch erleben wollte, fügte ich mich und blieb stehen. Ob aus Mut oder Übermut – jedenfalls hörte ich mich sagen: „Ich bin Billy aus dem San Fernando Valley." Der Hüne verstand genau das, was er verstehen sollte, und hielt mich für einen offiziellen Gast des Chapters San Fernando Valley.

„Wo ist Domingo?" fragte er.

„Ist er noch nicht hier?" Selbst wenn ich der Kaiser von China gewesen wäre: Ohne die Beglaubigung durch den Präsidenten des Chapters San Fernando Valley waren meine Worte leere Behauptungen.

„Warte hier", erwiderte der Hüne und schritt das Spalier der Mongols in jene Richtung ab, aus der ich soeben gekommen war.

Während er sich entfernte, betrachtete ich seine Kutte. Sie trug deutliche Gebrauchsspuren, war dreckig und speckig. Für den Laien zumindest, doch dem, der die geheimen Zeichen zu lesen wusste, verriet sie viel über ihren Träger. Nicht anders als bei Soldaten oder Polizisten flößte auch diese Uniform Respekt ein. Die schiere Größe und der mürrische Blick dessen, der sie trug, taten ein Übriges.

Das Plärren der Mariachi-Musik in den Ohren, beobachtete ich den Hünen im Gespräch mit jemandem, der in der Dunkelheit nur als Schatten erkennbar war. Dabei sah er abwechselnd mich und seinen Gesprächspartner an, und je länger die eigentümliche Unterhaltung dauerte, desto unruhiger wurde ich. Zwar wusste ich nicht, was mich erwartete, versuchte aber, mich für alles Erdenkliche zu wappnen. Natürlich hoffte ich, dass er zurückkommen und sagen würde: „Alles klar, Mann, komm rein und amüsier dich." Mindestens so wahrscheinlich war allerdings eine anständige Tracht Prügel. Einem Mongol macht es nicht das Geringste aus, jemandem wehzutun oder ihn zu verletzen, ganz gleich ob Mann oder Frau, Freund oder Feind. Und nun kam ich: ein Typ, den niemand kannte und der behauptete, ein offizieller Gast zu sein. Mir den Hintern aufzureißen wäre für sie so selbstverständlich wie sich eine Zigarette anzuzünden.

Schließlich beendete der Hüne das Gespräch und kam wieder zu mir. Nach einer quälend langen Pause, in der er mich von Kopf bis Fuß musterte, sagte er: „Komm mit. Red Dog will dich sprechen."

Red Dog. Noch konnte ich nicht wissen, dass mit diesen beiden Worten eine Leidenszeit begann, die am Ende zwei Jahre währen sollte.

Mit einer Mischung aus Angst und Verzweiflung und wie ein Hündchen an der Leine folgte ich dem Hünen zu einer Gruppe Budweiser trinkender Mongols, die mir zuvor schon aufgefallen war. Im Halbkreis umstanden sie eine Gestalt, die aus der Masse herausstach wie ein beleuchtetes Stoppschild auf einem schnurgeraden Highway. Dieses Kraftpaket also war Red Dog. Die Kutte trug er über einem langen schwarzen Staubmantel, sein Haar war feuerrot, das faltige Gesicht von Alkohol gerötet. Die Enden seines roten Schnurrbarts hingen ihm übers Kinn. Ein Kopftuch, eine dunkle Sonnenbrille und haufenweise Tattoos machten seine Erscheinung vollends bedrohlich.

Ich wurde zu ihm geführt wie ein Bauerntölpel vor seinen König. Doch um nicht im falschen Augenblick Schwäche zu zeigen, streckte ich ihm die Hand entgegen. „Hey, ich bin Billy aus dem San Fernando Valley."

Red Dog dachte nicht im Traum daran, mir die Hand zu reichen. Er stand reglos da und sah mich an. Wie ich später erfuhr, war das seine spezielle Strategie, mit der er Freund und Feind einschüchtern konnte. Ich ließ die Hand sinken und wartete. Dass er so hartnäckig schwieg, gehörte ebenfalls zu seiner Strategie. Und mich machte es zunehmend nervös. Nach einer kleinen Ewigkeit sagte Red Dog: „Kennst du eine gewisse Sue?"

Verdammt. Daher wehte also der Wind.

Schon bei unserer ersten Begegnung auf dem Parkplatz der Rose Bowl hatte ich gewusst, dass mich dieser drogensüchtige Fleischberg in Schwierigkeiten bringen würde. Und erst vor wenigen Tagen hatte Domingo mir erzählt, dass Sue überall herumerzählte, wie sauer sie auf die Mongols sei und dass sie sich eines Tages rächen würde. Domingo hielt es für möglich, dass sie versuchen würde, einen verdeckten Ermittler einzuschleusen, und meinte: „Vielleicht hat sie ja dich geschickt." Und dann hatte er gewartet, wie ich reagiere.

Noch schneller als gute Nachrichten sprechen sich schlechte herum. Denn offensichtlich waren Sues Drohungen schon bis zu Red Dog vorgedrungen.

„Flüchtig", erwiderte ich, „nicht mehr oder weniger als jeder andere im The Place. Kennengelernt habe ich sie auf einer Beerdigung. Und das ist schon alles, was ich über sie weiß." Das entsprach ziemlich genau der Wahrheit. „Pass auf, Red Dog, wenn es Probleme mit ihr …"

Red Dog schnitt mir das Wort ab, indem er einen Schritt auf mich zukam und sich so weit zu mir vorbeugte, dass ich seine Bierfahne riechen konnte: „Wenn es mit dir Probleme gibt, Billy, schneide ich dir eigenhändig die Kehle durch."

Das hatte gesessen, und zunächst war ich so benommen, dass ich nicht wusste, was ich antworten sollte. Also schwieg ich, bis Red Dog zu meiner Erleichterung dem Hünen befahl: „Lass ihn rein."

„Danke, Red Dog."

Erst als ich mich umdrehte, drängte sich mir die Frage auf, wofür ich Red Dog eigentlich gedankt hatte: Weil er mich in das Lokal ließ, oder weil er mir nicht die Kehle durchgeschnitten hatte? Im Grunde war es egal, denn so groß war der Unterschied auch wieder nicht.

Endlich betrat ich das Hofbrau. Drinnen spielte eine Amateur-Band etwas, was sie für Rock 'n' roll hielt. Der Lärm der Fender-Gitarren war so infernalisch, dass Unterhaltungen schreiend geführt werden mussten. Das Publikum bestand in der Hauptsache aus Ein-Prozentern, hinzu kamen Frauen, die sich ihnen förmlich an den Hals warfen. Eine von ihnen schien mächtig stolz auf ihre naturgegebene Oberweite zu sein, denn die riesigen Brüste fielen ihr beinahe aus der Bluse. Das passte zu den Speckfalten, die weiter unten über den Gürtel quollen. Für den Fall, dass ich viel Zeit mit den Mongols verbringen würde, hoffte ich schon mal, dass zu ihrem Umfeld auch attraktivere Frauen gehörten.

Am Tresen angekommen, ließ ich artig allen Mongols den Vortritt, ehe ich dem Barmann zuschrie: „Budweiser!" Spätestens jetzt wurde mir schmerzlich bewusst, wie deplaziert ich war: ein einziger Weißer unter hunderten Hispanics. Doch ich schüttelte die Befangenheit ab und beschloss, mich einfach unter die Menge zu mischen.

Mit einem Bier in der Hand ließ ich mich durch das Lokal treiben. Die Regeln, die hier galten, begriff ich dabei sehr schnell, etwa als ich einem Ein-Prozenter auf die Schulter klopfte, um ihm zu einem gelungenen Stoß beim Billard zu gratulieren. Daraufhin sah er mich an, lächelte und kündigte mit ausgesuchter Höflichkeit an, mir im Wiederholungsfall den Queue auf dem Schädel zu zertrümmern. Ich hatte keinen Grund, an seinen Worten zu zweifeln, dafür eine Lektion gelernt: Berühre niemals die Kutte eines Mongols.

Poolbillard zu spielen gehört so untrennbar zum Leben eines Bikers wie sich mit Jack Daniels zu besaufen und ein möglichst großer Widerling zu sein. Spontan beschloss ich, mit Pool anzufangen, um mir so entweder den Weg in die Gruppe oder den ins Krankenhaus zu ebnen. Da ich schon als Kind Pool gespielt habe, glaubte ich, mit den meisten Mongols mithalten zu können. Andererseits hielt ich es für denkbar, dass allzu viel Erfolg beim Pool als Respektlosigkeit ausgelegt werden könnte. Der erste Mongol, gegen den ich antrat, spielte nicht schlecht, aber nach nur einem Stoß übernahm ich den Tisch. Nachdem ich die schwarze Acht versenkt hatte, kam er auf mich zu. Eine Faust umklammerte das Queue, als wolle er damit zuschlagen. Unwillkürlich machte ich mich bereit, den Schlag abzuwehren, als er das Queue unvermittelt sinken ließ und mir die Hand entgegenstreckte.

„Nicht schlecht", sagte er anerkennend. „Ich heiße übrigens Lucifer."

„Ich bin Billy, ein Gast aus dem San Fernando Valley."

Er nickte. „Wo steckt Domingo?"

Wie oft wollten sie mir diese Frage eigentlich noch stellen?

„Keine Ahnung", antwortete ich.

Zum Glück trafen Domingo, Rocky und der Rest aus dem Tal wenige Minuten später ein. Nie war ich so froh, einen Trupp Mongols zu sehen, wie in diesem Augenblick. Die Stimmung wurde schlagartig besser. Um mich vorzustellen, führte Domingo mich durchs Lokal, und mit den Gemütern beruhigten sich auch meine Nerven.

Ich spielte mit Rocky und Domingo Pool, trank Bier, erzählte Witze, unterhielt mich über Motorräder und amüsierte mich nach Kräften, bis Red Dog das Lokal betrat. Vollends in den Keller sank meine Stimmung, als er am Pooltisch auftauchte. Denn nun gab sich Red Dog nicht mehr damit zufrieden, mich einzuschüchtern. Vielmehr hatte er es darauf abgesehen, mir vor seinen Kumpanen die Hölle heiß zu machen. Sollte ein Beamter versuchen, sich bei den Mongols einzuschleichen, dann, so Red Dog laut und für alle vernehmlich, würde das auch Domingo den Kopf kosten. Die Drohung galt also nicht nur Domingo, sondern ebenso sehr mir.

Ich sah Domingo zu, wie er die Kugeln für ein neues Spiel aufbaute. Red Dogs Provokation hatte ihn nicht im Mindesten aus der Ruhe gebracht. Und auch wenn er mir nicht vorbehaltlos vertraute, hielt er mich deshalb noch lange nicht für einen Spitzel. „Entspann dich, Billy", sagte er mir, als wir spielten, und klopfte mir auf die Schulter. „Und amüsier dich."

Um zwei Uhr nachts ist in Kalifornien Sperrstunde, und kein Treffen von Mongols endet früher. Ich sah auf die Uhr und bilanzierte den bisherigen Verlauf des Abends: Noch befanden sich alle meine Knochen da, wo sie hingehörten, und die Gespräche mit Ein-Prozentern absolvierte ich mit einiger Bravour. Und da die ersten Gäste das Lokal bereits verließen, beschloss ich kurzerhand, dasselbe zu tun. Ich verabschiedete mich von Domingo, Rocky und den Übrigen aus dem San Fernando Valley und ging auf die Straße.

Schon aus einiger Entfernung sah ich Red Dog, der, ohne seine Absichten irgendwie zu tarnen, gebückt vor meiner Harley stand und die Fahrgestellnummer notierte. Um nicht den Verdacht zu wecken, der Begegnung mit ihm auszuweichen, setzte ich meinen Weg fort. Als Red Dog mich bemerkte, sah er auf. Sein Blick war die blanke Provokation, als wolle er sagen: „Komm doch her, wenn du dich traust." Dann richtete er sich auf, kam mir einige Schritte entgegen und flüsterte: „Ich finde schon heraus, wer du wirklich bist."

Erst als ich auf meiner Maschine saß, bemerkte ich, dass in der Dunkelheit ein weiterer Mongol stand und mich beobachtete. Alle möglichen Gedanken schossen mir durch den Kopf: Kannten sie schon meine wahre Identität? Würden sie mir folgen? Ich startete den Motor und fuhr Richtung Freeway. Dabei sah ich öfter in den Rückspiegel als auf die Straße vor mir. Ein Treffen mit Ciccone war unter diesen Umständen undenkbar. Also beschloss ich, zu der Dienstwohnung zu fahren, die wir für Billy St. John angemietet hatten, und zwar so, dass ein möglicher Verfolger auf seine Kosten kam. Nach 17 Jahren im verdeckten Einsatz wusste ich, wie man einen Schatten los wird. Alle paar Sekunden wechselte ich die Spur, und weil ich zwischendurch mehrmals auf über 100 Meilen pro Stunde beschleunigte, wäre mir auch ein noch so erfahrener Verfolger aufgefallen.

In der Gewissheit, dass mir niemand gefolgt war, erreichte ich meine Wohnung. Ich parkte die Harley, ging hinauf und ließ mich in Lederjacke und Stiefeln aufs Sofa fallen.

Für meine erste offizielle Ausfahrt mit den Mongols sollte ich mich am Samstag vor dem Memorial Day, dem letzten Montag im Mai, um neun Uhr früh vor dem The Place einfinden. Mit militärischer Pünktlichkeit stand ich abfahrtbereit vor Ort, den Schlafsack und das wenige Gepäck ans Motorrad gezurrt. Um halb zehn war ich immer noch allein. Dass Pünktlichkeit nicht zu den Haupttugenden des Chapters San Fernando Valley gehörte war mir klar, und so schlug ich die Wartezeit mit einem Besuch bei Roy und Johnny tot.

Kurz nach zehn Uhr fuhr Carrenas Vater vor und schloss das Lokal auf. Einige Stammgäste aus Tujunga warteten schon darauf, ihren Alkoholpegel aufzufüllen. Mir blieb nichts anderes übrig, als rüberzugehen und ihnen Gesellschaft zu leisten. Es dauerte eine weitere halbe Stunde, bis ich das unverwechselbare Dröhnen großvolumiger Motoren hören konnte. Sekunden später war der kleine Platz vor dem Lokal voller schwarz-weißer Mongols auf ihren Stahlrössern.

Eine laute Stimme drang durch das Getöse: „Komm, Billy, es geht los."

Ich ging zu meinem Motorrad, nahm den Helm vom Spiegel und stieg auf – alles in einer harmonisch fließenden Bewegung. Dann trat ich den Kickstarter durch. Der Sound aus den Endtöpfen stand dem anderer Maschinen in nichts nach, und mit dem Lärm eines Jagdbombergeschwaders fuhren wir los. Auf der Straße bildeten wir eine Kolonne, und als Rangniedrigster reihte ich mich ziemlich weit hinten ein, wo ich Abgase und verbranntes Motoröl einatmen durfte. Gelegentlich flog mir auch ein Spiegel oder ein anderes Ersatzteil um die Ohren, das sich im Fahrtwind von einem der vorausfahrenden Motorräder gelöst hatte.

Wir fuhren quer durch Los Angeles zu einem Friedhof am Stadtrand. Dort trafen wir auf eine Gruppe, bei der es sich nach meiner Schätzung um sämtliche Mongols Südkaliforniens handeln mußte. Kaum hatten wir unsere Motorräder abgestellt, wurden wir freundlich begrüßt. Das traditionelle Abklatschen gehörte ebenso zu dem Ritual wie Umarmungen und gelegentlich auch ein Kuss. Von außen betrachtet, wirken die Mongols wie ein Rudel Löwen, aber untereinander können sie erstaunlich loyal, freundlich und sogar liebevoll sein.

Nach der Begrüßung gingen alle zum Grab eines Mongols, der 20 Jahre zuvor im Krieg mit den Hells Angels zu Tode gekommen war. Als sich

Ein Gruppenbild von jener Ausfahrt nach Simi Valley, bei der Billy zum Zeugen des Mordkomplotts an einem Polizisten des Ventura County wurde.

alle im Kreis versammelt hatten, verlas der Vizepräsident der Mongols die Namen derer, die zum 13. Chapter gehören – das sind alle verstorbenen und getöteten Mitglieder, deren Andenken in Ehren gehalten wird. Die Veranstaltung trug durchaus militärische Züge, und als Vietnam-Veteran war ich tief bewegt von der würdevollen Ernsthaftigkeit dieser langhaarigen, tätowierten und vor Narben strotzenden Männer. Die andächtige Stille wurde jäh zerrissen, als ein einzelner Mongol brüllte: „Wer sind wir?"

Und alle fielen in den Kampfspruch der Mongols ein:

We are Mongol raiders　　　　　*Wir sind lichtscheues Gesindel*
We're raiders of the night　　　　*Darum lieben wir die Nacht*
We're dirty sons of bitches　　　　*Wir sind echte Hurensöhne*
We'd rather fuck and fight　　　　*Und ziehen in die Schlacht.*
- HOOAH!
We castrate the sheriffs with a dirty piece of glass
　　　　　　　　　　Wir schneiden den Bullen den Schwanz ab
And shove our rusty buck knives up their fuckin' ass
　　　　　　　　　　Rammen ihnen ein Messer in den Arsch
- HOOAH!
Hidy – hidy – Christ Almighty　　*Himmel und Hölle, allmächtiger Gott*
Who the fuck are we?　　　　　　*Wer kommt denn da des Wegs?*

Shit – Fuck – Cunt – Suck *Verpisst euch und zieht Leine*
Mongols M.C. *Hier kommt der Mongols M.C.*
- HOOAH!

Die Gedenkfeier war damit beendet, und das Wochenendprogramm konnte beginnen. Die Fahrt sollte nach Simi Valley führen, wo ein rauschendes Fest geplant war. Das Ziel einer Ausfahrt wurde traditionell erst dann bekannt gegeben, wenn alle Mitfahrenden auf ihren Motorrädern saßen. Um potenziellen Verfolgern aus den verschiedenen Behörden die Arbeit zu erschweren, hatte sich diese Maßnahme bewährt. Und wer außer einem übereifrigen Polizisten könnte auf die Idee kommen, eine Party der Mongols hochgehen zu lassen?

„Startet die Maschinen!"

Die Antwort war ein ohrenbetäubendes Dröhnen verschiedenster Harleys – Panheads, Shovelheads, Evos, Softails, FLHTCs und so weiter und so fort –, die sich gleichzeitig aufmachten, um sich schließlich als Schlange aus gut 150 Motorrädern durch die Straßen von Los Angeles zu winden. Unter der Führung von Red Dog bildeten die Sergeant at Arms der verschiedenen Chapter einen Ordnungsdienst, der sämtliche Kreuzungen sperrte, die den Zug auf dem Weg durch die Stadt hätten sprengen können. Überforderte Polizisten ließen uns gewähren, wenn wir rote Ampeln, Stoppschilder oder Tempolimits ignorierten. Für uns galten weder Regeln noch Gesetze, und als wir in halsbrecherischem Tempo eine Kreuzung nach der anderen passierten, begriff ich, dass die Mongols – wie ihre Namensgeber, die berittenen Krieger, die einst unter ihrem Anführer Dschingis Khan Angst und Schrecken verbreiteten – jedes Gebiet in das sie einfielen, terrorisieren konnten.

Nach etwa 40 Meilen endete unsere Fahrt an einem Zeltplatz westlich von Simi Valley, einer gediegenen Kleinstadt am nordöstlichen Rand des Ventura County und in unmittelbarer Nachbarschaft zu Los Angeles. Nach der geordneten und durchorganisierten Fahrt vom Friedhof bis hierher erwartete ich für die Auswahl unserer Lagerstelle Ähnliches. Stattdessen herrschte das blanke Chaos, weil auf der Suche nach einem geeigneten Stellplatz für die Zelte alles kreuz und quer durcheinander fuhr.

Schließlich beendete Domingo das Durcheinander: Wie ein Wahrsager mit seiner Wünschelrute hielt er unvermittelt an und erklärte das Areal, auf dem er stand, für zeitweilig beschlagnahmt. Nun suchte sich jeder ein Flecken Erde, wo er sein Zelt aufschlagen konnte, und als Gast musste ich den Mitgliedern und ihren Frauen selbstredend den Vortritt lassen.

Gerade als ich mein Zelt auspackte, fuhr ein schwarzer Chevrolet El Camino aufs Gelände. Eine Frau, die ich auf Ende dreißig schätzte und wie eine typische Bikerbraut aussah, stieg aus und näherte sich der Gruppe. Kurz darauf hörte ich die Stimme von Bucket Head, der Domingo und Rocky gänzlich unaufgeregt darüber informierte, dass die Waffen angekommen seien.

Bucket Head war Sergeant at Arms unseres Chapters und wollte sich, wie er Domingo sagte, mit den anderen Sergeants treffen. Ich hätte mein rechtes Ei dafür gegeben, ihn begleiten zu dürfen, aber da das ein Wunsch bleiben musste, folgte ich Rocky zur Feuerstelle des Zeltplatzes.

Dort empfing uns laute Musik, und auch das Barbecue wurde schon vorbereitet. Mongols liefen ziellos herum, der Alkohol floss in Strömen, und der Geruch von Marihuana lag in der Luft. Domingo, Rocky und ich erreichten gerade den Parkplatz, als ein Typ namens Evel auf einer schwarzen Harley Wide Glide vorfuhr und mit einem strahlenden Lächeln neben Domingo hielt.

„Das ist sie", sagte er stolz und stellte den Motor ab, während sich um die Maschine eine Menschentraube bildete. „Letzte Nacht geklaut. Sie stand direkt vor der Bar. Und der Anwärter hat aufs Wort pariert."

Von welcher Bar und welchem Anwärter die Rede war, ging aus dem Bericht nicht hervor. Trotzdem war ich überrascht, dass ich mithören durfte. Immerhin handelte es sich um eine Straftat, und ich war kein Clubmitglied, sondern nur ein Gast. Bislang hatten sie solche Gespräche in meiner Gegenwart jedenfalls vermieden. Rocky war das offenbar auch aufgefallen, denn er sah zu mir herüber und forderte mich wortlos auf, für eine Weile zu verschwinden. Ehe ich ging, warf ich noch einen letzten Blick auf das gestohlene Motorrad. Als ich es später wiedersah, war es in Domingos Besitz übergegangen.

Und das war beileibe nicht alles, was ich während des Treffens erfuhr, denn mir kamen auch weitere Motorrad- und Waffendiebstähle zu Ohren – alles Informationen, die für ein späteres Strafverfahren wichtig werden konnten.

Ich bediente mich vom Grill und ging wenige Schritte weiter, wo Rancid, ein begabter Tätowierer, letzte Hand an ein Tattoo anlegte, das Crazy Craigs gesamten Rücken bedeckte. Erst als ich Rancid bei der Arbeit zusah, begriff ich, dass Crazy Craig bis zum letzten Atemzug ein Mongol bleiben würde. Denn sollte er auf die Idee kommen, aus dem Club auszutreten, würden die anderen das Tattoo zurückverlangen und ihm deshalb die Haut versengen – bei kriminellen Motorradbanden eine gängige Praxis. Und Verbrennungen dieses Ausmaßes wären mit Sicherheit tödlich.

Inzwischen war es dunkel geworden. Ich trank kaltes Bud und tauschte mit sechs oder sieben Mongols, die ebenfalls in Vietnam gedient hatten, Kriegserlebnisse aus, als ein Streifenwagen auf den Parkplatz vor dem Zeltplatz einbog. Kein Grund, nervös zu werden, weder für uns noch für den Beamten am Steuer. So dachte ich jedenfalls. Doch die Mongols empfanden seine Anwesenheit offensichtlich als Bedrohung, denn unvermittelt schlug die ausgelassene Stimmung in tödlichen Ernst um. Sie versteckten ihre Waffen, die ersten Joints flogen ins Lagerfeuer. Dabei waren sie wachsam wie eine Meute wilder Hunde und ließen ihren Kontrahenten nicht aus den Augen. Zwei Mongols wollten ihre Waffen partout nicht verstecken, und einen von ihnen hörte ich leise sagen, dass er, um keine langjährige Haftstrafe zu riskieren, nie unbewaffnet rumlief. Dann wandte er sich an seinen Kumpanen und sagte etwas, das mir das Blut in den Adern gefrieren ließ: „Wenn er aussteigt, ist er dran."

Ich fühlte mich wie damals in Vietnam, auf einem Berg außerhalb des Tals von Cam Lo Valley, der unter meinen Füßen detonierte, und vom Feind umstellt. Wie konnte ich den Kollegen nur vor den beiden Mongols warnen, die ohne sichtliche Rührung den kaltblütigen Mord an einem unschuldigen Beamten besprachen?

Zu meinem Entsetzen sah ich, dass die Ausführung der grausigen Tat mit jeder Sekunde wahrscheinlicher wurde. Denn kaum 15 Meter vor

Wo Mongols sind, finden sich auch Schusswaffen.

uns blieb das Auto unvermittelt stehen, und der Beamte sah genau in unsere Richtung. Ich suchte den Blickkontakt, um ihm zu signalisieren, er solle aufs Gas treten, weiterfahren und auf gar keinen Fall aussteigen. Denn schon hörte ich einen der Mongols sagen: „Sprich ihn an und lenk ihn ab. Ich erledige ihn von hinten."

Verzweifelt überlegte ich, was zu tun war. Einen offenen Kampf konnte ich unmöglich riskieren – das hätte uns beiden das Leben gekostet. Dann entdeckte ich in nicht allzu großer Entfernung eine beleuchtete Telefonzelle. Vielleicht könnte ich von dort aus Ciccone anrufen, damit er die Wache alarmierte. Die könnten dann den Beamten per Funk auffordern, augenblicklich zu verschwinden. Ich spürte kalten Schweiß auf meiner Stirn. Was immer ich auch tun würde, es musste bald sein. Denn sobald der Kollege ausstieg, wäre es zu spät.

Gerade als ich den ersten Schritt Richtung Telefon machte, setzte sich der Streifenwagen wieder in Bewegung. „Lieber Gott", flehte ich gen Himmel, „mach, dass er im Auto bleibt und auf keinen Fall aussteigt."

Und tatsächlich: Der Streifenwagen nahm langsam Geschwindigkeit auf und verließ schließlich den Parkplatz. Ich war wie betäubt. Nur langsam gewann ich die Fassung so weit wieder, dass ich zu meinem Zelt taumeln konnte. Für mich war die Party beendet. Ich legte mich auf meinen Schlafsack und starrte in den Nachthimmel, der genauso düster war wie meine Stimmung. Der Vorfall hatte mir schmerzlich bewusst gemacht, dass ich ein einsamer Gesetzeshüter inmitten einer Verbrecherbande war.

Das Bild der beiden Mongols, die den Mord an einem Polizisten planten, ging mir nicht aus dem Kopf. Wenn solche Typen die Wahrheit wüssten – dass ich nicht Billy St. John, sondern Bill Queen war, ein Beamter des Amtes für Alkohol, Tabak und Schusswaffen –, dann, so viel stand fest, würden sie nicht eine Millisekunde lang zögern, mir eine Kugel zwischen die Augen zu jagen.

6. Kapitel

Gewalt ist bei der Arbeit als verdeckter Ermittler ein Problem, das einem den letzten Nerv rauben kann. Doch selbst bei Organisationen wie der Mafia oder der Aryan Nation tritt sie in Wellen auf. Ist eine solche Welle erreicht, taucht der ermittelnde Beamte ein paar Tage oder Wochen lang ab, bis die Welle abgeebbt ist und er seine Arbeit wieder aufnehmen kann. Bei den Mongols war das anders. Sehr bald musste ich einsehen, dass Gewalt für sie dazugehörte und sich jederzeit in Vergewaltigungen, Schlägereien, Erpressung und sogar Mord Bahn brechen konnte.

Anders als die Mafia sind Gruppen wie die Mongols nicht profitorientiert. Zwar nutzen auch sie illegale Methoden der Geldbeschaffung – vom Drogenhandel über bewaffnete Raubüberfälle bis hin zu Waffen- und Motorradschiebereien –, aber diese Art von Geschäften sind nicht ihr Daseinszweck. Für die Mongols und ähnliche Organisationen bedeutet die Mitgliedschaft eine lebenslange Verpflichtung. Sie verachten Recht und Gesetz und haben nicht das geringste Bedürfnis, anders zu scheinen als sie sind.

Frauen spielen in diesen Männerbünden eine ganz spezielle Rolle. Sie werden mit Namen wie „Mama", „Schäfchen" oder „Alte" bedacht und gelten als Eigentum eines Einzelnen oder gar der ganzen Gruppe. Frauen wie Vicky, immerhin Rockys Ehefrau und Mutter seiner Kinder, genießen durchaus Respekt in der Gruppe, was sich darin erweist, dass niemand es wagen würde, sie geringschätzig zu behandeln oder gar die Hand nach ihr auszustrecken. Andererseits schlug Rocky sie mitunter grün und blau, ohne dass jemand aus der Gruppe auch nur ein Wort darüber verlor.

Das wohl berüchtigtste Beispiel für ein verqueres Rollenverständnis – ein Bericht in Newsweek machte ihn 1967 populär – ist der Fall der 18-jährigen Christine Deese, die mit Norman „Spider" Risinger, einem Mitglied der Outlaws, befreundet war. Weil sie gegen die Clubregeln verstoßen und nicht ihr gesamtes Geld an ihren „Herrscher" abgegeben hatte, wurde Christine verurteilt und in einer „feierlichen Strafzeremonie" von Spider und einigen anderen Outlaws gekreuzigt. Laut Newsweek ertrug sie alles geduldig und „schrie auch dann nicht", als die Biker sie an einen Baum nagelten und erst nach mehreren Stunden befreiten. Anschließend brachten sie Christine in ein Krankenhaus nach West Palm Beach, wo sie den fassungslosen Ärzten erzählte, sie sei in ein Brett mit rostigen Nägeln gefallen. Dieser entsetzliche Vorfall führte zu einer landesweiten Jagd auf die beteiligten Mitglieder der Outlaws und veranlasste den damaligen Gouverneur von Florida, Claude Kirk, zu einer dringenden Warnung an die Biker, aber auch an ihre Freundinnen: „Dieser Abschaum hat unser Wort, dass er in Florida nicht willkommen ist. […] Ich hoffe, dass all die jungen Mädchen, die sich diesen Typen aus Abenteuerlust anschließen, endlich begreifen, dass der Teufel, wenn man ihm den kleinen Finger reicht, die ganze Hand nimmt – oder, wie in diesem Fall, beide." Doch als Christine wieder geheilt war, blieb sie nicht nur bei Spider, sondern trug angeblich die Nägel, mit denen sie gekreuzigt worden war, als makabere Trophäe an einer Kette um den Hals.

Nun könnte man die Frauen, die sich vom Lebensstil der Biker angezogen fühlen, als Opfer ihrer eigenen Hörigkeit bezeichnen. Doch wer sich lange genug mit der Szene beschäftigt, kommt zu der Erkenntnis, dass es dem Leben vieler Frauen einen Sinn gibt, sich als „Eigentum" zu fühlen. Fast alle sind freiwillig dabei, und das Label „Privateigentum" tragen sie mit sichtlichem Stolz. Den körperlichen und seelischen Misshandlungen steht ein Zugehörigkeitsgefühl und ein Gefühl der Macht gegenüber. Denn als Privateigentum sind sie für den Rest der Welt tabu. Niemand kann ihnen Schwierigkeiten machen, ohne sich den Zorn aller Mongols zuzuziehen.

Bei meinen regelmäßigen Besuchen im The Place ab dem Frühjahr 1998 lernte ich auch viele Frauen kennen, die sich und ihren Körper bereitwillig zur Verfügung stellten. Als ich einmal gegen Mitternacht das Lokal verlassen wollte, hielt mich ein Stammgast aus Tujunga auf, klopfte mir auf die Schulter und sagte: „Wenn du jetzt gehst, verpasst du das Beste, Billy. Heute Nacht ist Strip-Pool angesagt."

Er zeigte auf eine junge Frau, die sich am Billardtisch herumtrieb. Ich schätzte sie auf Ende zwanzig, und ihr Körper war deutlich besser entwickelt als ihre Manieren, um es diplomatisch zu sagen. Aber immerhin konnte sie leidlich Billard spielen.

Die Regeln des Strip-Pool waren denkbar einfach. Das Mädchen würde ausschließlich gegen Männer antreten, allerdings mit unterschiedlichem Einsatz. Denn bei einer Niederlage sollte sie nicht bezahlen, sondern ein Kleidungsstück ablegen. Am Ende hätte sie die Taschen voller Geld, oder sie müsste unter dem Gejohle der männlichen Gäste nackt weiterspielen.

Entsprechend lautstark feierte die Meute jeden, der sie besiegte. Zunächst gewann sie einen Dollar, verlor dann aber ihre Bluse. Dann gewann sie einen weiteren Dollar und büßte im Gegenzug die Hose ein. Bei diesem Tempo würde sie vielleicht zehn Dollar gewinnen, aber nichts mehr am Leib haben, um sie zu verstauen.

Als sie bis auf die Turnschuhe nackt war, kam Rocky hinzu. Ich bestellte ihm ein Bier, dann setzten wir uns, um das Treiben am Billardtisch zu verfolgen. Es war nicht zu übersehen, wie sehr die junge Frau es genoss, vor ihren Kumpeln aus Tujunga eine Show abzuziehen – und wie sehr die es genossen, ihr dabei zuzusehen. Wenn sie an der Reihe war, nahm sie das Queue, beugte sich vor und vergewisserte sich, das sämtliche Augen auf sie gerichtet waren. Dann lehnte sie sich so weit über die Bande, dass die Brustwarzen den abgewetzten grünen Filzbelag berührten. Und um die Stimmung weiter anzuheizen, forderte sie das Publikum schließlich auf, selbst aktiv zu werden.

Auch wenn das The Place weniger voll war als an diesem Abend, war rund um den Billardtisch so wenig Platz, dass sich Spieler und Zuschauer fast auf die Füße traten. Doch was sonst zum Problem werden konnte, erwies sich für die Umstehenden nun als Glücksfall, weil die junge Frau die Blicke vom Geschehen auf dem Tisch in Richtung ihrer nackten Hüften lenkte, die sie aufreizend im Rhythmus der Musik bewegte. Dann brandete Beifall auf, und als ich genauer hinsah, erkannte ich zwischen ihren Beinen eine Bierflasche, die ein Zuschauer dort deponiert hatte. Daraufhin trat die junge Frau ihren Weg rund um den Tisch an, und dabei verschwand mal ein Flaschenhals, mal ein Finger zwischen ihren Schenkeln – und ihr war alles gleich willkommen.

Der Gedanke, dass sie Eltern und Geschwister hatte, ja, vielleicht sogar selbst Mutter war, bedrückte mich sehr. Doch wie viele Menschen, die ich im Laufe dieser Ermittlung kennenlernte, ließ sich diese junge Frau nicht nur freiwillig, sondern auch mit Freuden demütigen, und außer ihr von Herzen zu wünschen, dass sie eines Tages zur Vernunft käme, konnte ich nichts für sie tun.

Oft waren Frauen auch Anlass für blutige Straf- und Racheaktionen. Denn wer immer dem „Eigentum" eines Mongols zu nahe kam, musste mit dem Schlimmsten rechnen – selbst wenn es unbeabsichtigt war. Und Absicht konnte man John O. wirklich nicht unterstellen. Zum ersten Mal hörte ich den Namen während unserer Ausfahrt nach Simi Valley, als sich mehrere Mongols über einen Vorfall unterhielten, der sich im The Place zugetragen hatte. Handgreifliche Auseinandersetzungen waren dort an der Tagesordnung; doch dieser zog sich über mehrere Runden hin.

John O., ein stadtbekannter Schläger aus Tujunga, war mit einem anderen Gast aneinander geraten. In dem Bestreben, die Angelegenheit schnellst möglich zu beenden, nahm er einen Queue, um seinen Kontrahenten damit niederzustrecken. Als er ausholte, erwischte er dummerweise ein Mädchen, das hinter ihm stand, und brach ihm den Kiefer. Normalerweise hätte sich über dieses Missgeschick niemand sonderlich aufgeregt, aber dieser Fall war nicht normal. Das Mädchen war nämlich die Freundin eines Mongols. Zwar saß der seinerzeit im Gefängnis, doch trotzdem hatte John O. ein ziemliches Problem.

Denn statt ihn zur Strafe die schweren Stiefel der Mongols spüren lassen, bot Domingo ihm an, sich freizukaufen und entweder die Arztkosten des Mädchens zu übernehmen oder den Mongols ein angemessenes Schmerzensgeld zu bezahlen. Und obwohl unklar blieb, was „angemessen" meinte, schlug John O. ein.

Wenige Tage nach dem Memorial Day lernte ich John O. dann persönlich kennen. Er war durchschnittlich groß und hatte langes blondes

Haar, das er mit sichtlichem Stolz trug: Es machte ihn dem Leadsänger einer populären Heavy-Metal-Band der Achtzigerjahre zum Verwechseln ähnlich. Ich stand am Tresen des The Place, als er hereinkam und mich fragte, ob Rocky oder ein anderer Mongol da sei.

Als ich ihm sagte, dass Domingo jeden Moment aufkreuzen konnte, weil ich mit ihm auf ein Bier verabredet war, zuckte John O. regelrecht zusammen, und er nannte mir auch den Grund: Erst vor wenigen Stunden hatte Rocky ihm erklärt, dass er, John O., mit seinen Zahlungen im Rückstand war. Und um der Forderung Nachdruck zu verleihen, hatte er sie mit gezogener Waffe vorgebracht.

Von diesem Erlebnis offensichtlich geschockt – Alkohol, Drogen und schlagende Dummheit kamen erschwerend hinzu –, ließ John O. wenige Tage darauf erneut eine Geldübergabe platzen. Mehr noch: In einem Anflug von geistiger Umnachtung beschloss er, die Zahlungen endgültig einzustellen. Gleichzeitig musste er beschlossen haben, mit seinem Leben Schluss zu machen, denn ausgerechnet im The Place prahlte er lauthals damit, vor nichts und niemandem Angst zu haben – schon gar nicht vor den Mongols, denn die, so seine unbedachten Worte, seien ohnehin nur ein Stück Scheiße.

Kaum hatte er das Lokal verlassen, informierte Carrena – bekanntlich „Eigentum" von The Kid, dem Vorsitzenden des Chapters Riverside County-Rocky und Domingo über John O.s Respektlosigkeit und erklärte ihre Bereitschaft, sich an einer erzieherischen Maßnahme zu beteiligen. Einige Tage später rief sie John O. an und bot ihm einen Aushilfsjob im The Place an. Weil John O. finanziell notorisch klamm war, sagte er zu und versprach, noch am selben Tag ins The Place zu kommen. Dort erwarteten ihn die Mongols des Chapters San Fernando Valley, um die erzieherische Maßnahme zu vollstrecken.

Als sie abgeschlossen war, befand sich John O. mit rasiertem Schädel auf dem Weg ins Krankenhaus, wo zahlreiche Stellen seines Körpers genäht und gegipst werden mussten.

Ich sah John O. nie wieder in der Nähe des The Place. Niemand sah ihn dort je wieder.

Aber an der Flagge des Chapters San Fernando Valley, die heute in der Obhut des ATF ist, weht noch immer ein Büschel seines Haars.

An einem Freitagabend suchte ich zu Hause ein paar Sachen für eine Ausfahrt mit den Mongols zusammen. Vorher hatte ich mit meinen Kindern telefoniert und ihnen zu erklären versucht, warum ich am Wochenende arbeiten musste und sie deshalb nicht besuchen konnte. Es fiel ihnen schwer, sich damit abzufinden. Mein jüngster Sohn spielte neuerdings Baseball, und ich hatte ihm zusehen wollen, aber die Fahrt nach Porterville konnte die Ermittlungen entscheidend weiterbringen, und deshalb durfte ich sie nicht versäumen. Unterdessen beschwerte sich meine Freundin darüber, dass ich mehr Zeit mit den Mongols als mit ihr verbrachte. Sie fühlte sich aus meinem Leben ausgesperrt, und das mit einem gewissen Recht: Meine neue ständige Begleitung war ein Kriminalfall.

Während ich packte, versuchte ich meiner Freundin zu erklären, dass ich jede sich bietende Gelegenheit nutzen musste, um näher an die Mongols heranzukommen. Doch meine Argumente konnten sie ebenso wenig überzeugen wie ihre mich. „Ich tue nur meine verdammte Pflicht", sagte ich entschieden, und den restlichen Abend wechselten wir kein weiteres Wort.

Am Samstag stand ich zeitig auf, verabschiedete mich kurz angebunden, setzte mich auf mein Motorrad und fuhr Richtung Tujunga. Das Wetter versprach großartig zu werden, und schon auf dem Freeway stellte sich Vorfreude auf die Ausfahrt ein.

Wir hatten uns vor dem The Place verabredet, um von dort gemeinsam den Highway Richtung Norden zu nehmen. Porterville ist eine kleine, landwirtschaftlich geprägte Gemeinde zirka 165 Meilen nördlich von Los Angeles, ziemlich genau auf halber Strecke nach San Francisco und in der Nähe des Sequoia Nationalparks. Der dortige Campingplatz gehörte zu den beliebtesten Zielen der Mongols.

Im Grunde war es ein Zeltplatz wie jeder andere – es sei denn, es rückten gut 150 Biker an und nahmen ihn in Besitz. Bei der Ankunft fiel mir ein Lkw-Anhänger mit offener Ladefläche auf, der am anderen Ende des

Die Haare von John O. als Skalp unter der Flagge des Chapters San Fernando Valley.

Platzes abgestellt war. Domingo empfing mich mit einem vielsagenden Lächeln, klatschte mich ab und kündigte für den Abend eine Überraschung an. Was es damit auf sich hatte, behielt er für sich, und ich hütete mich, ihn danach zu fragen. Kurz darauf wagte sich ein ungebetener Gast auf unser Gelände, irgendein dahergelaufener Säufer, zu dem der zweifelhafte Ruf der Mongols offensichtlich nicht vorgedrungen war. Zunächst wurde er freundlich, aber bestimmt darauf hingewiesen, dass er sich auf verbotenem Terrain befand. Doch als er sich weigerte, augenblicklich zu verschwinden, nahmen sich einige besonders kräftige Mongols seiner an und ließen ihn Schläge und Tritte zuteil werden. Um eine schmerzhafte Erfahrung reicher und mit zwei blauen Augen räumte der Säufer schließlich das Feld.

Als kurz nach Sonnenuntergang das Barbecue eröffnet wurde, spülte ich mein Unbehagen mit ein paar Bieren herunter. Dann schleppte Rocky mich quer über das Gelände, um mich anderen Chaptern vorzustellen. Als sie hörten, dass ich zum San Fernando Valley gehörte, hellten sich die Mienen gegenüber dem Fremden etwas auf.

Nach dem Essen versammelten sich gut 150 Biker vor dem Anhänger, der offensichtlich als Bühne diente, denn aus Lautsprechern dröhnte Musik, und starke Scheinwerfer beleuchteten die Ladefläche.

Plötzlich stieß Domingo mir in die Seite und zeigte auf eine Handvoll halbnackter Mädchen, die auf die Bühne kamen. Sie waren sehr jung, sehr sexy und sehr gut gebaut. Ohne Umschweife begannen sie zu tanzen und sich ihrer ohnehin spärlichen Kleidung zu entledigen – und zwar, anders als in den einschlägigen Strip-Bars, vollständig. Als sie schließlich splitternackt waren, forderten sie das Publikum zum Mitmachen auf.

Ehe ich mich versah, hörte ich Domingo einem der Mädchen zurufen: „Baby, mein Kumpel will mal an deiner Muschi schnüffeln."

Er wedelte mit einem Fünfdollarschein, und sollte das Mädchen überhaupt Skrupel gehabt haben, so waren sie damit aus der Welt. Sie kam angelaufen und riss Domingo das Geld förmlich aus der Hand. Im Gegenzug packte Domingo mich am Kragen und beförderte mich rücklings auf die Bühne. Unter dem Gejohle der Menge machte das Mädchen einen Schritt und stand über mir. Ich versuchte mich abzulenken und an Dinge wie die Verwaltung des ATF, den zuständigen Staatsanwalt, meine wütende Freundin, die entsprechenden Seiten im Handbuch für den Einsatz zu denken.

Der Lärm der Menge spornte die Stripperin erst richtig an. Sie ließ die Hüften im Takt der Musik kreisen und schraubte sich langsam tiefer, bis ihr Schritt schließlich mein Gesicht bedeckte. Zum großen Vergnügen der Umstehenden begann sie, sich rhythmisch vor und zurück zu bewegen. Nach einigen Sekunden war der Spuk vorbei, und das Mädchen richtete sich auf. Ich schnappte nach Luft, und ehe ich aufstehen konnte, zog Domingo mich von der Bühne. Der Geschmack auf den Lippen machte mich benommen, doch ich riss mich zusammen und reckte zum Zeichen des Triumphes die Faust in den Himmel.

„Billy!" Die Menge johlte, und wer konnte, klopfte mir anerkennend auf die Schulter. Doch sehr schnell richtete sich die Aufmerksamkeit wieder auf die nackten Mädchen. Ich wühlte mich durch die Menge und suchte mir einen Ort, wo ich mich übergeben konnte.

Unterdessen kippte die Stimmung um, und einige Mongols bedrängten die Mädchen so sehr, dass sie die Flucht nach vorn ergriffen: Sie erklärten die Show für beendet und zogen mit dem erstbesten Mongol, den sie zu packen bekamen, von dannen.

Als die Sonne mich nach wenigen Stunden Schlaf weckte, hatte ich stärkere Kopfschmerzen als je zuvor in meinem Leben. „Verdammt noch mal", hörte ich mich fluchen. „So war das nicht abgemacht." Wenn die Ermittlungen so weitergingen, würde ich das Ende nicht erleben.

Gegen elf erhob sich auch Domingo und verkündete, dass wir zusammen mit dem Chapter Central California nach Visalia fahren würden, um dort weiterzufeiern. Das war das Letzte, was ich hören wollte. Und für meine Kopfschmerzen war es das reine Gift.

Es muss gegen zwei Uhr Nachmittags gewesen sein, als wir gemeinsam aufbrachen. Die Chance, Ciccone anzurufen und ihm den neuen Plan durchzugeben, hatte sich nicht ergeben. Er müsste selbst herausbekommen, was wir vorhatten, und uns folgen, ohne das Ziel zu kennen. Und dass er noch an uns dran war, wurde mir kurz darauf bestätigt. Denn schon an der ersten roten Ampel sah ich ihn im Rückspiegel – und zwar so nah, als säße er hinter mir auf der Rückbank. Unwillkürlich fragte ich mich, wem meiner Begleiter er noch aufgefallen war, und nahm mir vor, ihm bei nächster Gelegenheit zu sagen, dass er seine Methoden der Beschattung dringend überdenken musste. Andererseits waren wir noch am Anfang der Ermittlung, und in der Folgezeit sollten wir alle noch manches lernen.

Wir erreichten Visalia und fuhren weiter zum Haus des Präsidenten des hiesigen Chapters. Ich war todmüde, aber Rocky und Rancid ging es nicht anderes. Also suchten wir uns ein Plätzchen, wo wir uns ein wenig hinlegen konnten. Selbst im Halbschlaf bemerkte ich das stetige Kommen und Gehen. Später erfuhr ich, dass unser Gastgeber ein gefragter Kokaindealer war. Dem Schlaf wenig förderlich war auch das Gespräch über den Handel mit Waffen, das sich bis zum späten Nachmittag hinzog. Ich hörte mit geschlossenen Augen zu und versuchte mir für einen späteren Bericht ans ATF die verschiedenen Fabrikate einzuprägen.

Schließlich und endlich beschlossen unser Gastgeber und Domingo, dass es Zeit für einen ausgedehnten Kneipenbummel war. Waschen und Zähneputzen waren unter der Würde eines Mongols, und zum Zeichen, dass er abmarschbereit war, klopfte Rocky mir auf die Schulter. Mit Rancid verhielt es sich anders, denn nur der Weltuntergang oder ein Eimer kaltes Wasser hätten ihn wecken können. Domingo entschied sich für das kalte Wasser, und wie ein lauter Fluch bewies, hatte Rancid das Bewusstsein wiedererlangt.

Ich begleitete ein gutes Dutzend Mongols in eine Bar, wo ich erleben musste, dass sich Domingos Verhalten mir gegenüber schlagartig veränderte. Offenbar hatten ihn die anderen Mongols mit ihrem Misstrauen angesteckt, denn plötzlich wurde jede Kleinigkeit zum Problem. Ich kam vom Klo und er wollte wissen, wo ich war. Ich rief meine Freundin an und er wollte wissen, mit wem ich telefoniert hatte. Schließlich warf er mir einen feindseligen Blick zu und sagte drohend: „Ich behalte dich im Auge, Billy!"

Gegen zehn Uhr abends – wir hatten für mehrere hundert Dollar Bier getrunken, ohne dass der Besitzer auf die Bezahlung bestand – teilte Domingo mir mit, das wir zu einem unserer Gastgeber nach Hause gehen und dort einige Stripperinnen treffen würden. Ich versuchte mir vorzustellen, was das bedeuten konnte. Sollte ich erneut auf die Probe gestellt werden? Meine Begleiter leerten ihre Gläser und machten sich auf den Weg zum Ausgang. Als ich die Straße erreichte, hielt ich Ausschau nach Ciccone und seinen Männern. Doch da Domingo angekündigt hatte, mich im Auge zu behalten, beließ ich es bei einem verstohlenen Blick und sah nichts, was einem Zivilfahrzeug der Polizei ähnelte. Die Ernüchterung folgte auf dem Fuße: Meine Schutzengel hatten mich aus den Augen verloren, und ich musste zusehen, wie ich mit Typen klar kam, die schon ohne den Einfluss von Alkohol und Drogen unberechenbar waren.

Ohne dass ich mir den Weg hätte merken können, erreichten wir ein kleines Haus. Wer dort wohnte, wusste ich nicht, und Domingo sagte nur, dass die Stripperinnen in Kürze eintreffen würden. Ich hingegen fragte mich, was er im Schilde führte.

Einige Biere später klärte Domingo mich über seine wahren Pläne auf. Die Mädchen, so erzählte er mir mit einem freudigen Lächeln, kämen in dem Glauben, sie würden eine Privatvorstellung für die Mongols geben und dafür großzügig entlohnt werden. In Wirklichkeit aber sollten sie gefesselt und dann von allen vergewaltigt werden.

„Großartig", erwiderte ich benommen und zwang mich, ebenfalls zu lächeln.

Gleichzeitig unterdrückte ich mühsam den Brechreiz, den seine Worte ausgelöst hatten. Panik stieg in mir auf. Irgendwie musste ich das Unaussprechliche verhindern. Doch im Moment wusste ich nicht einmal genau, wo ich war und erst recht nicht, wo Ciccone und seine Männer steckten. Eine Waffe hatte ich auch nicht dabei. Noch war die Gefahr zu groß, dass die Mongols sie finden konnten. Dass einige von ihnen bewaffnet waren, stand hingegen fest, und dass keiner von ihnen nüchtern war, verringerte die Chancen, dass sie von selbst zur Vernunft kommen würden.

Während ich mir vergebens den Kopf zerbrach, stand plötzlich The Kid vor mir, Carrenas Freund und Präsident des Chapters Riverside County. The Kid war ein knallharter Typ, ein ausgemachtes Arschloch und so zutraulich wie ein tollwütiger Hund. Die Leitung des Chapters hatte er nach einer längeren Gefängnisstrafe erst kürzlich wieder übernommen. Nun schien er Versäumtes nachholen zu wollen. Dass er mir misstraute, war ihm unschwer anzusehen, als er sich vor mir aufbaute und fragte: „Willst du dir die Nase polieren, Billy?"

„Was?"

„Ob du dir die Nase polieren willst."

Ich sah ihn ratlos an.

„Koksen, Billy!" fauchte er mich an. „Ich will wissen, ob du kokst."

„Manchmal schon", log ich, „aber jetzt nicht."

„Und warum nicht?"

„Weil ich auch so schon Mühe habe, mit euch mitzuhalten. Erst Unmengen Bier, und jetzt auch noch Koks? Vergiss nicht, dass ich fast doppelt so alt bin wie ihr."

Daraufhin empfahl mir The Kid Methamphetamin statt Koks.

„Crank ist für dich genau das richtige, Billy. Ein paar Linien, und du bist wieder fit."

Plötzlich kreuzte Domingo auf. „Ja, Billy, ein bisschen Crank wird dir gut tun."

Dass er sich bei diesem Thema einmischte, war eine Unverschämtheit, denn er selbst nahm keine Drogen. Erst kürzlich war er aus dem Gefängnis entlassen worden, wo er wegen schwerer Körperverletzung gesessen hatte, aber noch stand er unter Bewährung. Und zu den Auflagen gehörte der wöchentliche Urintest. Aber das hinderte ihn nicht daran, mich auf eine denkbar harte Probe zu stellen: Erst die Stripperin, dann die angekündigte Massenvergewaltigung, und nun sollte ich vor seinen Augen Drogen nehmen. Ich kam vom Regen in die Traufe. Und ein Blick in die Runde verriet mir, dass weitere Mongols mit großer Spannung meine Reaktion erwarteten.

Wenn Banden wie die Mongols jemanden in Verdacht haben, ein verdeckter Ermittler zu sein, wissen sie dank ihrer häufigen Begegnungen mit der Polizei sehr genau, wie sie ihn aus der Reserve locken können. Und sie mit einer Ausrede abzuspeisen ist wenig ratsam. Denn hätte ich mir beispielsweise Domingo zum Vorbild genommen und behauptet, ich sei nur auf Bewährung frei und müsse deshalb regelmäßig zum Urintest, wären die Fragen nach meinem Bewährungshelfer, dem Gefängnis, wo ich gesessen hatte, und dem Namen meines Zellennachbarn unausweichlich gefolgt. Und über die Kontakte, meine Angaben zu überprüfen, verfügten die Mongols selbstverständlich auch. Deshalb konnte ich auch nicht behaupten, mein Arbeitgeber habe einen Drogentest unter der Belegschaft angekündigt. Eine Firma zu finden, die einen verdeckten Er-

80

mittler pro forma einstellt, ist schwer genug. Zwar war es uns für diesen Fall gelungen, aber dass die Chefetage einer Befragung durch die Mongols standhalten würde, war ziemlich unwahrscheinlich. Und ich hatte nicht vor, sie in diese Situation zu bringen.

Unterdessen hatte The Kid zwei Linien vorbereitet. „Schieb deinen Arsch hier 'rüber, Billy", pöbelte er. „Entweder du ziehst dir eine Linie rein, oder wir glauben dir ab sofort kein Wort mehr."

Ich fühlte mich wie ein angeschlagener Boxer, der sich aus den Seilen befreien musste. Doch nun zahlte sich aus, dass ich Koz auf die Finger geschaut hatte, als er seinerzeit gegen die Vagos ermittelte.

Daher wusste ich, dass in solchen Situationen Angriff die beste Verteidigung ist.

„Tu nicht so, als hättest du mir je geglaubt, du Scheißkerl!" brüllte ich zurück. „Und nur um dir einen Gefallen zu tun, riskiere ich doch keinen Unfall. Ich würde mich und meine Karre gern am Stück nach Hause bringen."

Meine Vorstellung hatte alle sprachlos gemacht. Dass jemand so mit einem Mongol sprach, war ihnen neu. Und The Kid war kein einfaches Mitglied, sondern Präsident eines Chapters. Trotzdem hoffte ich, mit einer Tracht Prügel davonzukommen. Immerhin könnte ich mich dann verdrücken, bevor die Stripperinnen auftauchten.

Zu meiner Verwunderung war The Kid nicht böse, sondern sichtlich amüsiert. „Umso besser" sagte er und zog unter dem Gelächter der Umstehenden zwei Linien durch die Nase.

Die Nacht schien endlos, doch gegen drei Uhr waren die Mädchen noch immer nicht aufgetaucht. Dafür waren fast alle Mongols so betrunken, dass mit ihnen nichts mehr anzufangen war. Also blies Domingo das Unternehmen entnervt ab.

Trotz meiner Müdigkeit begriff ich, dass die Vergewaltigung als meine letzte und härteste Probe gedacht war. Im Falle meiner Weigerung, daran teilzunehmen, hätte ich mich im Umfeld der Mongols nicht mehr blicken zu lassen brauchen. Doch ob als Polizist, als Vater oder schlicht als Mensch mit einem Gewissen – mich an einem solchen Verbrechen zu beteiligen wäre selbstverständlich nicht in Frage gekommen. Aber was wären die Alternativen gewesen? Das Ganze zu stoppen hätte bedeutet, meine Tarnung aufzugeben und Gefahr zu laufen, getötet zu werden. Ohnehin war es ausgeschlossen, dass ein einzelner unbewaffneter Polizist eine Horde enthemmter Mongols aufhalten könnte.

So gesehen, hatte ich unverschämtes Glück gehabt. Und die Mädchen natürlich auch.

Zudem hatten die Mongols das Interesse daran verloren, mich vor eine weitere Probe zu stellen. Ohne großes Tamtam gingen sie zu ihren Maschinen und starteten die Motoren. Bevor wir losfuhren, sah ich mich noch einmal um: Ciccone und seine Männer waren nirgends zu sehen.

Um mir Sorgen zu machen, war ich zu müde. In den letzten zwei Tagen hatte ich vielleicht drei Stunden geschlafen. Sollte ich heile nach Hause kommen, wäre das ein mittleres Wunder. Wir fuhren Meile um Meile, bis endlich die Sonne aufging. Gegen fünf Uhr morgens erreichten wir Tujunga, und noch immer gingen mir die ahnungslosen Mädchen nicht aus dem Kopf, die in eine Falle gelockt, gefesselt und vergewaltigt werden sollten.

7. Kapitel

Im Sommer 1998 wurde ich offizieller Anwärter. Als Mitglied auf Probe hat ein Anwärter zwar einige Rechte, aber vor allem jede Menge Pflichten. Im Vorfeld meiner Ernennung hatte ich mich mit den Traditionen und Regeln des Clubs beschäftigt. Offizielle Treffen wurden „Kirchgang" genannt. Und außer einer Satzung hatte der Club auch eine verquere Version der biblischen Gebote, die Domingo mir eines Tages überreichte (und die später zu den Beweisstücken gehörten).

Die fünf Gebote der Mongols:
1. Ein Mongol lügt nie einen anderen Mongol an.
2. Ein Mongol bestiehlt niemals einen anderen Mongol.
3. Ein Mongol spannt einem anderen Mongol niemals die Frau
   oder die Freundin aus.
4. Ein Mongol macht nichts, was einen anderen Mongol ins Gefängnis
   bringen könnte.
5. Ein Mongol nutzt seine Mitgliedschaft niemals, um sich persönlich zu
   bereichern.
Wer vorhat, eines der vorstehenden Gebote (!) zu brechen, verdient es nicht, unser Abzeichen zu tragen, und sollte die entsprechenden Konsequenzen ziehen. Andernfalls ziehen wir sie.

Um Anwärter zu werden, musste ich einen offiziellen Antrag stellen. Ich war ziemlich erstaunt, als Rocky mir bei sich zu Hause ein dreiseitiges Formular aushändigte, für das ich genauer – und persönlicher – über mich Auskunft geben musste als für meinen Job als Beamter. Die Mongols wollten wirklich alles wissen: von meiner Sozialversicherungsnummer bis zur Länge meines Schwanzes.

Rocky gegenüber tat ich gänzlich unbeeindruckt: „Kein Problem, Mann. Morgen oder übermorgen bringe ich dir den Antrag ausgefüllt zurück."

Aber selbstverständlich war mir klar, dass ich vor einem ziemlichen Problem stand, ja, dass möglicherweise die ganze Aktion gefährdet war. Denn erstens machte Rocky kein Geheimnis daraus, dass sie meine Angaben durch einen Privatdetektiv überprüfen lassen würden – mit an Sicherheit grenzender Wahrscheinlichkeit ein ehemaliger Polizist. Und zweitens musste ich einsehen, dass auch die gewissenhafteste Vorbereitung lückenhaft sein kann.

Meine Identität als Billy St. John hatte ich seit Mitte der 80er Jahre kontinuierlich aufgebaut, zunächst für die Jagd auf Neonazis, die National Alliance und andere staatsfeindliche Gruppierungen. Wie andere Bundesbehörden besaß auch das ATF die Kompetenz, solche Fälle zu übernehmen und seine Mitarbeiter dafür mit einer kriminellen Karriere, einem Beruf, mit Bankkonten, Führerschein, Fahrzeugpapieren und Schulzeugnissen zu versorgen. Bei der Arbeit an meiner Tarn-Identität hatte ich mich von Kollegen aus anderen Behörden beraten und auf mögliche Schwachstellen hinweisen lassen. Mein alter Freund Steve Campbell, Polizeibeamter in North Carolina, hatte beispielsweise mein Führungszeugnis zusammengestellt. Es enthielt mehrere Anklagen wegen Körperverletzung und Drogenmissbrauchs. Dank meines gefälschten Vorlebens war ich einer der wenigen Beamten, der für eine verdeckte Ermittlung im kriminellen Milieu gerüstet war – bis ich den Aufnahmeantrag der Mongols in Händen hielt.

In Anbetracht der Fülle der Fragen war mir vollkommen unklar, woher wir die Antworten nehmen wollten. Und allein würde ich es schon gar nicht schaffen. Falls Ciccone also Wert darauf legte, dass ich am Leben blieb, musste er sich mal wieder selbst überbieten.

Was er dann auch tat. Denn erneut bewies er sein unnachahmliches Talent, die störrische Verwaltung hinter sich zu bringen. Und so ergänzten wir uns nahezu perfekt: John zog hinter den Kulissen die Fäden, und ich agierte an der Front.

Ciccone hatte den Aufnahmeantrag kaum zu Gesicht bekommen, da lief die Maschinerie schon auf Hochtouren: Um meine Legende wasserdicht zu machen, war ein Team aus seinen besten Mitarbeitern landesweit im Einsatz. Denn außer naheliegenden Dingen wie Sozialversicherungsnummer, Führerschein und Entlassungspapiere der Armee wollten die Mongols auch Adressen und Telefonnummern von Verwandten wissen. Schulzeugnisse musste ich ebenso vorlegen wie die Steuerbescheide der letzten fünf Jahre.

In kürzester Zeit hatte Ciccone alles zusammen. Seine Zuträger saßen in den Schulbehörden North Carolinas, wo ich vermeintlich aufgewachsen war. Überall im Land hatte er Leute, die bei einem Anruf Stein und Bein schwören würden, Billy St. Johns Vater, Mutter, Onkel, Tante oder sonst ein Verwandter zu sein.

Seine Beziehungen reichten auch in die Finanzbehörden, wo er Steuerbescheide beschaffte, die zweifelsfrei belegten, dass Billy St. John in den vergangenen fünf Jahren mit gebrauchten elektronischen Bauteilen – Radar, Sprechfunk, Wetterschreiber, Höhen- und Geschwindigkeitsmesser – für die Luft- und Raumfahrt gehandelt hatte. Mein Tagwerk bestand angeblich darin, defekte Ware in Südkalifornien aufzukaufen und sie zur Reparatur zum Hauptsitz der Firma zu bringen. Um das Ganze möglichst glaubhaft zu machen, nahm ich gelegentlich einen Mongol in meinem Lieferwagen mit. Und Rocky hatte ich mehrfach mit meinem Chef zusammengebracht – in Wahrheit ein Kollege vom ATF –, damit er mir vor Rockys Augen meinen Lohn auszahlt.

Nach menschlichem Ermessen hatten wir alles getan, um eventuelle Löcher in meiner Legende zu stopfen. Doch obwohl ich absolut sicher war, dass sie keinen Verdacht schöpften, lief ich einige Tage lang mit einem ziemlich flauen Gefühl im Magen herum. Und Ciccone ging es nicht besser.

Den ausgefüllten Fragebogen musste ich Domingo, dem Präsidenten des Chapters San Fernando Valley, aushändigen. Um einen Rückzieher zu machen, war es damit zu spät. Und trotz meiner Befürchtungen musste ich das Maß an Coolness aufbringen, das sich für einen angehenden Ein-Prozenter gehört. Jedes Anzeichen von Nervosität hätten die Mongols sofort als Schwäche ausgelegt und in mir vielleicht nicht automatisch den Polizisten, aber doch jemanden gewittert, der mehr verspricht, als er halten kann.

Wann immer ich in den Wochen danach meine Harley startete, sprach ich mir Mut zu: „Entspann dich, Billy. Sie akzeptieren dich. Sonst

85

hätten sie dir nicht angeboten, den Mongols beizutreten. Und wenn sie dich für einen Polizisten hielten, hättest du es längst zu spüren bekommen."

Zudem hatte ich noch keine handfesten Beweise gegen Domingo, Rocky oder Rancid, und deshalb, so sagte ich mir, hatten sie keinen Anlass, mich zu töten – selbst wenn sie herausfinden sollten, wer ich war.

Vernünftig betrachtet, war das die Situation. Doch leider unterschlug diese Sicht der Dinge, dass einige Mongols für ihr impulsives, irrationales und unberechenbares Verhalten bekannt waren.

Die folgenden Wochen liefen nach demselben Muster ab: Erst kramte ich mein Selbstbewusstsein zusammen, dann setzte ich mich auf mein Motorrad und fuhr nach Tujunga, traf mich mit den Mongols, schleppte für sie Bier ran und spielte mit ihnen Billard. Dann und wann fuhren wir gemeinsam zu irgendeiner Party oder in ein anderes Lokal, und Rocky, der als mein Mentor fungierte, führte mich in die Tradition der Mongols ein. Bei alledem blieb ich stets wachsam und darauf gefasst, dass die Stimmung umschlagen und bedrohlich werden konnte.

Eines schönen Tages – ich hielt mich in meiner Dienstwohnung auf – klingelte das Telefon. „Hey, Billy", meldete sich Rocky, „Willst du nicht rüberkommen?"

Das war keine Frage, das war ein Befehl. Nur Rockys Stimme wollte nicht dazu passen: Er klang ungewöhnlich misstrauisch und distanziert.

„Was hast du denn vor?" erkundigte ich mich.

Seine Antwort kam spät und ungeheuer schleppend. „Komm einfach rüber, Mann. Es geht um deine Kutte. Wir fahren zu Bobby Loco. Und danach geht's zu Luna. Also mach, dass du her kommst."

Jetzt war guter Rat teuer: Bobby Loco war derjenige Mongol, der die Angaben in meinem Aufnahmeantrag überprüfen sollte. Und als Schatzmeister für die gesamte USA war Luna ein richtig hohes Tier. Beide gehörten zum Chapter von Commerce City, Colorado, dem Sitz des Hauptquartiers. Beide waren so altgediente Mitglieder, dass sie noch den Krieg der Mongols gegen die Hells Angels mitgemacht hatten. Und beide waren gleichermaßen skrupel- wie hemmungslos.

Als Anwärter darf man nur einen Teil des Club-Abzeichens tragen. Erlaubt sind die Aufschriften „Prospect" auf der Vorderseite der Kutte und „California", das unterste des dreiteiligen Banners, auf dem Rücken. Bewährt man sich bei Einsätzen als Drogen- oder Waffenkurier, bedarf es noch des einstimmigen Votums des Chapters, damit man auch das Mittelstück tragen darf. Das oberste aber – die Aufschrift „Mongols" – bekommt man erst als Vollmitglied. Wenn Rocky also davon sprach, es ginge um meine Kutte, dann musste das nichts Gutes heißen. Zwar fehlte mir noch das Mittelstück, aber noch hatte ich mich ja auch nicht „bewährt". Und selbst wenn ich es trotzdem schon bekommen sollte, hätte Domingo es mir mit Sicherheit gesagt.

Da Rocky zwar schwer verständlich, aber hartnäckig auf mich einredete, begann ich zu fürchten, dass es nicht um meine Kutte, sondern darum ging, mir eine Kugel in den Kopf zu jagen. Mit einer Absage hätte ich mich allerdings verdächtig gemacht. Also versprach ich zu kommen.

„Beeil dich", sagte er und legte auf.

Ich wählte postwendend Ciccones Nummer. „John, Rocky hat mich gerade angerufen."

„Was wollte er?"

„Das wüsste ich auch gern. Ich werde nicht schlau aus ihm. Er sagt, dass ich zu ihm kommen soll und dass es um meine Kutte geht, aber ich habe das verdammte Gefühl, dass er etwas rausbekommen hat. Jedenfalls stinkt das Ganze gewaltig zum Himmel, John."

John wusste, dass auf meine Intuition normalerweise Verlass war. Gemeinsam gingen wir die letzten Tage daraufhin durch, womit ich mich verraten haben könnte, aber weder John noch ich wurden fündig. Und weil wir auch sonst nichts fanden, was uns weiterhalf, sagte Ciccone schließlich: „Weißt du was, Billy? Vielleicht täuscht dich dein Gefühl ja ausnahmsweise, und alles ist in bester Ordnung."

In der Tat hatten wir keinerlei Informationen, die einen anderen Schluss zuließen. Zwar nahmen die Mongols mich genauestens unter die Lupe – aber darauf waren wir vorbereitet. Der Detektiv Jan Tucker, der mir im Auftrag der Mongols nachspionierte, hatte exakt die Fährte verfolgt, die wir ihm ausgelegt hatten: Er hatte meine finanziellen Verhältnisse überprüft, meine angeblichen Verwandten ausgefragt, sich mit Kollegen vom ATF unterhalten, die er für Vertreter der Schulbehörde von North Carolina hielt, Kontakt zu meinen „Arbeitskollegen" aus der Luft- und Raumfahrtindustrie aufgenommen und so weiter und so fort. Gestutzt hatte er nur bei der Überprüfung meines Führerscheins, denn zwar waren ein Auto und ein Motorrad auf Billy St. John zugelassen, dummerweise hatte der aber keinen Motorradführerschein (den hatte nur William Queen). Zum Glück schrieben die Mongols diese Panne nicht mir, sondern den Behörden zu.

Was mit Rocky nicht stimmte, konnte ich nicht sagen. Aber sicher war, dass etwas mit ihm nicht stimmte, und das wusste ich auch, ohne ihn zu sehen. Das Einfachste wäre deshalb gewesen, John zu sagen, dass es mir zu heiß wurde – lieber ein ungeklärter Fall als ein toter Polizist. Und niemand würde mir jemals einen Vorwurf machen. Ein verdeckter Ermittler weiß selbst am besten, was er zu tun hat, wenn es brenzlig wird. Brenzlige Situationen hatte ich in der Vergangenheit oft genug erlebt, und jedes Mal war ich heile herausgekommen. Ich würde es auch dieses Mal packen.

Als Anwärter trug ich weder eine Waffe noch ein verstecktes Funkgerät. In Anbetracht des Misstrauens, dass mir immer noch entgegenschlug, wäre schon eins von beidem einem Selbstmord gleichgekommen. Und weil ich damit gute Erfahrungen gemacht hatte, arbeitete ich am liebsten in kleinen Teams. Dieses Mal jedoch warf ich meine Prinzipien über Bord. Ich entschloss mich, eine Waffe und ein Funkgerät zu tragen und mir die Unterstützung der besten Kollegen von ganz Los Angeles zu sichern. Falls ich dann in eine Falle marschierte, wäre ich auf alles vorbereitet. Ich würde die Mongols in ihrem ureigenen Revier angreifen.

Ich bat Ciccone, außer Carrr, Koz und Hardin auch Chuck Pratt und Mike Dawkins an Bord zu holen. Pratt und Dawkins waren hervorragende Schützen und gute Freunde. Ich hatte nicht die geringsten Zweifel, dass sie ihr Leben riskieren würden, um meines zu retten. Verabredet war, dass Ciccone vor Rockys Haus Stellung beziehen sollte. Falls er dort einen der bekannten Revolverhelden der Mongols antraf – Red Dog, Woody, Diablo oder Lucifer –, würden wir das Ganze abblasen. Wenn es so aussah, dass Rocky allein zu Hause war, würde ich reingehen. Sollte ich irgendwo eine Waffe entdecken, würde ich meine ziehen und abdrücken. Zeit, Fragen zu stellen, bliebe später genug. Ciccone war auch damit einverstanden. Kurz erwog ich, eine schusssichere Weste anzuziehen, aber das wäre zu offensichtlich gewesen. Wichtiger war ohnehin, dass ich besonnen blieb, der Gefahr ins Auge sah und das Beste daraus machte. Der Plan stand. Ich wusste, was ich zu tun hatte.

Als ich meinen Revolver aus der Schublade holte, fragte ich mich unwillkürlich, ob fünf Kugeln heute reichen würden. Ich steckte die Waffe in jene Jackentasche, in die auch meine Hand stecken würde, wenn ich auf Rockys Haus zuging. Meine Gedanken gingen zu früheren Einsätzen, die in Schießereien geendet waren. Oft genug hatte ich das erleben müssen, und oft genug hatte ich erleben müssen, dass Beamte bei solchen Einsätzen ihr Leben ließen. Es gibt wenig Schlimmeres, als sich den letzten Atemzug eines Kollegen über ein verstecktes Funkgerät anhören zu müssen. Der Gedanke bedrückte mich noch, als ich mein Motorrad anwarf, um mich mit Ciccone zu treffen.

John hatte meine Wunschtruppe zusammenbekommen – alles Männer, für die ich mein Leben riskiert hätte, denen ich blind vertraute und die diesen Einsatz erheblich erleichterten. Ciccone sagte mir, dass sie ganz in der Nähe von Rockys Haus auf mein Kommando warteten. Als ich mir das Funkgerät ums Bein schnallte, fühlte ich mich schon besser.

Ehe wir uns trennten, schilderte mir Ciccone noch die Lage vor Ort. Vor Rockys Haus standen keine verdächtigen Autos oder Motorräder. Und dann begann der riskanteste Einsatz der gesamten bisherigen Ermittlungen.

Ich setzte mich auf mein Motorrad und trat den Kickstarter durch. Kurz darauf hielt ich vor Rockys Haus und parkte meine Maschine. Vor dem Haus war alles wie gewohnt. Weiter unten auf der Straße stand der Lieferwagen, in dem meine Schutzengel saßen. Ich gab mir einen Ruck und betrat den Garten. Bevor ich an der Haustür klopfte, atmete ich noch einmal tief durch und schloss die Hand um den Schaft meines Revolvers. Als ich innen Schritte hörte, stellte ich mich so auf, wie ich es während meiner Ausbildung gelernt hatte: im Profil, um möglichst wenig Trefferfläche zu bieten, die Beine schulterbreit gespreizt, den linken Fuß leicht vor dem rechten, um sicheren Stand zu haben. Das Adrenalin schoss mir ins Blut und brachte mein Herz zum Rasen. Als die Tür sich quietschend öffnete, packte die Hand in meiner Tasche unwillkürlich fester zu.

Es war Vicky, Rockys Frau. „Plan B, Plan B, Plan B." Sie lächelte freundlich und forderte mich auf, hereinzukommen.

Ich erwiderte ihr Lächeln und ging ins Haus. Wenn Rocky vorhatte, mich umzubringen, dann nicht vor seiner Frau. Aber was zum Teufel wollte er sonst?

Rocky kam aus dem Schlafzimmer getaumelt. Er hatte glasige Augen, einen verschwommenen Blick und wirkte noch ungepflegter als sonst. Aber schließlich war er ja auch betrunkener als sonst. Offensichtlich hatte er die Nacht durchgesoffen, und sicherlich hatten auch andere Drogen den Weg in seinen Körper gefunden. Kein Wunder, dass er am Telefon wie eine Schlaftablette geklungen hatte. Er kam zu mir und nahm mich unbeholfen in den Arm.

„Wir besorgen dir jetzt deine Abzeichen", sagte er träge. „Ich habe letzte Nacht mit Commerce telefoniert und alles arrangiert", sagte er. „Luna erwartet uns. Vorher machen wir noch kurz bei Bobby Loco Halt", setzte er hinzu. „Er kümmert sich um die Angaben in deinem Aufnahmeantrag …"

Der aus ermittlungstaktischer Sicht wichtigste Aspekt meines Aufstiegs zum Anwärter war, dass ich tiefe Einblicke in die kriminellen Aktivitäten der Mongols, allen voran den Drogenhandel bekam. Am 4. Juli 1998 erteilte Rocky mir den ersten Auftrag: einen so genannten Eightball (weil ein Achtel Unze schwer) Methamphetamin an einen Kunden liefern. Noch am selben Tag belieferte ich weitere Kunden. Kurz darauf wurde bei einem „Kirchgang" der Vorschlag diskutiert, Anwärter als Drogenkuriere einzusetzen. Die Mehrheit stimmte dafür, und ab sofort musste ich das gesamte Chapter mit Rauschgift versorgen. Vier Mal schickten mich die Mongols in diesem Sommer los, und einmal hatte ich nicht Drogen, sondern Waffen im Gepäck. Schließlich protestierte Domingo, weil es ihm, wie er sagte, nicht passte, dass im Falle einer Razzia ausgerechnet sein Anwärter aus dem Verkehr gezogen würde. Damit endete meine kurze Karriere als Drogenkurier.

Ich war der einzige Anwärter des Chapters San Fernando Valley, bis Buster auf der Bildfläche erschien. Woher er kam, weiß ich nicht; ich erinnere mich nur, dass mich seine Anwesenheit entlastete, weil sie die Aufmerksamkeit von mir ablenkte. Buster war Mitte zwanzig und hatte langes schwarzes Haar. Er trug weder Tätowierung, noch führte er sich sonderlich martialisch auf, und seine Harley war mindestens so ungepflegt wie er. Zumindest in dieser Hinsicht passte er zu den Mongols wie die Faust aufs Auge.

Domingo hatte Buster mitgebracht und wollte ihn so protegieren wie zuvor mich. Busters erste große Bewährungsprobe sollte Domingos Hochzeitsfeier sein. Sie fand an einem Samstag statt, und für Buster und mich als Anwärter begann der Dienst am frühen Morgen. Massenhaft Mongols waren eingeladen, und entsprechend massenhaft Arbeit erwartete uns.

Randall, ein Mann aus dem engeren Umfeld der Mongols, hatte für die Feier sein Haus zur Verfügung gestellt. Randall war ein erfolgreicher Geschäftsmann, der zwar genug Grips hatte, um eine Firma zu führen, aber nicht, um sich vernünftige Freunde zu suchen. Und weil er sein Kokain großzügig mit ihnen teilte, war er bei den Mongols sehr beliebt. Außerhalb von Tujunga besaß er ein riesiges Grundstück mitten auf einem Berg, wo er sich ein prachtvolles Landhaus hingesetzt hatte. Die Party sollte im benachbarten Gästehaus stattfinden, das über eine komplett ausgestattete Bar, einen Pooltisch, eine Tanzfläche und ein Swimmingpool verfügte. Die Auffahrt vom Tor bis zum Haus war ziemlich steil und knapp 500 Meter lang, und bis Sonnenaufgang kannte ich dort jedes Staubkorn.

Schon morgens um neun war ich auf den Beinen und besorgte in Tujunga Sachen für die Hochzeit, schleppte Tische und Stühle und baute

Bierstände auf. Als Buster endlich kam, atmete ich auf, denn allein war das Pensum nicht zu schaffen.

Gegen Abend ging ich meine Ausrüstung noch einmal auf Vollständigkeit durch: Streichhölzer, Zigaretten, Nähzeug, Aspirin, Kaugummi und Pfefferminzbonbons, Zigarettenpapier, Kondome, ein Messer, ein Kamm – alles, was ein Mongol braucht, hatte ich dabei.

Ab sechs Uhr trudelten die ersten Gäste ein, und wenig später hatten Buster und ich alle Hände voll zu tun. Doch die gute Stimmung und meine Nerven wurden arg strapaziert, als Red Dog auftauchte und sich als Kommandeur aufspielte. Es schikanierte mich nach Kräften und ließ nicht den geringsten Zweifel daran, dass er mir die Nacht zur Hölle machen würde.

Bald nach Red Dogs Ankunft wurde ich als Wache zum Eingangstor abkommandiert. Domingos Befehl lautete: „Außer Mongols lässt du niemanden ohne schriftliche Einladung rein." Dann händigte er mir einen Revolver Kaliber .38 aus, mit dem ich mich auf den weiten Weg zum Tor machte. Dort traf ich Rocky und Buster an. Buster hatte ebenfalls eine Waffe erhalten, mit ihr die Anweisung, sie zu benutzen, falls irgendjemand die Party stören wollte – selbst wenn es die Polizei war. Dass ich auf niemanden geschossen hätte versteht sich von selbst, doch auch Buster wirkte nicht allzu entschlossen. Einen Moment lang schien er nicht einmal zu wissen, wohin mit der Waffe, doch dann steckte er sie in den Hosenbund.

Die Mongols merkten ziemlich schnell, dass niemand sie bedienen konnte, wenn beide Anwärter Wache standen. Die Erkenntnis brach sich so laut Bahn, dass sie noch in einem halben Kilometer Entfernung zu hören war: „Anwärter!"

Ich trug Buster auf, die Stellung zu halten, und machte mich auf den Weg nach oben. Zeit zu verschnaufen blieb mir nicht, weil ich ins Haupthaus weitergeschickt wurde. Dort saß die Führungsriege der Mongols zusammen, ergänzt um einige Schlipsträger, die ich aber nicht kannte. Ein silbernes Tablett mit Kokain machte die Runde, und als ich hinzukam, beugte sich gerade Red Dog darüber. Domingo fing mich ab und zeigte auf zwei Typen, die offensichtlich keine Mongols waren.

„Billy, das da ist unser Anwalt. Und den anderen kennst du doch, oder etwa nicht?" Als ich verneinte, schüttelte er entgeistert den Kopf. „Mensch, Billy, das ist doch der Privatdetektiv, der für uns arbeitet."

Der Schreck fuhr mir in alle Glieder. Das war also Jan Tucker, der seit geraumer Zeit meine Legende auf Schwachstellen abklopfte. Hatten sie mich kommen lassen, weil er fündig geworden war? War ich in einen Hinterhalt geraten?

Red Dog reichte das Tablett weiter und sah feindselig zu mir herüber. Mir war klar, dass entweder ein dummer Spruch oder ein Befehl folgen würde. Es kam eine Mischung aus beidem: „Was stehst du blöd rum, Anwärter? Schaff' lieber Bier ran!"

Den Befehl hörte ich gern. Schließlich brachte er mich aus Red Dogs Reichweite. Ich drehte mich um und verließ das Haus, um einen der Bierstände aufzusuchen. Mich empfing ein Ruf aus 50 oder 60 Kehlen und von allen Seiten: „Anwärter!" „Anwärter!" „Anwärter!"

In den folgenden Stunden schleppte ich Unmengen von Bier, bis Domingo mich bremste: „Übernimm für eine Weile die Torwache. Buster soll solange hoch kommen."

Auf dem Weg bergab ließ ich mir viel Zeit. Ich sah Buster, bevor er mich bemerkte: Er wirkte wie ein milchgesichtiger Rekrut bei seiner ersten Wache in Vietnam. „Schlechte Nachrichten, Buster", begrüßte ich ihn, als ich das Tor ereichte. Er zuckte regelrecht zusammen, als sei seine Leidensfähigkeit für diesen Tag erschöpft. „Entspann dich", ergänzte ich deshalb. „Man verlangt dich bloß oben auf dem Berg."

Buster zog die Waffe und wollte sie mir geben. „Behalt sie lieber", sagte ich, „vielleicht brauchst du sie noch." Es sollte ein Scherz sein, doch Buster sah mich mit feierlichem Ernst an, steckte den Revolver wieder ein und machte sich auf den Weg.

Als er eine Stunde später wieder vor mir stand, sah es so aus, als hätte man ihm ziemlich zugesetzt. Aber noch war an Dienstschluss nicht zu denken. Im Gegenteil: Ich musste mich erneut den Berg hinaufquälen, um oben Dienst zu tun. Und wie ich die Mongols kannte, würde die Nacht sehr, sehr lang werden.

Ich weiß nicht mehr, wie oft ich vom Haus zum Tor und wieder zurück ging, aber ich erinnere mich noch sehr genau, dass ich von Mal zu Mal langsamer wurde. Als ich irgendwann mal wieder den Berg erklommen hatte, lief ich Red Dog in die Arme. Ohne Vorwarnung packte er mich am Kragen und zog mich zu sich heran. „Geht es vielleicht ein bisschen schneller?" fragte er drohend.

„Soll ich dir was bringen, Red Dog?"

„Ein Bier. Und zwar ein bisschen plötzlich."

Gegen vier Uhr früh schickte Domingo mich wieder bergab. „Hol' dein Auto", ordnete er an. „Du musst meine Frau und mich nach Hause bringen."

Müde, wie ich war, machte ich mich auf den Weg zum Tor. Buster schien dem Nervenzusammenbruch nahe, doch um ihn aufzumuntern, fehlte mir die Zeit. Ich stieg in meinen Ford Mustang, um zum Haus zurückzukehren – diesmal wenigstens nicht zu Fuß! Domingo und seine sturzbetrunkene Frau erwarteten mich schon.

Zehn Minuten später standen wir vor seinem Haus, und ich witterte den nahen Feierabend. Doch Domingo machte mir einen Strich durch die Rechnung. „Komm auf einen Sprung mit rein", ordnete er an. „Wenn die Alte schläft, fahren wir zurück."

Während er seine Frau ins Bett brachte, legte ich mich auf die Couch. Besser eine winzige Pause als gar keine, dachte ich noch, als ein Geräusch meine Stimmung schlagartig verbesserte. Domingo schnarchte – was für mich hieß: Feierabend!

Ein paar Tage später rief mich Buster an. Er war vollkommen aufgelöst und bat mich inständig, sofort ins The Place zu kommen. Ich informierte Ciccone, stieg auf mein Motorrad und fuhr nach Tujunga.

Buster fing mich vor der Tür des The Place ab. „Ich kann das nicht, Billy."

„Was kannst du nicht?"

„Ich kann das nicht", wiederholte er, bevor er erklärte. „Sie wollen, dass ich jemanden umlege, und ich kann das nicht. Ich will raus aus der ganzen Sache, Billy. Ich hatte doch keine Ahnung, auf was ich mich einlasse."

Und dann löcherte er mich mit der Frage, was er meiner Meinung nach tun solle.

„Na ja", erwiderte ich zögernd. „Das Beste wird sein, du redest mit Domingo. Warum sagst du ihm nicht einfach, wie die Dinge stehen?"

Buster dachte minutenlang angestrengt nach. „Kommst du mit?" fragte er schließlich. „Bitte."

„Also schön."

Buster hatte panische Angst vor der Begegnung mit Domingo, und mir ging es kaum besser. Aber stärker als die Angst war sein Wunsch, die Mongols zu verlassen.

Auf unseren Motorrädern fuhren wir zu Domingo. Ich hatte keine Ahnung, wie er reagieren würde. Und um es mir auszumalen, reichte meine Fantasie nicht.

Punkt ein Uhr mittags standen wir vor seiner Tür. Doch erst nach mehrmaligen Klopfen hörten wir Domingo rufen: „Ich komme ja schon!" Als er die Tür öffnete, war ihm deutlich anzusehen, dass wir ihn geweckt hatten – was unsere Mission nicht erleichterte. „Was gibt's?" fragte er gereizt.

Doch Buster schwieg hartnäckig. Erst als Domingo schon ungeduldig wurde, fand er endlich die Sprache wieder. „Ich kann das nicht", stammelte er. „Ich will aussteigen – und zwar ganz."

Nun schien es Domingo die Sprache verschlagen zu haben. Denn nun schwieg er hartnäckig, bis er unvermittelt die Hand nach mir ausstreckte und mich am Kragen packte: „Gilt das etwa auch für dich, Billy?"

Erst als ich die Frage verneinte, ließ er von mir ab und widmete sich Buster. „Was bildest du dir eigentlich ein, du Scheißkerl?" beschimpfte er ihn. „Ich habe dich ins Boot geholt, für dich gebürgt, mich um dich gekümmert. Ist das der verdammte Dank dafür?"

„Es tut mir leid", stammelte Buster und bot Domingo Wiedergutmachung an. Domingo lachte ihn aus und sagte, Buster solle den Mund nicht so voll nehmen. Entscheiden müsste darüber ohnehin das Präsidium, das er für 17 Uhr einberufen würde. Und dann sagte er noch, wir sollten uns aus dem Staub machen.

Wir kehrten ins The Place zurück und tranken Bier. Buster benahm sich wie ein waidwundes Tier und dachte laut darüber nach, was er tun sollte. Irgendwann riet ich ihm, seine Sachen zu packen und die Stadt zu verlassen. Den Vorschlag wies er jedoch strikt zurück, und sein Argument leuchtete mir ein: Seine gesamte Familie lebte in der Gegend, und wenn er verschwände, würden sich die Mongols an seinen Verwandten schadlos halten. Schließlich kamen wir darin überein, dass ihm nichts anderes übrig blieb, als den Stier bei den Hörnern zu packen. Bis zum Beginn der Sitzung blieben ihm noch dreieinhalb Stunden Zeit, sich darauf einzustimmen – oder sich verrückt zu machen.

Buster war zu Bucket Head nach Sunland einbestellt worden. Ich traf kurz vor ihm ein, und wie es sich für einen Anwärter gehört, ging ich nicht ins Haus, sondern wartete vor der Tür.

Als Buster aus seinem Auto stieg, nahm ich ihn in Empfang und weihte ihn in den Plan ein, den ich mir für den Fall zurechtgelegt hatte, dass die Mongols mir befehlen würden, Buster zur Strafe zusammenzuschlagen. Wenn es so käme, sollte er schon beim ersten Treffer zu Boden gehen und die Hände vors Gesicht schlagen. Dann bräuchte ich die Tritte gegen den Kopf nur anzudeuten. Buster bedankte sich bei mir, als wäre schon alles überstanden. Und auch mir war deutlich wohler.

„Anwärter Billy!" Domingos Stimme drang durch die geschlossene Tür. Ich warf Buster einen aufmunternden Blick zu und ging ins Haus. Domingo, Rancid, Bucket Head und Rocky saßen an einem Tisch, auf dem ein Revolver Kaliber .38 lag. Als Erstes dankten Domingo und Rocky mir dafür, dass ich den Mongols die Treue hielt. Dann teilten sie mir ihren Beschluss mit, und der zog mir den Boden unter den Füßen weg: Um aussteigen zu können, sollte Buster russisches Roulett spielen.

„In der Trommel steckt eine Kugel", erklärte Domingo. „Buster hält sich den Revolver an die Schläfe und drückt ab. Entweder er ist tot oder frei." Dann trug er mir auf, Buster reinzuholen.

Mein Entschluss stand fest, bevor ich mich umgedreht hatte: Ich würde Buster raten zu fliehen. Es gab keine andere Wahl. Weder konnte ich ihm helfen, noch konnte ich zulassen, dass er auf Befehl dieser Un-

Billy und Buster vor dem The Place. Um die Mongols zu verlassen, musste Buster russisches Roulett spielen.

menschen Selbstmord beging. Doch an der Haustür holte Domingo mich ein.

„Komm rein", sagte er barsch und zeigte auf Buster.

Der setzte sich so unwillig in Bewegung wie ein Schaf, das zur Schlachtbank geführt wird. Domingo wartete, bis er im Haus war, und schlug die Tür zu. Ich blieb allein zurück, sandte Stoßgebete gen Himmel und wartete auf den Knall.

Stattdessen wurde die Haustür aufgerissen, und Buster kam herausgerannt. Ich wollte ihn aufhalten, in die Arme nehmen, zum The Place bringen und mit Bier abfüllen. Aber er starrte angsterfüllt vor sich hin und ging wortlos an mir vorbei. Dann stieg er in sein Auto und fuhr davon, als sei der Teufel hinter ihm her. Ich habe Buster nie wieder gesehen.

8. Kapitel

Die Mongols hatten mal wieder durchgefeiert – und ich mit. Den Sonnenaufgang hatte ich noch in ihrer Gesellschaft erlebt, um gegen neun Uhr todmüde ins Bett zu fallen. Nach nur einer Stunde Schlaf weckte mich das Telefon. Ciccone war dran. „Du musst sofort herkommen, Bill. Der Chef will die Ermittlungen stoppen. Er erwartet uns heute nachmittag zu einem Meeting."

Von einer Sekunde auf die andere war ich hellwach. Denn erstens riskierte ich seit fünf Monaten mein Leben, zweitens hatten wir ungeheuer viel in diesen Fall investiert, und drittens hatte ich dieses Theater schon einmal durchgemacht. Ciccone, ganz treuer Staatsdiener, war es gewohnt, sich mit Leuten aus der Verwaltung herumzuärgern, die seine Arbeit torpedierten. Für ihn wäre es nur eine verlorene Schlacht, für mich ein verlorener Krieg.

Bevor die Ermittlungen gegen die Mongols begannen, hatte ich Special Agent John Jacques bei einem anderen Fall geholfen, einem der aufwändigsten in der Geschichte des ATF. Bei einem Waffenschieber hatten wir eine 30-mm-Maschinenkanone gekauft und vier weitere bestellt. Wir mussten dem Mann dringend das Handwerk legen, denn eine identische Waffe hatte er bereits an einen Privatmann in Washington State verkauft. Solche Typen lieferten an jeden, der genügend Geld bot, und nun hatte er einen einsatzbereiten Cobra Kampfhubschrauber im Angebot. Dieses Geschäft zu vereiteln wäre ein großer Erfolg für das gesamte ATF gewesen. Den Einsatzplan arbeiteten wir in allen Details aus und legten ihn der Verwaltung zur Genehmigung vor. Doch dann stoppte uns eine Anordnung, die bei uns allen Befremden auslöste: „Ermittlungen unverzüglich einstellen".

Ich war wie vor den Kopf gestoßen. Als ich mich wieder halbwegs gefangen hatte, ging ich zu meinem Chef und versuchte ihm die Tragweite seiner Entscheidung klarzumachen: Eine 30-mm-Maschinenkanone befand sich in den Händen irgendeines Irren, der alles hasste, was uns lieb und teuer war. Und ein Waffenschieber brachte unaufhörlich Nachschub ins Land. Deshalb hatten wir uns mit dem Zoll zusammengetan, der auch das Geld für den Kampfhubschrauber bereitstellte. Mein Chef hörte sich zwar alles an, blieb aber bei seinem Nein.

„Ende", sagte er, „stellt es ein."

Uns blieb nichts anderes übrig, als uns zu fügen und die einmalige Gelegenheit verstreichen zu lassen, dem internationalen Waffenschmuggel eine schwere Niederlage beizubringen.

Die Sitzung fand an einem Freitag um 13 Uhr in unserem Büro im Zentrum von Los Angeles statt. Außer Ciccone und mir hatten sich drei Anzugträger eingefunden: Dick Curd, Leiter der Außenstelle von Los Angeles, John Torres, sein Stellvertreter, sowie der Abteilungsleiter Thomas Brandon.

Dass wir bei Curd und Torres auf Granit beißen würden, musste uns klar sein. Curd stand kurz vor der Pensionierung und wollte die verbleibende Zeit so geruhsam wie möglich rum bringen. John Torres, sein junger Stellvertreter und designierter Nachfolger, wollte auf der Karriereleiter noch hoch hinaus, und dafür war Ruhe das oberste Gebot. Gleichzeitig wusste er, dass verdeckte Ermittlungen Entscheidungen erforderten, die seine Karriere nachhaltig erschweren konnten. Zudem kosteten sie viel Zeit und Geld, belasteten die Infrastruktur und machten einen Haufen Arbeit. Und weil der Fall so wichtig war, würde man selbst in Washington ein Auge darauf haben. Und das war das Letzte, was Curd und Torres wollten.

Zu Beginn der Sitzung wurde gelächelt und gescherzt, aber mir war klar, dass die Nettigkeiten nur Fassade waren. Plötzlich beugte sich Ciccone zu mir und flüsterte: „Kein Wort, Billy. Lass mich reden."

Tom Brandon, den Ciccone und ich auf unserer Seite wussten, fasste den Ermittlungsstand zusammen. Je länger ich ihm zuhörte, umso respektabler fand ich, was wir schon alles erreicht hatten: Ich war offizieller Anwärter auf die Mitgliedschaft im Motorradclub Mongols und hatte Beweise zusammengetragen, die sie des Drogenhandels, des unerlaubten Waffenbesitzes und der Hehlerei überführten. Darüber hinaus war ich sehr zuversichtlich, schon bald größere Mengen Drogen und Waffen bei ihnen kaufen zu können.

Doch als habe er Brandon gar nicht zugehört, sagte Curd: „Ich habe beschlossen, die Ermittlungen einzustellen."

So leicht ließ sich der frühere Marinesoldat aber nicht abservieren. Mit purpurrotem Gesicht trug er ein Argument vor, das die beiden anderen nachdenklich machte: Sollte Curd die Ermittlungen tatsächlich einstellen, dann, so Brandon, wolle er eine schriftliche Begründung haben, die jeder im ATF – vom Pförtner bis zum Direktor, von Los Angeles bis Washington – einsehen könnte. Er würde es nicht zulassen, dass Curd ohne jede Not eine erfolgreiche Ermittlung abbrach, ohne dafür die Verantwortung zu übernehmen.

Es entstand eine Pause, in der Ciccone zu mir herübersah. Wir wussten beide nicht, ob Brandons Auftritt uns schaden oder nützen würde.

Die Antwort gab Curd: „Also schön", lenkte er widerwillig ein, „ich denke noch mal drüber nach. Aber bis zur endgültigen Entscheidung ruhen die Ermittlungen. Haben wir uns verstanden, Queen?"

Ich hielt mich an Ciccones Anweisung und verkniff mir eine Antwort. Stattdessen beugte ich mich zu John und flüsterte: „Das funktioniert doch nicht. Ich bin Anwärter. Entweder ich melde mich zum Dienst, oder ich bin raus."

Daraufhin versuchte John Curd klarzumachen, dass ich als Anwärter gewisse Pflichten hatte, die meine Anwesenheit erforderten – und zwar sieben Tage die Woche. Curds Antwort bewies, dass er weder die Bedeutung des Falles noch die Gefahr begriffen hatte, in die mich sein Beschluss brachte: „Er kann den Mongols ja sagen, er sei mit irgendeiner Braut unterwegs gewesen."

Während ich mir auf die Zunge biss, versuchten Ciccone und Brandon Curd und Torres zu erklären, dass ich es mit zwei blauen Augen büßen würde, sollte ich am Wochenende nicht im The Place auftauchen.

„Niemand hat Queen gezwungen, den Job zu übernehmen", antwortete Curd. „Die Sitzung ist beendet."

100

Brandon, Ciccone und ich standen auf und gingen. Ciccone und ich wussten, was wir zu tun hatten. Curds Anweisung zu folgen war jedenfalls keine Option. Dieses verdammte A…

Ich fuhr direkt in meine Wohnung, reparierte noch etwas an meiner Harley und stellte mich auf eine weitere Nacht mit den Mongols ein. Wir waren in der paradoxen Situation, die Anweisungen eines Vorgesetzten ignorieren zu müssen, um unsere Arbeit machen zu können. In der Hoffnung, ihn doch noch umstimmen zu können, versuchte Tom Brandon mehrfach, Curd telefonisch zu erreichen. Aber der nahm weder ab, noch rief er zurück.

Ciccone und ich hatten beschlossen, Brandon gegenüber nicht zu erwähnen, dass wir die Ermittlungen auch ohne Curds Erlaubnis fortsetzen würden. Wir setzten sie einfach fort.

Das beste Argument für die Fortsetzung der Ermittlungen waren Ergebnisse, handfeste und belastbare Beweise, die selbst die hohen Tiere in Washington von der Notwendigkeit unserer Arbeit überzeugten. Dass es sich bei den Mongols um eine kriminelle Vereinigung handelte, war inzwischen klar, doch noch fehlte es an Beweismaterial, das vor Gericht standhalten konnte. Denn wissen und beweisen sind zwei Paar Schuhe. Aber wieder einmal war das Glück auf unserer Seite, denn kaum durfte ich den Mittelteil des Abzeichens tragen, sollte in Arizona ein neues Chapter gegründet werden, und alle Mongols waren gehalten, zu diesem Anlass anzureisen.

Für uns würde das keine gewöhnliche Ausfahrt werden: Selbst in der hartgesottenen Bikerszene galten die Mongols aus dem San Fernando Valley als Außenseiter. Zudem besaß keiner außer mir ein Motorrad, mit dem man eine so weite Fahrt überhaupt wagen konnte.

Weil er die Raten nicht bedienen konnte, hatte Domingo seine brandneue Sportster verkaufen müssen. Er nutzte die Maschine eines früheren Mitglieds, der aus dem Club geflogen war – und sie keineswegs freiwillig abgegeben hatte. Doch in der Rockerszene ist es nicht ungewöhnlich, dass ein „unehrenhaft" entlassenes Mitglied seinen gesamten Besitz verliert – mitunter auch die Frau oder Freundin, die in der verqueren Logik der Mongols ebenfalls zum Eigentum zählt.

Rockys Harley war ebenfalls gestohlen und in einem desolaten Zustand. Rancid besaß eine ältere Shovelhead mit einem extrem hohen Lenker, der selbst eine Strecke von 20 Meilen zur Tortur machte. Und Bucket Heads Panhead war technisch in einem so fragwürdigen Zustand, dass er bis kurz vor der Abfahrt zu tun hätte, um sie überhaupt in Gang zu bringen. Und um all die Teile aufzusammeln, die wir unterwegs verlieren würden, wäre ein Begleitfahrzeug erforderlich.

Selbst als Anwärter erfuhr ich über das Ziel unsere Fahrt nur das Nötigste. Ich wusste lediglich, dass wir nach Arizona wollten. Mehr konnte ich auch Ciccone und seinen Männern nicht durchgeben. Als Treffpunkt hatte man mir den McDonald's in Pomona genannt. Von dort aus war es nur ein Katzensprung bis zum San Fernando Highway. Um Punkt 19 Uhr sollte ich mich dort einfinden. Da es sich für einen Anwärter nicht empfiehlt, zu spät zu kommen, war ich lieber überpünktlich. Doch als die Sonne unterging, war ich immer noch allein und keinesfalls sicher, dass noch jemand kommen würde. Vielleicht hatten Domingo und Co. ja nur einen ihrer zweifelhaften Späße mit mir getrieben. Dagegen sprach, dass ich auf dem Highway ungewöhnlich viele Motorräder sah: Mongols anderer Chapter, die auf dem Weg nach Arizona waren. Und als ich schon Ciccone anrufen und ihn fragen wollte, ob er mehr über das Schicksal der Verschollenen wüsste, bogen sie lärmend und stinkend auf dem Parkplatz ein. Aus Angst, die Motoren könnten nicht wieder anspringen, wurden sie gar nicht erst abgestellt. Mit anderthalb Stunden Verspätung brachen wie schließlich auf, und wie es sich für einen Anwärter gehört, reihte ich mich ans Ende unseres Konvois ein.

Zu meinem Erstauen kamen wir ohne Panne bis kurz vor Palm Springs. Dann wollte Rancid einen Gang runterschalten und merkte, dass sich der Schalthebel irgendwo auf den letzten hundert Meilen vom Motorrad getrennt hatte. Wir retteten uns bis zu einer Tankstelle. Kaum hatten wir angehalten, schrie jemand, ich solle Bier besorgen. Als ich zurückkam, kniete Rancid vor meiner Maschine.

„Anwärter", befahl er, „schraub deinen Schalthebel ab."

Anders als sein Motorrad hatte meins zwei Schalthebel: einen zum rauf-, einen zum runterschalten. Rancid hatte entschieden, dass einer reichen musste. Also gehorchte ich und schraubte einen Schalthebel ab; im Wissen, dass ich ihn nie zurückbekommen würde, montierte ich ihn an Rancids Motorrad. Seither fährt er mit einem Ersatzteil durch die Gegend, das eigentlich dem ATF gehört.

Nachdem alle Bier und Benzin getankt hatten, fuhren wir weiter Richtung Arizona. Trotz der Dunkelheit konnte ich deutlich die Rauchfahne sehen (und riechen), die unsere Maschinen hinter sich herzogen. Zunächst kamen wir gut voran. Doch nach ungefähr 70 Meilen löste sich mit einem lauten Knall Bucket Heads Motor in seine Bestandteile auf. Wir rollten auf dem Standstreifen aus und bilanzierten unsere Lage: Wir waren irgendwo in der Wüste, meilenweit von der nächsten Siedlung entfernt. Trotzdem blieb uns nur ein knapper Meter zwischen der Leitplanke und den Schwerlastern, die mit Tempo 130 an uns vorbeidonnerten. Und einer der beiden Kolben von Buckets Motor – besser dem, was davon übrig war – hing aus dem Kurbelgehäuse. Diagnose: Totalschaden.

Aber wie sollten wir das Wrack vom Highway runterbekommen? Nach kurzer Beratung lautete die Antwort, dass Bucket Head mit meinem Motorrad zur nächsten Raststätte fahren und seine Frau anrufen sollte. Er besaß einen Lieferwagen, mit dem sie sein Motorrad abholen könnte. Ich wurde selbstverständlich nicht gefragt. Und während Bucket Head mit meinem Motorrad davonfuhr, stellten wir uns auf eine ungemütliche Nacht am Rande des Highways ein.

Hier draußen in der Wüste fielen die Temperaturen auf unter 10 Grad Celsius, und auch der faszinierende Sternenhimmel konnte mich mit meinem Lager unter einer Leitplanke nicht versöhnen. Im Vorfeld der Aktion hatten wir versucht, uns auf alle Eventualitäten vorzubereiten. Eine Situation wie diese war nicht dabei gewesen. Und so galt mein Neid Ciccone und seinen Männern, die sicherlich in einem Motel untergekommen waren.

Statt nach zwei oder drei Stunden kam Bucket Head erst am frühen Morgen zurück. Domingo war stinksauer und stellte ihn zur Rede. Zu seiner Entschuldigung führte Bucket an, dass er seine Frau zunächst nicht erreicht hatte und ihm beim Warten auf ihre Rückkehr die Augen zugefallen waren. Zur Strafe sollte er allein auf sie und den Lieferwagen warten. Zumindest fast allein, den irgendjemand musste ihm ja helfen, sein Motorrad zu verladen. Und dieser jemand war wer?

Während ich also bei Bucket Head blieb, fuhren Domingo, Rocky und Rancid weiter Richtung Arizona. Nach zwei Stunden kam Bucket Heads Frau, und mit vereinten Kräften wuchteten wir die schwere Maschine auf die Ladefläche. Kaum waren wir fertig, teilte Bucket Head mir mit, dass er aus Wut über Domingos Verhalten beschlossen habe, zusammen mit seiner Frau und seiner schrottreifen Panhead nach Los Angeles zurückzukehren. Dann nannte er mir noch die Adresse eines Motels in Phoenix, wo sich die Mongols treffen wollten.

Nun wusste ich also, wohin unsere Reise ging. Dummerweise war sich Ciccone todsicher gewesen, dass wir nach Four Corners fahren würden. Nicht genug, dass ich einen Tag vergeudet und eine Nacht im Freien verbracht hatte. Zu allem Überfluss waren meine Beschützer in die falsche Richtung unterwegs und ich mutterseelenallein. Vor allem Letzteres bereitete mir Kopfzerbrechen: Arizona gehört traditionell zum Revier der Hells Angels, und ein einsamer Biker, dessen Kutte ihn als Mongol auswies, lebte gefährlich.

Ich hielt an der ersten Raststätte, suchte ein Telefon und wählte die Nummer von Ciccones Handy. Es dauerte eine kleine Ewigkeit, bis er sich meldete. Offenbar hatte ich ihn geweckt. Er berichtete, dass sie bis Flagstaff gefahren waren und sich dort ein Quartier gesucht hatten.

„Hör zu, John, wir fahren nach Phoenix, nicht nach Four Corners."

„Verdammte Sch…"

Ich gab ihm die Anschrift des Motels, schilderte kurz die Ereignisse der letzten Nacht und beendete das Gespräch.

Kurz vor der Stadtgrenze von Phoenix holte ich Domingo und die anderen ein. Sie standen am Straßenrand und verluden Domingos Motorrad auf den Anhänger eines Abschleppwagens. Wenigstens musste ich mich nicht allein in die Höhle des Löwen wagen.

Kurz vor zehn Uhr morgens erreichte unser versprengter Haufen das Quality Inn. Ich war todmüde, aber noch war an Schlaf nicht zu denken. Denn gleich nach der Ankunft wurde ich als Wache eingeteilt und musste mir vor den Zimmern des Präsidiums aus Commerce City die Beine in den Bauch stehen. Als Beamter des ATF und ehemaliger Soldat war ich mit dieser Arbeit zwar vertraut – allerdings auch damit, nach einer Stunde abgelöst zu werden. Hier blieb mir nur die Hoffnung, erlöst zu werden, ehe ich im Stehen einschlief.

Es dauerte bis um ein Uhr, ehe die hohen Herren aufstanden und zum Essen gingen. Dann erst hatte Domingo ein Einsehen und schickte mich ins Bett. Dort lag jedoch schon Rancid und schnarchte wie ein Holzfäller. Ich fügte mich in mein Los und nahm mit dem Fußboden vorlieb.

Ein Tritt in den Hintern riss mich jäh aus dem Schlaf. „Anwärter!" brüllte Rancid. „Schaff' gefälligst 'ne Flasche Jackie ran."

Wie ein angezählter Boxer rappelte ich mich auf die Beine. Ich fühlte mich alt. Um drei Tage lang durchzufeiern und Schlaf durch Alkohol und Drogen zu ersetzen, dazu fühlte ich mich sogar zu alt. Das überließ ich gern Jüngeren, so wie Rancid. Im Gegenzug würde er mich von Verrichtungen wie Duschen, Umziehen oder Zähneputzen entlasten.

Um ein Zeichen der Stärke zu setzen, waren die Mongols am späten Abend zu einem Treffpunkt der Hells Angels gefahren. Zwar war es zu keinen Handgreiflichkeiten oder schlimmeren Übergriffen gekommen, trotzdem hielten die Mongols eine Racheaktion für wahrscheinlich. Nach der Rückkehr ins Quality Inn wurde deshalb beschlossen, vor dem Motel Wachen aufzustellen. Das war gegen zwei Uhr morgens. Kurz darauf fuhren Ciccone, Carr und Koz langsam am Quality Inn vorbei. Seit unserer Ankunft in Phoenix hatte ich noch keine Gelegenheit gehabt, mit ihnen Kontakt aufzunehmen. Nun wollten sie sich vergewissern, dass sich unter den vielen Harley Davidsons auf dem Parkplatz auch meine befand. Natürlich waren ihnen die schwarz gekleideten Gestalten nicht entgangen, aber das Wohl eines Kollegen war ihnen wichtig genug, um eine Auseinandersetzung mit ihnen zu riskieren.

Also öffneten sie die Pistolenhalfter und fuhren auf den Parkplatz, um die Reihen nach meiner Maschine abzusuchen. Im selben Moment, in dem Ciccone sie entdeckte, entdeckten die Wachen sein Auto. Alles weitere ging rasend schnell. Während sich Dirty Ernie dem Auto von vorn näherte, versperrten zwei andere den Weg nach hinten. Unterdessen schlich sich Rancid von links und zwei andere Mongols von rechts an das Auto heran, das nun von vier Seiten und sechs Mongols umzingelt war – und zwar sechs bewaffneten und schussbereiten Mongols.

Einer Kampfeinheit in Vietnam konnte nichts Schlimmeres passieren, als in einen Hinterhalt zu geraten und von allen Seiten umzingelt zu sein. Und in genau dieser Lage befanden sich Carr, Koz und Ciccone. Sie waren zwar auf alles vorbereitet, warteten jedoch zunächst ab, was der Feind machen würde. Der schien jedoch dieselbe Strategie zu haben, und so versuchten beide Seiten voreinander zu verbergen, dass sie den Finger am Abzug hatten. Die Patt-Situation endete erst, als sich Dirty Ernie in Bewegung setzte, um das Auto herumging und die Insassen genau unter die Lupe nahm. Schließlich blieb er vor der Fahrertür stehen und fragte: „Was machst du denn hier, Johnny?"

Die drei Beamten waren zu erfahren, um sich ins Bockshorn jagen zu lassen, auch wenn Dirty Ernie mit der Wahl des Vornamens zufällig einen Volltreffer gelandet hatte. Es folgte ein längerer Wortwechsel, an dessen Ende Carr, Koz und Ciccone vom Parkplatz fuhren. Offenbar waren die Kontrahenten darin übereingekommen, dass mit einem Schusswechsel keinem gedient war.

Die eigentliche Feier sollte am nächsten Tag in Scottsdale stattfinden, wo der Präsident des neuen Chapters lebte. Als ich das Quality Inn verließ, erblickte ich unter den mehr als hundert Bikern etwas, das mein Herz höher schlagen ließ: einen weiteren Anwärter. „Er heißt AK", klärte mich Domingo auf, „wie AK-47, das Sturmgewehr von Kalaschnikow. Er gehört zum Chapter East Los Angeles."

In einem schier endlosen Konvoi fuhren wir quer durch Phoenix, bis wir ein gutbürgerliches Wohnviertel erreichten. Vor dem Haus unseres Gastgebers hielten wir an und parkten die Motorräder, wo gerade Platz war: im Vorgarten, auf dem Bürgersteig, auf der Straße. Als die ersten Mongols schon den großen Garten hinter dem Haus erreicht hatten, klappte ich gerade den Seitenständer aus. Und ehe ich absteigen konnte, stand Red Dog neben mir. „Mach mir ja keine Schande, Anwärter", sagte er drohend. „Wehe, ich erwische dich beim Nichtstun."

Am liebsten hätte ich das getan, womit er am wenigsten rechnete: ihn festgenommen. Stattdessen tat ich, was von mir erwartet wurde: Ich holte Bier. Erst für Red Dog, dann für alle anderen Mongols, die danach verlangten. Nach einer guten Stunde meinte Domingo, ich sollte mich erst einmal stärken. Als ich vom Büffet kam, bot sich mir ein Bild, das mich einen Moment lang alle Strapazen vergessen ließ. Eine Gruppe von Mongols saß im Halbkreis um ein mittelgroßes Waffenarsenal herum, aus dem eine Maschinenpistole vom Typ MAC-10 hervorstach. Ich setzte mich so, dass ich die Unterhaltung mithören konnte, doch schon nach einer Minute machte Red Dog mir einen Strich durch die Rechnung. „Anwärter!" schrie er. „Habe ich dir etwa erlaubt, dich zu setzen?"

Wohl oder übel stand ich wieder auf. Dabei fiel mein Blick erneut auf die Schusswaffen und dieser Blick bestärkte mich in meiner Entschlossenheit. Wenn ich jetzt doch Verstärkung hätte herbeizaubern können! Eine Gruppe Mongols mit einem solchen Waffenarsenal aus dem Verkehr zu ziehen wäre für jeden Gesetzeshüter die helle Freude.

Diese Genugtuung würde noch auf sich warten lassen, aber eine andere stand kurz bevor. Denn in Gedanken schrieb ich schon an meinem Bericht. Und der heutige Fund würde es unseren Vorgesetzten unmöglich machen, die Ermittlungen einzustellen.

Gegen 18 Uhr machten sich die ersten Mongols auf den für einige sehr langen Heimweg. Unser Chapter wollte eigentlich früher fahren, doch dem stand eine Panne an Rockys Motorrad entgegen: Sein Licht war ausgefallen, und in wenigen Stunden wäre es rabenschwarze Nacht.

Kaum waren wir unterwegs, zogen Gewitterwolken auf, und kurze Zeit später öffnete der Himmel die Schleusen. Im Regen zu fahren ist zwar gefährlich, aber immer noch besser, als sich von Red Dog herumkommandieren zu lassen.

Andere Mongols die ebenfalls nach Los Angeles wollten, warteten das Unwetter ab und verließen Phoenix erst nach Einbruch der Dunkelheit. Kurz vor der kalifornischen Grenze schloss ein Lastwagen mit hoher Geschwindigkeit auf, und ehe der Fahrer reagieren konnte, erwischte er Mansion Mike, der das Schlusslicht des kleinen Konvois bildete. Der Vierzigtonner schleifte Maschine und Fahrer mit, und noch bevor er zum Stillstand kam, hatte Mike ein Bein verloren.

Ein Begleitwagen der Mongols mit AK und Cowboy an Bord – sowie dem Waffenarsenal, das ich bei der Feier gesehen hatte – war in der Nähe und leistete Erste Hilfe. Später übernahmen Sanitäter die Arbeit und brachten Mike ins Krankenhaus. AK und Cowboy sammelten seine blutige Kleidung ein, legten sie zu den Schusswaffen und fuhren weiter Richtung Los Angeles. Am frühen Morgen wollten sie in West Covina eine kurze Pause einlegen, als die Besatzung eines Streifenwagens auf sie aufmerksam wurde. Das Erste, was den Beamten in die Hände fiel, war ein blutgetränktes Hemd.

Die Bilanz der Nacht war für die Mongols niederschmetternd: Mansion Mike hatte ein Bein verloren, AK und Cowboy waren in Haft und die wertvollen Waffen beschlagnahmt.

Allerdings kam ihnen das US-Recht zugute. Denn die Mongols engagierten mehrere Anwälte, denen es tatsächlich gelang, die Beschlagnahme der Waffen für unrechtmäßig erklären zu lassen. Hinter den Kulissen verhandelte Ciccone derweil mit dem zuständigen Bezirksstaatsanwalt und der Polizei von West Covina. Selbstverständlich ohne ein Wort über meinen verdeckten Einsatz zu verlieren, gab er ihnen zu verstehen, wie sehr das ATF daran interessiert war, dass der Fall im Sande verliefe. Schließlich ließ sich der Bezirksstaatsanwalt überzeugen: Er strich den Punkt Waffenbesitz aus der Anklage gegen AK und Cowboy, so dass uns die Chance

blieb, sie später dafür zu belangen, sofern es uns gelang, neues Belastungsmaterial zu beschaffen.

Die Gelegenheit dazu ließ mehrere Monate lang auf sich warten.
Denn ins San Fernando Valley verirrten sich Cowboy und AK so gut wie
nie, und ich konnte schlecht zu ihnen fahren und sie um ein Geständnis
bitten. Aber Improvisation gehört zu meinem Beruf: Zwar kann und
muss man vieles planen, aber mitunter ergeben sich unverhofft Gelegen-
heiten, einen entscheidenden Schritt zu tun. Und solche Gelegenheit
muss man selbstverständlich nutzen.

Mir bot sie sich bei einer Ausfahrt nach Palm Springs, an der auch
Cowboy und AK teilnahmen. Inzwischen gehörte ich lange genug dazu,
um bei solchen Anlässen das Risiko eingehen zu können, ein verstecktes
Aufnahmegerät zu tragen. Dabei kam mir natürlich der technische Fort-
schritt zugute, denn noch zu Beginn meiner Karriere mussten sich verdeckte Ermittler unhandliche Nagra-Geräte in die Leistengegend oder an
die rasierte Brust kleben. Dergleichen wäre bei diesem Fall undenkbar gewesen, denn oft war ich mit den Mongols tagelang und auf engstem
Raum zusammen.

Doch Ende der 90er standen Digitalrecorder zur Verfügung, die bequem in die Jackentasche oder einen Stiefel passten. In Palm Springs
nutzte ich ein Gerät von NT, das kristallklare Aufnahmen lieferte, aber
etwas umständlich zu bedienen war. Zu meiner Ausrüstung gehörte noch
ein weiteres Aufnahmegerät. Es war in einen Pager von Motorola einge-
baut, den ich offen tragen konnte – Billy St. Johns „Chef" legte Wert darauf, dass sein Mitarbeiter jederzeit erreichbar war.

Das Treffen in Palm Springs war ein Gelage mit viel Bier und lauter
Musik, und weil die Stimmung ziemlich gelöst war, beschloss ich, mein
Glück zu versuchen, und setzte mich zu Cowboy und einigen anderen
Mongols.

Nachdem ich mich eine ganze Weile lang an dem belanglosen Gespräch beteiligt hatte, beugte ich mich zu Cowboy herüber und erkundigte mich so beiläufig wie möglich nach dem Vorfall von West Covina.
Mit einigem Stolz erklärte er mir, wie beschränkt die Polizei sei, weil es

ihnen nicht gelungen war, die verschlossene Kiste mit den Waffen einem Besitzer zuzuordnen. Dabei hatte der dazugehörige Schlüssel in seiner Jeans gesteckt. Nach seiner Verhaftung hatte er ihn in einem unbeaufsichtigten Moment in den Mund gesteckt und verschluckt.

Wie die gesamte Unterhaltung hatte ich auch Cowboys Geständnis aufgenommen, und trotz der lauten Musik war jedes Wort zu verstehen. Die Bundesstaatsanwaltschaft sollte später noch viel Freude daran haben. Mehr jedenfalls als Cowboy und AK, die sich wegen illegalen Waffenbesitzes verantworten mussten.

Ciccone und mir half Cowboys Geständnis dabei, unsere Chefs zu besänftigen. Jeder Beweis, den wir ihnen vorlegten, stärkte ihre Zuversicht, dass wir die Ermittlungen gegen eine der gefährlichsten Motorradgangs der USA irgendwann zu einem Ende bringen würden – und zwar einem erfolgreichen.

Selbst unter Bikern galten die Mongols als Waffennarren. Um Vollmitglied zu werden, musste man mindestens eine Schusswaffe besitzen und unter der strengen Aufsicht des nationalen Sergeant at Arms nachweisen, dass man mit ihr umgehen kann.

Eines Morgens rief mich Domingo an und trug mir auf, ihn am Nachmittag abzuholen. Meine Waffe sollte ich mitbringen. Als Ziel nahmen Ciccone und ich einen Schießplatz nördlich von Los Angeles an.

Als Billy St. John fuhr ich einen altersschwachen, verrosteten roten Ford Mustang Cabrio mit zahlreichen Einschüssen aus früheren Einsätzen, die meiner Legende zusätzlich Glauben verliehen. Unter dem Fahrersitz war ein Aufnahmegerät montiert, das ich mit einem versteckten Schalter bedienen konnte. Auch auf diese Weise kam einiges belastendes Material zusammen.

Am späten Vormittag nahm ich den Ventura Freeway, um zu Ciccone zu fahren. Der Gedanke an den bevorstehenden Einsatz erfüllte mich zunehmend mit Sorge, und mit jeder Minute wuchs der Unwille, ein Aufnahmegerät zu tragen.

Der Einsatz von Überwachungstechnik will bestens überlegt sein und verlangt die genaue Abwägung von Nutzen und Risiko. Letzteres schien mir an diesem Tag besonders groß. Schließlich war ich mit einem Haufen kaltblütiger Verbrecher verabredet, die sämtlich eine Waffe tragen würden.

Ciccone und ich waren an einer Tankstelle ganz in der Nähe seines Hauses verabredet. Noch als ich an seiner Tür vorbeirollte, war ich unentschlossen. Doch auf dem kurzen Weg die Straße hinunter traf ich eine Entscheidung. Ob mich die Intuition, ein siebter Sinn oder die nackte Angst dazu gebracht hat, weiß ich nicht, aber plötzlich war mir klar, dass ich den Rekorder auf keinen Fall mitnehmen durfte.

Dass Ciccone und der Staatsanwalt handfeste Beweis wollten, war verständlich, und ich hätte sie ihnen gern geliefert. Vor allem aber wollte ich am Leben bleiben. Als ich die Tankstelle erreichte, nahm ich als Erstes das Aufnahmegerät aus dem Stiefel.

Ciccone traf kurz nach mir ein, und ich berichtete ihm von meinem Entschluss. Zu meiner Überraschung zeigte John nicht nur vollstes Verständnis, er teilte meine Bedenken sogar: „Um ehrlich zu sein, hätte ich auch kein gutes Gefühl dabei."

Ich übergab ihm das Gerät und machte mich auf den Weg zu Domingo, um mit ihm zusammen nach Visalia zu fahren. Dort wollten wir uns mit Red Dog und weiteren Mongols treffen.

Ciccone sollte mir heimlich folgen, und damit begann er schon, als ich die Tankstelle verlies und auf 85, 90 und schließlich 100 Meilen pro Stunde beschleunigte. Selbst nach mehrfachem Spurwechsel klebte John noch an mir dran. Unser Fahrstil passte eher zu einem NASCAR-Rennen als zur Dienstfahrt zweier Beamter, und in eine Radarkontrolle hätte ich nicht geraten mögen. Aber die Geschwindigkeit brachte mich auf andere Gedanken, und die unglückseligen Autofahrer, die uns in die Quere gerieten, kamen mit dem Schrecken davon.

Bevor ich auf Domingos Grundstück fuhr, sah ich noch einmal in den Rückspiegel, aber Ciccone war nicht mehr zu sehen. Mit nichts anderem hatte ich gerechnet, denn dass er außer Sichtweite blieb, diente unser beider Sicherheit.

Domingo kam aus dem Haus und begrüßte mich gut gelaunt. „Alles klar, Billy?"

„Alles klar", erwiderte ich. „Von mir aus können wir losfahren."

Seine Reaktion traf mich völlig unvorbereitet: „Mach die Motorhaube auf."

Als Anwärter hatte ich nicht nach Gründen zu fragen, sondern zu gehorchen, was ich mit einem denkbar schlechten Gefühl auch tat. Vorher überlegte ich jedoch fieberhaft, wie das Aufnahmegerät unter dem Fahrersitz verkabelt war. Und warum, zum Teufel, wollte Domingo unter die Haube sehen? War etwas vorgefallen, wovon ich nichts wusste? Hatte die Überprüfung meiner Legende etwas ergeben? Hatte mein letztes Stündlein geschlagen?

„Wo ist deine Knarre, Billy?" fragte Domingo.

„Unterm Sitz", erwiderte ich zögerlich.

„Gib sie mir."

Mir stockte der Atem, und zum ersten Mal an diesem Tag kam mir der Fall zweier Kollegen in den Sinn, die man zur Herausgabe ihrer Waffen gezwungen und auf ein abgelegenes Zwiebelfeld verschleppt hatte. Sollte ich meine Waffe Domingo wirklich aushändigen? Sollte ich nicht wenigstens nach Gründen fragen? Oder vorher die Kugeln rausnehmen? Warum wollte er die Waffe überhaupt haben?

Bevor ich auch nur eine Antwort gefunden hatte, verschwand Domingo unter der Motorhaube, und mit dem Luftfilter in der Hand kam er wieder zum Vorschein. „Es gibt kein besseres Versteck", sagte er mit stolzgeschwellter Brust und nahm den Einsatz heraus.

„Das könnte stimmen", erwiderte ich erleichtert, zog meinen Revolver unter dem Sitz hervor und reichte ihn Domingo. Der ließ sie mitsamt seiner eigenen Waffe unter dem Deckel des Luftfilters und alles drei im Motorraum verschwinden. Selbst mir war dieses Versteck neu, und insgeheim fragte ich mich, wie viele Waffen mir in den letzten Jahren durch die Lappen gegangen sein mochten.

Kurz nach der Abfahrt in The Rock schlief Domingo ein, und als wir gut 160 Meilen und drei Stunden später Visalia erreichten, musste ich ihn wecken. Er lotste mich zu einem Haus außerhalb der Stadt. Ich hatte keine Ahnung, wer dort wohnte, aber die Typen, die davor herumlungerten, erkannte ich sofort.

Red Dogs schäbige Visage fiel mir als Erstes auf, dann sah ich Lucifer und C.J., einen etwas älteren Mongol indianischer Abstammung. Ich parkte am Straßenrand und stellte mich innerlich auf Red Dogs Gequatsche ein. Als ich auf ihn zuging, um ihn abzuklatschen, hob er zu meinem Erstaunen die Hand. Doch anstatt einzuschlagen, ballte er die Hand zur Faust und rammte sie mir in den Solarplexus. Mir blieb die Luft weg, und ich krümmte mich vor Schmerz. Doch anstatt es ihm augenblicklich heimzuzahlen, tröstete ich mich mit einem alten Sprichwort: Rache ist süß.

Zunächst einmal hatte ich aber meine Pflichten als Anwärter zu erfüllen: Während die anderen Koks und Crank durch die Nase zogen, schaffte ich Bier und Zigaretten heran.

Als Red Dog zu der Überzeugung gekommen war, dass alle ihren Pegel erreicht hatten, gab er den Befehl zum Aufbruch. „Jetzt wollen wir mal sehen, was du drauf hast, Anwärter", fügte er auf dem Weg zu den Autos provozierend hinzu. Er selbst stieg in seinen alten burgundroten Chevrolet Monte Carlo und fuhr vorweg, Domingo und ich bildeten das Schlusslicht des kleinen Konvois.

Von Ciccone wusste ich, dass es in der Nähe von Visalia nur zwei Schießplätze gab. Daher stellte ich mich auf eine kurze Fahrt ein. Nach drei Meilen wurde ich stutzig, und nach fünf war mir klar, dass unsere Schießübungen woanders stattfinden würden.

Zu meiner Erleichterung sah ich im Rückspiegel John Carr. In gebührendem Abstand folgte er unserem kleinen Konvoi, der längst die Hauptstraße verlassen hatte und sich seinem Ziel über Nebenstraßen näherte. Meile um Meile legten wir zurück, bis Red Dog schließlich abrupt bremste und in einen Feldweg einbog.

Wohin er führte, war nicht zu erkennen. Klar war jedoch, dass meine Schutzengel vom ATF nicht unbemerkt folgen könnten. Der Gedanke ließ mich unwillkürlich frösteln: Ich war allein mit einer Horde bewaffneter, betrunkener, mit Drogen vollgepumpter Krimineller. Zweifel waren angebracht, ob das ein gutes Ende nehmen konnte.

Nach einigen hundert Metern endete der Feldweg in einem aufgegebenen Orangenhain, an den sich ein offenes Feld anschloss. Im Hintergrund stand ein verfallenes kleines Haus, vor dem wir schließlich hielten. Als ich den Motor abstellte und acht Mongols aussteigen sah, wurde mir klar, dass ich in der Falle saß, einer möglicherweise tödlichen Falle. Aber was konnte ich tun? Ich war unbewaffnet, und Domingo machte keinerlei Anstalten, unsere Pistolen aus ihrem Versteck unter der Motorhaube zu holen.

Was dann geschah, nahm ich wie durch einen Schleier wahr. Ehe ich mich versah, war ich von bewaffneten Mongols umzingelt, und Red Dog baute sich bedrohlich vor mir auf. „Machen wir es kurz, Billy. Arbeitest du für das FBI oder das ATF?"

Ich war viel zu perplex, um etwas zu erwidern. Red Dog neigte seinen Kopf zur Seite und kam mir noch näher: „Ich habe dich etwas gefragt, Billy!"

„Was?"

„Für wen arbeitest du?" Er brüllte, als sei ich taub oder schwer von Begriff – oder beides.

„Was soll die Scheiße, Red Dog?"

„Das wüsste ich gern von dir, Billy. Wem hast du gesagt, dass du nach Visalia fährst, um uns zu treffen? Wer weiß alles davon?"

„Niemand. Wie kommst du auf das schmale Brett, Red Dog?"

Sein Blick war so kalt wie Eis. „Wenn ich dir jetzt eine Kugel in deinen verdammten Schädel jage, weiß also niemand, wo er nach dir suchen soll. Habe ich das richtig verstanden, Billy?"

„Das hast du richtig verstanden, Red Dog."

Er zeigte auf das trostlose, von Müll übersäte Feld und befahl mir, leere Dosen aufzusammeln und sie als Zielscheibe aufzubauen.

Mit weichen Knien drehte ich Red Dog den Rücken zu und hielt verstohlen nach Ciccone, Carr oder irgendeinem anderen Kollegen Ausschau. Zu sehen war niemand, aber noch blieb mir die Hoffnung, dass sie irgendwo da draußen hockten und mich im Notfall raushauen würden. Und wer wollte bestreiten, dass es sich um einen Notfall handelte?

Während meiner Zeit in Vietnam gab es ein ungeschriebenes Gesetz: Alle oder keiner. Und dieses Gesetz galt auch beim ATF – zumindest zwischen Carr, Koz, Ciccone und mir. Für uns galten militärische Tugenden wie Treue, Zuverlässigkeit und Selbstlosigkeit auch im Zivilberuf. Und sollte es das Schicksal wollen, dass ich hier draußen mein Leben ließ, dann würden sich meine Kollegen zumindest an meinen Mördern rächen. Immerhin.

Noch durfte ich jedoch hoffen, denn mit einem Blick über die Schulter vergewisserte ich mich, dass die Mongols nicht auf mich anlegten, sondern zusammenstanden und sich unterhielten. Trotzdem zitterten meine Hände, als ich Dosen und anderen Müll zu Zielscheiben aufstapelte.

„Das reicht, Billy", rief Red Dog schließlich. „Komm zurück."

Insgeheim hoffte ich, er würde hinzufügen, ich solle ohne Halt weitergehen, den Feldweg entlang zurück zur Straße. Aber wie so oft war auch hier der Wunsch Vater des Gedankens.

Denn noch bevor ich die Gruppe ereichte, hob Red Dog seine Glock und drückte ab. Das Mündungsfeuer blendete mich, und der Knall war ohrenbetäubend. Am meisten aber erschrak mich, das ich den Luftzug der Kugel zu spüren glaubte.

Alle lachten, alle außer mir. Dann hörte ich das Kommando: „Feuer frei!" und acht in jeder Hinsicht unzurechnungsfähige Mongols schossen, was das Zeug hielt.

Die Trefferquote unserer Truppen in Vietnam war lausig, aber was die Mongols zu bieten hatten, spottete jeder Beschreibung. Vielleicht hätten sie im nüchternen Zustand besser geschossen. So brauchte ich wenigstens nicht durch den Kugelhagel laufen und neue Zielscheiben aufbauen.

Bei Einbruch der Dunkelheit erinnerte sich Red Dog, dass er meine Fähigkeiten als Schütze testen wollte. „Zeig mal, was du kannst, Billy", sagte er und reichte mir seine Glock.

Hinter meinem Rücken setzte eine angeregte Debatte ein. „Wenn er alles trifft, ist er ein Bulle", lautete eine Meinung, „Wenn er nichts trifft, ist er ein Bulle", eine andere.

Dank einer umfangreichen Ausbildung, der großen Berufserfahrung und regelmäßigem Schießtraining war ich ein exzellenter Schütze. Die

115

Ziele zu treffen, die ich selbst aufgebaut hatte, war keine Herausforderung. Doch sicherheitshalber hielt ich mich zurück und zielte ein paar Mal absichtlich vorbei.

Doch wie man's macht, macht man's bekanntlich falsch, denn als das Magazin leer war, kommentierte Lucifer: „Ich hab euch doch gesagt, dass er ein Bulle ist."

Unwillkürlich musste ich lachen. „Wenn jeder ein Bulle ist, der besser schießt als ihr, dann gute Nacht."

Red Dog nahm mir die Waffe ab und lud sie erneut. Ich hatte wohl seinen Ehrgeiz geweckt, denn er drehte sich Richtung Feld und legte an. Selbst im Dämmerlicht erkannte ich, dass er die Waffe falsch hielt, und mir war klar, was passieren würde. Genau so kam es auch, denn als er abdrückte, schlitzte ihm der Schlitten die Hand zwischen Daumen und Zeigerfinger auf.

Vor Schmerz brüllend und stark blutend, ließ Red Dog die Waffe fallen. Ich sah es mit Genugtuung. Red Dog war verletzt, und es wurde allmählich dunkel. Eigentlich gab es keinen Grund, länger zu bleiben. Dachte ich.

Die Wirklichkeit holte mich rasch ein. Denn erneut baute sich Red Dog vor mir auf, und ehe ich begriff, wie mir geschah, ging er in die Knie und wischte die Hände an meiner Jeans ab.

Der eigentliche Schock stand mir jedoch noch bevor, denn aus unerfindlichen Gründen zog er plötzlich ein Hosenbein hoch und untersuchte erst mein Bein und dann den Stiefel. Als er nicht fündig wurde, wiederholte er dieselbe Prozedur mit dem anderen Bein. Ich schwankte zwischen Panik und Erleichterung.

Schließlich richtete sich Red Dog wieder auf und sagte so, dass alle Umstehenden es hören konnten: „Ich komme dir schon noch auf die Schliche. Billy."

Die Sonne war längst untergegangen, und noch immer lungerten wir vor dem verfallenen Haus herum. Plötzlich sprang Eddie auf und rannte ins Haus. Als er zurückkam, hielt er eine halbautomatische Maschinenpistole in Händen. Er strahlte wie ein kleines Kind zu Weihnachten.

116

Ohne jede Vorwarnung ließ er die Waffe plötzlich sinken und entlud ein komplettes Magazin ins Erdreich zwischen unseren Füßen. Instinktiv schlug ich die Hände vor die Augen und drehte mich ab.

Als der Spuk geendet hatte, sah ich mich vorsichtig um. Wie durch ein Wunder war niemand verletzt worden. Doch offensichtlich war Eddie nicht der einzige Idiot in unserer Runde: „Zeig mal her", rief Bobby Loco begeistert und ließ sich die Waffe aushändigen. Und weil auch die anderen sie begutachten wollten, ging sie durch viele Hände.

Red Dog hingegen interessierte sich weniger für die Waffe als für mich. „Wo bist du zur High School gegangen?" fragte er völlig unvermittelt.

„In North Carolina. Warum fragst du?"

„Weil ich dein Jahrbuch sehen will."

„Mein Jahrbuch?" fragte ich entgeistert. „Dass ich die Schule verlassen habe, ist 20 Jahre her. Woher soll ich wissen, wo das verdammte Jahrbuch steckt?"

„Dann solltest du es schnellstens finden", antwortete er ungerührt. „Ich will es nämlich sehen. Und ohne Jahrbuch keine Mitgliedschaft."

Am liebsten hätte ich geantwortet, er könne sich seine Mitgliedschaft sonst wo hinschieben. Aber schließlich ging es nicht um mich, sondern um den Fall, den ich zu bearbeiten hatte. Also schwieg ich und schluckte meine Wut herunter.

Kurz darauf beschloss Domingo, dass es Zeit wurde zurückzufahren. Wir saßen schon in meinem Mustang, als Red Dog sich noch einmal zu mir hinunterbeugte. „Denk dran", sagte er mit Eiseskälte. „Wenn sich herausstellt, dass du ein Bulle bist, lege ich dich eigenhändig um."

117

9. Kapitel

Noch während der dreistündigen Rückfahrt nach Los Angeles schwor ich mir, am nächsten Morgen Ciccone anzurufen und ihm die Brocken vor die Füße zu werfen. Ich hatte ein für alle Male genug vom Leben als Anwärter, als Diener einer Bande Krimineller, die es allenfalls auf einen durchschnittlichen IQ brachten – und zwar zusammengenommen! Und ganz besonders hatte ich genug davon, ständig um mein Leben fürchten zu müssen.

Um den Fall endgültig loszuwerden, genügte ein einziges Telefonat. Kein Kollege würde je versuchen, einen verdeckten Ermittler zum Weitermachen zu überreden.

Aber mit jeder Stunde, die verging, wurde mein Kopf klarer, und irgendwann sah ich auch Red Dogs Verhalten in einem anderen Licht: Er war für seine Psychospielchen bekannt, und um ein solches handelte es sich wohl, wenn er ständig behauptete, ich sei ein „Bulle". Denn wenn er auch nur halb so sicher war, wie er behauptete, hätte ich den Orangenhain nicht lebend verlassen.

Die Entscheidung fiel schließlich wenige Tage später, als ich mich in einem mannshohen Spiegel betrachtete. Halte durch, Billy. Bald bist du ein echtes Mitglied, und dann wird vieles leichter.

Noch einmal befielen mich Zweifel: Warum sollte ich durchhalten? Damit Red Dog mich doch noch erledigen konnte? Damit die Mongols mich irgendwo verscharren konnten? Meinen Vorgesetzten beim ATF war der Fall ohnehin lästig, und ich könnte jederzeit an meinen Schreibtisch am Van Nuys Boulevard zurückkehren und dort bis zur Rente ausharren.

Andererseits bildete ich mir ein, kein typischer Beamter zu sein, und Dienst nach Vorschrift war nicht meine Sache. Vielmehr war ich stolz darauf, Vorbilder unter meinen Kollegen zu haben, denen ich nacheifern konnte, Männer wie Steve Martin, Darrin Kozlowski, Darrell Edwards, Blake Boteler und andere mehr. Selbstverständlich gehörte Ciccone dazu, der sich tags über mit der Verwaltung herumschlagen und nachts auf mich aufpassen musste. Hatte er je geklagt, dass es ihm zu viel wurde? Oder mein eigener Bruder, der schwer verwundet aus Vietnam zurückkam und mehr Glück hatte als fast 60.000 Kameraden, die im Dienst am Vaterland ihr Leben ließen. Jeder Einzelne von ihnen war eine Verpflichtung, der ich mich zu stellen hatte.

Als ich das schwarze Halstuch umband, hatte das Pflichtgefühl die Angst vertrieben. Ich würde nicht nur durchhalten, sondern mit frischem Elan weitermachen. Und Red Dog und all die anderen würde ich an den A…llerwertesten kriegen.

Ciccone hatte meine kleine Krise offenbar gespürt, denn als ich auf dem Beifahrersitz seines Pontiac saß, kam er ohne Umschweife darauf zu sprechen: „Wenn es dir zu viel wird, musst du es nur sagen.“

„Ich weiß“, erwiderte ich, „aber dafür haben wir schon zu viel investiert. Und wenn ich künftig einen Bogen um Red Dog mache, kann ich in einem oder zwei Monaten Mitglied sein.“

Seit einem halben Jahr arbeiteten Ciccone und ich nun an dem Fall, und wir waren beide erstaunt, wie weit wir trotz vieler Unwägbarkeiten gekommen waren. Aber wir waren eben ein eingespieltes Team, in dem sich einer auf den anderen verlassen konnte. Und ein bisschen Glück hatten wir zugegebenermaßen auch.

An einem heißen Donnerstag im August beschlossen Rocky und Domingo, gemeinsam mit ihren Frauen einen Kneipenbummel durchs Tal zu machen. Ich sollte auch mitkommen – als Aufpasser und fünftes Rad am Wagen.

Auch wenn er sich alle Mühe gab, es zu verbergen, konnte Domingo durchaus ein charmanter Unterhalter sein. Zudem hatte er eine passable Bariton-Stimme, die er gelegentlich in Karaoke-Bars zu Gehör brachte. Aus gutem Grund fürchteten sich die meisten Gastwirte vor den Mongols, einige wenige jedoch wussten ihre gelegentlichen Besuche werbewirksam zu nutzen.

Obwohl sie arbeitslos war, hatte Rockys Frau Vicky auf Raten ein neues Auto gekauft, mit dem Rocky uns durchs Tal kutschieren wollte. Also hatte ich Ciccone angerufen und ihm gesagt, dass von der Nacht nichts Aufregendes zu erwarten war. „Nur Domingo, Rocky, ihre Frauen und ich – und zwar im Auto und in Zivil."

„Meinst du, es geht ohne Begleitung?"

„Ich glaube schon", erwiderte ich überzeugt. „Schick die Jungs ruhig nach Hause." Ganz auf mich gestellt wäre ich selbst dann nicht, denn Ciccone würde mir in seinem Pontiac folgen.

Der Plan sah vor, dass wir uns bei Domingo trafen und von dort gemeinsam loszogen. Als ich gegen 19 Uhr ankam, öffnete mir Domingos Frau Terry die Tür. Ein frisches blaues Auge verunstaltete ihr hübsches Gesicht.

„Komm rein, Billy. Domingo duscht noch schnell. Willst du inzwischen ein Bier?"

„Gern", erwiderte ich und ging direkt in die Küche, um mich selbst zu bedienen. Im Kühlschrank war ohnehin nichts anderes.

Dass Domingo seine Frau Terry schlug, war mir neu, und sie mit einem Veilchen zu sehen war für mich ein Schock. Andererseits entsprechen die weitaus meisten Frauen in der Bikerszene dem Klischee des willigen Opfers, die selbst Prügel für den Ausdruck echter Liebe halten. Es machte mich krank, tatenlos zusehen zu müssen, aber so waren nun einmal die Regeln in der Welt, in der ich vorübergehend lebte.

Domingo kam aus der Dusche, um die Hüften ein Handtuch. Zur Begrüßung umarmten wir uns. Anschließend hatte ich ein nasses T-Shirt. Nie zuvor hatte ich ihn ohne seine geliebte Lederhose gesehen. Deshalb war mir bislang entgangen, dass nicht nur seine Arme, sondern auch die Beine tätowiert waren.

Als Domingo sich angezogen hatte, klopfte es an der Tür: Rocky und Vicky waren mit ihrem neuen Auto vorgefahren, um uns abzuholen.

Bevor sich Rocky wieder ans Steuer setzte, zog er eine Pistole aus dem Hosenbund und versteckte sie unter dem Fahrersitz. Ich sah die Waffe nur flüchtig, doch glaubte ich eine .38 aus brüniertem Stahl zu erkennen. Ich merkte mir dieses Detail für den Bericht, den ich noch vor Sonnenaufgang schreiben musste.

Schon nach kurzer Zeit hatte Domingo von Karaoke-Bars und Carlos-Santana-Imitationen genug und schlug vor, einen Abstecher ins Sundowner zu machen.

Das Sundowner war ein Lokal außerhalb des Tals, in dem einige Mongols verkehrten. Auch an diesem Abend standen zwei Motorräder auf dem Parkplatz, die den markanten schwarz-weißen Aufkleber trugen. Für mich hieß das, dass ich statt zwei nun vier Mongols bedienen dürfte.

Entsprechend widerwillig folgte ich den anderen zum Eingang. Von dort führte ein schmaler, spärlich beleuchteter Gang zum Schankraum, in dem es weder Tische noch Stühle, aber eine Jukebox gab, aus der laute Musik dröhnte. An einer Eismaschine gleich neben dem Eingang lehnte ein narbengesichtiger Typ und trank Bier. Seinem Blick nach zu urteilen ungefähr das zwanzigste. Deshalb musste es nichts bedeuten, dass er Domingos Frau förmlich anstarrte.

Dann aber sagte er etwas zu ihr. Was es war, konnte ich bei dem Krach nicht hören, aber Domingo hatte offenbar jedes Wort mitbekommen und stellte sich zu Terry.

Nun starrte der Betrunkene Domingo an, dem auch das nicht gefiel: „Was gibt es hier zu glotzen?" fragte er unwirsch.

„Dich" erwiderte der Betrunkene pampig.

Die Antwort war ein Faustschlag aufs Kinn. Erst flog das Bier in die Luft, dann der Trinker gegen die Eismaschine. Der Türsteher kam hinzu und versuchte Domingo zu besänftigen. Rocky und ich stellten uns ebenfalls zu unserem Präsidenten.

Der Betrunkene erholte sich derweil erstaunlich schnell. Und da Domingo mit dem Türsteher beschäftigt war, sah er den Schlag nicht kommen. Doch ich wusste, was ich zu tun hatte. Mit der einen Hand wehrte ich den Schlag ab, und mit der anderen schlug ich selbst zu. Am Kopf getroffen, ging der Betrunkene zu Boden.

Es ging alles rasend schnell, aber lief genau so ab, wie ich es mir vor geraumer Zeit gegenüber Sally Meloch und Jerry Friedberg, zwei der fähigsten Staatsanwälte unseres Distrikts, ausgemalt hatte. „Und wie soll ich mich verhalten, wenn ich in eine Schlägerei gerate?" hatte ich sie gefragt.

Als Antwort hielt sich Jerry die Ohren zu und summte vor sich hin. „Aber verteidigen darf ich mich doch, oder?" „Selbstverständlich", erwiderte er nun. Natürlich war Gewalt das äußerste Mittel, aber als Anwärter war Verteidigung eines Mongols auch eine Art Selbstverteidigung. Und solange ich nicht selbst eine Schlägerei anzettelte, hätte ich die Staatsanwälte auf meiner Seite.

Als sich der Betrunkene aufrappelte, packte ich ihn von hinten und schlug ihn mehrfach gegen den Kopf – allerdings nicht mit der Faust, sondern mit der flachen Hand. Schließlich sollte es ihm nicht wehtun, sondern für die Umstehenden überzeugend aussehen.

Denn nach dem Angriff war sein Leben in Gefahr, und deshalb musste ich ihn so schnell wie möglich an die Luft befördern.

Easy, einer der beiden Mongols, deren Motorräder vor dem Sundowner parkten, machte mir einen Strich durch die Rechnung. Easy war ein skrupelloser Irrer, der Mord für ein Kavaliersdelikt hielt. Ich hatte den Betrunkenen mühsam einige Schritte Richtung Ausgang bugsiert, als Easy ihm mit seinem schweren Stiefel ins Gesicht trat.

Das Blut spritzte, und mir wurde schlecht. Ich musste den Mann rausbekommen, oder Easy würde ihn vor meinen Augen kaltblütig ermorden.

Denn schon wieder trat er zu, und mit derselben Wucht wie beim ersten Mal. Nach dem vierten Tritt hatte ich den Mann endlich in dem schmalen Gang, wo Easy nicht an ihn herankam. Doch anstatt endlich von ihm abzulassen, folgte er uns ins Freie und trat von Neuem zu.

Ich ließ den Mann in der Erwartung los, dass er wie ein nasser Sack zu Boden fallen würde. Was er zwar auch tat, doch nur, um Easy glauben zu machen, er habe ihn geschafft. Denn kaum hatte sich Easy abgewendet, sprang der vermeintlich Bewusstlose auf und entkam über den unbeleuchteten Parkplatz.

Das Spektakel hatte die meisten Gäste ins Freie gelockt, und der Besitzer versuchte, die erhitzten Gemüter zu beruhigen. Der Zufall wollte es, dass ich Domingo an der Tür traf und neben ihm den Gang zum Schankraum betrat. Dort begann die zweite Runde des Kampfes. Und

122

der Gegner war zwar ebenfalls betrunken, aber ungleich stärker als der erste.

Auf halbem Weg zurück ins Lokal kam uns ein Gast entgegen, der Domingo ohne Vorwarnung den Ellbogen in die Rippen rammte. Ich steckte noch voller Adrenalin, packte den Angreifer am Kragen und drückte ihn gegen die Wand. Dabei entging mir, dass er ausholte. Seine Faust traf mich an der Schläfe.

Ich taumelte zwar, aber ließ ihn nicht los, sondern schlug mit der freien Hand zu. Schemenhaft erkannte ich, dass er hinter den Rücken griff, dann blitzte der blanke Stahl einer Messerklinge auf.

Instinktiv ließ ich den Typen los und sprang zurück. Die Klinge traf meine Jacke und hinterließ einen sauberen Schnitt. Jedesmal, wenn er einen Schritt auf mich zu machte und ausholte, wich ich weiter zurück, und irgendwann stand ich wieder auf dem Parkplatz.

Doch auch dort stellte mir der Messerheld weiter nach, fest entschlossen, mir den Garaus zu machen. Da entdeckte ich aus den Augenwinkeln Rocky, der unweit seines Autos stand. „Knall ihn ab, Rocky!" rief ich in der Hoffnung, dass er den Revolver geholt hatte.

So also sollten meine verdeckten Ermittlungen gegen die Mongols enden: mit einem Schuss, den ich förmlich herbeisehnte. Und Rocky würde sich nicht zweimal bitten lassen. Vor Gericht würde ich als Entlastungszeuge auftreten und beschwören, dass er in Notwehr geschossen hat.

Der blitzende Stahl des Bowiemessers brachte mich zur Besinnung. Die Klinge hatte mein Gesicht nur um Millimeter verfehlt. „Na los, Rocky, knall ihn endlich ab."

Doch statt mir den Gefallen zu tun, brüllte Rocky plötzlich einen Namen. Und statt mir weiter nach dem Leben zu trachten, ließ der Typ das Messer sinken und sah zu Rocky. Der kam näher und schrie: „Hast du noch alle Tassen im Schrank, du Idiot?"

Inzwischen waren auch Easy und sein Kumpan aus dem Lokal gekommen, und auch sie schienen den Betrunkenen zu kennen. Jedenfalls händigte er ihnen ohne Anzeichen von Widerstand sein Messer aus.

Der weitere Ablauf war mir ziemlich klar. Der Kampf würde mit Fäusten weitergeführt und ich ihn für mich entscheiden. Denn auch wenn ich Polizist war, kannte ich das Wort Vergeltung. Und was es hieß, würde der Messerstecher zu spüren bekommen.

Doch als ich mich in Stellung brachte, trat Easy mir in den Weg. „Entspann dich, Billy. Wir kümmern uns darum."

„Was soll das heißen?" fragte ich ungläubig, erhielt aber keine Antwort. Denn Domingo, Rocky und Easy steckten die Köpfe zusammen. Nach kurzer Beratung sprachen sie kurz mit dem Messerhelden und ließen ihn laufen.

Ehe ich protestieren konnte, stand Domingo vor mir: „Hier sind zu viele Zeugen, Billy. Aber wir haben sein Messer, und ich habe ihm gesagt, er kann es sich am Dienstag im The Place abholen. Wenn er den Mumm hat und wirklich kommt, stichst du ihn damit ab. Okay?"

„Es wird mir ein Vergnügen sein", sagte ich rasch. Dann musste ich mich abwenden, weil mich plötzliche ein Gefühl der Übelkeit befallen hatte.

Nun hatte ich ein neues Problem: Wie sollte ich der „Ehre" entkommen, den Typen mit seinem eigenen Messer ins Jenseits zu befördern? Entweder, mir fiel bald ein Ausweg ein, oder der Fall wäre beendet. Der nächste „Kirchgang" fand am Sonnabend, zwei Tage nach dem Vorfall im Sundowner, bei Bucket Head statt. Ich tat meine Arbeit als Anwärter und stand vor der Tür Wache, als nach mir gerufen wurde: „Anwärter Billy! Reinkommen!"

Mehrere Mongols saßen rund um den Küchentisch. „Eines musst du uns erklären", sagte Rocky.

„Und das wäre?"

„Wo hast du eigentlich boxen gelernt? Gegen einen stärkeren Gegner hast du mit deinen Schwingern keine Chance. Schon mal was von einer rechten Geraden gehört?"

„Danke für den Tipp", erwiderte ich lachend. „Beim nächsten Mal werde ich ihn beherzigen."

Als ich schon fast an der Tür war, rief Domingo mich zurück.

„Ehe ich es vergesse", sagte er betont beiläufig. „Der Messerstecher aus dem Sundowner hat spitzbekommen, dass du zu uns gehörst und ist nach Florida ausgewandert. Wie es aussieht, wirst du ihn nicht abstechen dürfen. Pech gehabt, Anwärter."

Als Ciccone mich im Februar 1998 anrief und vorschlug, aus mir einen Mongol zu machen, hätte keiner von uns zu hoffen gewagt, dass ich es zum Anwärter mit der realistischen Aussicht auf die Mitgliedschaft bringen würde. Ebenso wenig konnten wir damals ahnen, welche Bedingungen daran geknüpft waren.

Um die Anforderungen rankten sich allerlei Gerüchte. Nicht selten mussten sich Anwärter durch Straftaten „qualifizieren", und dazu konnte auch Mord zählen. Ein Hintergedanke war der, dass durch solche Hürden verdeckten Ermittlern, die sich unbemerkt eingeschleust hatten, die Vollmitgliedschaft unmöglich gemacht wurde.

Auch die Aufnahmeprozedur selbst war nichts für sensible Gemüter, denn der Konsum harter Drogen konnte ebenso dazugehören wie die Teilnahme an obszönen Sex-„Spielen". Noch Ende der 1960er Jahre mussten sich Anwärter schlagen und mit Kot bewerfen lassen, um sich den dritten und letzten Aufnäher zu „verdienen".

Nun stand die Entscheidung über meine Vollmitgliedschaft an. Bislang hatte ich alles getan, was von mir verlangt wurde und mich damit zu einem der besten Anwärter gemausert, den die Mongols je hatten: Ich hatte mich als Drogenkurier bewährt, sie bedient und Wache gestanden und schließlich sogar mein Leben riskiert. Was konnten sie noch von mir wollen?

Es war Mitte Oktober gegen sechs Uhr abends, als ich meine Wohnung verließ und nach The Rock fuhr. Zuvor hatte ich mit Ciccone verabredet, dass er mir in seinem Pontiac folgt. Aber wir rechneten beide mit einer ruhigen Nacht ohne besondere Vorkommnisse.

Ohnehin hatten wir inzwischen genügend Informationen und Beweise zusammen, um an ein Ende der Ermittlungen zu denken. Die Staatsanwälte rieben sich jedenfalls schon die Hände. Mein persönliches Interesse war, noch mehr Material zu beschaffen, das Red Dog belastete. Ich war fest entschlossen, ihn hinter Gitter zu bringen – und wenn es das Letzte wäre, was ich in meinem Leben tun würde. Nie zuvor hatte mich jemand derartig drangsaliert, und dafür würde er bezahlen.

Erst kürzlich hatte er meiner Wut auf ihn neue Nahrung verliehen. In einer größeren Gruppe waren wir nach Venice Beach gefahren. „Hat Domingo dir eigentlich schon gesagt, dass du niemals Mitglied bei uns werden kannst?" hatte Red Dog unvermittelt gefragt.

„Weder Domingo noch sonst jemand."

„Dann sage ich es dir jetzt. Und willst du auch den Grund wissen, Billy?"

„Na klar, Red Dog."

„Weil du kein Chicón bist", sagte er mit einem hämischen Grinsen.

„Und weil wir ein Chicano-Club sind, kannst du kein Mitglied werden."

Alle außer mir lachten. Ich wunderte mich, warum meine Aufnahme daran scheitern sollte, dass ich kein Latino war.

„Aber Red, du bist doch auch kein Chicón."

Diesmal lachten alle außer Red Dog.

Als ich den Foothill Boulevard erreichte, schlug ich mir die Erinnerung an die Vergangenheit aus dem Kopf und konzentrierte mich auf die Gegenwart. Wie immer näherte ich mich dem The Place mit der bangen Frage, wer von den Mongols wohl da wäre. An diesem Abend standen drei oder vier Motorräder vor der Tür, die ich kannte.

„Das wird eine harte Nacht für dich, Billy", sagte Domingo zur Begrüßung. „Little Dave hat sich angesagt."

Domingos Vorwarnung war angebracht: Der Besuch des Präsidenten des Motorradclubs Mongol war für das Chapter San Fernando Valley eine große Ehre. Für mich hieß es, dass ich mir die Hacken ablaufen würde.

Allmählich füllte sich das The Place mit Mongols und den einschlägig bekannten Frauen in ihrem Schlepp. Während sich die meisten Mitglieder von mir bedienen ließen, drehte Rancid den Spieß um. „Du bist ein feiner Kerl, Billy", sagte er und reichte mir seine Flasche Jackie. Ich war nicht sicher, was mich mehr erstaunte: dass er seinen geliebten Whiskey mit mir teilte oder dass er mich mit meinem Vornamen anredete.

Billy und Easy, der Billy detailliert darin einweihte, wie er seine Schwester und deren Kinder ermorden wollte.

Wie fast alle anderen auch nannte er mich normalerweise Anwärter, und was wie eine Nebensächlichkeit schien, ließ bei mir die Alarmglocken schrillen: Ich hatte mir angewöhnt, auf jede kleinste Veränderung im Verhalten mir gegenüber zu achten. Denn jede konnte etwas zu bedeuten haben.

Schließlich traf die Delegation aus Commerce mit Little Dave an der Spitze ein. Und weil auch Mitglieder anderer Chapter angereist waren, stellte sich Anwärter Billy auf eine arbeitsreiche Nacht ein.

Irgendwann stand Evel vor mir und sagte: „Zieh mal kurz deine Kutte aus. Ich will was nachsehen."

Die Forderung war mehr als eigentümlich, denn normalerweise gibt ein Biker seine Kutte niemals aus der Hand. Aber da ich als Anwärter nicht zu fragen, sondern zu gehorchen hatte, zog ich die Kutte aus. Ehe ich begriff, wie mir geschah, entriss Evel sie mir. „Hast du den Verstand verloren?" schimpfte er los. „Du kannst doch nicht deine Kutte abgeben."

Ich sah ihn ratlos an.

„Mach das nie wieder!" brüllte er und gab sie mir zurück, ehe er in der Menge verschwand.

Augenblicke später kam Domingo zu mir. „Habe ich richtig gesehen?" fragte er streng. „Hast du Evel wirklich deine Kutte gegeben?"

„Nicht gegeben", stammelte ich. „Er hat sie mir …"

„Egal", unterbrach Domingo mich. „Du hast deine Kutte an niemanden abzugeben. Ist das klar?"

Ohne eine Antwort abzuwarten, ließ er mich stehen.

Da hatte Evel mir ja ein schönes Ei ins Nest gelegt und das in Anwesenheit von Little Dave. Nur warum, war mir nicht klar, denn bislang war ich mit Evel eigentlich immer ganz gut ausgekommen.

Zu allem Überfluss sprach mich auch Rocky auf den Vorfall an. Er wirkte enttäuscht von mir, als er sagte: „Domingo will dich sprechen. Er wartet draußen auf dich."

Die Strafe folgte offenbar schneller als ich dachte. Und als ich mich umdrehte, um nach draußen zu gehen, blieb Rocky dicht hinter mir. Hatte er Angst, ich könnte fliehen? Hatte ich Grund dazu?

Ein Mitglied des mexikanischen Chapters der Mongols, Red Dog, ein unbekanntes Mitglied und Little Dave, nationaler Präsident der Mongols.

Rocky führte mich hinters Haus, wo sämtliche Mongols einen Kreis gebildet hatten. „Tritt in die Mitte, Anwärter", kommandierte Little Dave.

Allmählich begriff ich gar nichts mehr: Was hatte ich denn schon getan? War es so schlimm, dass es ein nächtliches Femegericht rechtfertigte?

Plötzlich trat Domingo einen Schritt vor und befahl: „Zieh die Kutte aus, Anwärter."

Und wieder saß ich in der Zwickmühle. Denn ignorieren konnte ich den Befehl nicht. Andererseits hatte mich Domingo erst vor wenigen Minuten davor gewarnt, meine Kutte an jemand anderen auszuhändigen. Also zog ich die Kutte zwar aus, presste sie jedoch fest an den Körper.

Domingo sah mich zwar streng an, machte aber keinen Versuch, mir die Kutte zu entreißen. „Du bist dafür verantwortlich, dass niemand anderes deine Kutte bekommt. Ist das klar?"

„Ja."

„Und wie kam sie dann in Evels Hände?"

„Weil er sie mir entrissen hat", verteidigte ich mich.

Evel sprang wütend vor. „Pass auf, was du sagst, Anwärter."

„Was ist denn auf einmal los mit euch?" fragte ich verwirrt. „Habt ihr den Verstand verloren?"

„Wir nicht", schaltete sich Domingo wider ein. „Aber du offensichtlich. Sonst hättest du besser auf deine Kutte aufgepasst."

Ich hatte nicht die leiseste Ahnung, warum Domingo sich so verhielt. Genauso wenig konnte ich abschätzen, welche Strafe mich erwartete. Inzwischen hielt ich es nicht mal mehr für ausgeschlossen, dass sie mich erschießen würden. Und auf eine ordentliche Tracht Prügel war ich innerlich schon eingestellt, als sich Domingos Miene unversehens aufhellte.

„Ohne sich in die Hosen zu scheißen, ist noch niemand Mitglied der Mongols geworden", sagte er und griff in seine Kutte. Doch er zog nicht etwa eine Pistole hervor, sondern ein Stück Stoff, das er mir zuwarf. „Da du hoffentlich begriffen hast, dass man seine Kutte nicht aus den Händen gibt, wirst du es dir selbst annähen müssen."

Erst als Applaus aufbrandete, begriff ich, dass ich den dritten und letzten Aufnäher in Händen hielt. Und das bedeutete, dass ich aufgenommen war!

Der Kreis war längst aufgelöst, und die Mongols hatten sich mit Bierdosen versorgt, die sie so lange schüttelten, bis sie platzten und der Inhalt herausspritzte. Während ich unter einer Bierdusche stand, reckte ich den Aufnäher in die Höhe, als sei er ein Siegespokal. Und wie ein Sieger fühlte ich mich auch. Seit Monaten hatte ich auf diesen Moment hingearbeitet, und nun war es geschafft: Ich war offizielles Mitglied der gefährlichsten Motorradbande der Vereinigten Staaten von Amerika!

Um mein Glück vollkommen zu machen, fehlten nur noch Ciccone, Koz, Carr Pratt, Harden und die anderen Kollegen des ATF, die diesen Triumph erst ermöglicht hatten.

Inzwischen war ich nass bis auf die Haut, und der Geruch, der von mir ausging, hatte sich durch die unfreiwillige Dusche auch nicht verbes-

Bill Queen feiert die Ernennung zum Vollmitglied der Mongols gemeinsam mit John Ciccone (Mitte) und Darin Kozlowski (rechts, gekleidet mit den Insignien eines Vago). (Mit freundlicher Genehmigung von C. M. Pratt)

sert. Der Grund wurde mir klar, als ich mir die Stirn abwischen wollte und dabei einen Mongol sah, der direkt über mir eine Kanne mit Motorenöl ausleerte.

Plötzlich stand Domingo vor mir und überreichte mir ein bedrucktes T-Shirt. Ich musste erst die Augen abwischen, um zu erkennen, dass es sich bei dem Aufdruck um das schwarz-weiße Wappen der Mongols handelte.

An der Tür empfing mich Carrena. Sie umarmte mich, gratulierte mir und gab mir ein Handtuch. „So kommst du hier nicht rein", sagte sie lachend.

Mit einem Bündel Geld, das für einige Lokalrunden reichte, konnte ich sie umstimmen. Im Lokal empfing mich ein großes Hallo, und Stinky hob alle paar Minuten den Saum ihres Kleides über den Kopf, damit ich mich davon überzeugen konnte, dass sie weder einen Slip noch einen BH trug.

Die Stimmung wurde immer ausgelassener, und ich feierte aus ganzem Herzen mit: Schließlich war ich ein Mongol, und darauf war ich stolz. Später zog ich mir das neue T-Shirt an und ging auf den Parkplatz vor dem The Place. Irgendwo dort draußen saß Ciccone in seinem Pontiac. Vielleicht konnte er mich ja durch sein Fernglas sehen und die Freude mit mir teilen.

Noch später machte auch Stinky ihm eine Freude – wenn auch, ohne es zu wissen. Kurz bevor ich gegen zwei Uhr nachts selbst aufbrach, hatte sie sich verabschiedet und zu Fuß auf den Heimweg gemacht. Als sie mein Motorrad hörte, blieb sie stehen, drehte sich um und hob den Saum ihres Kleides über den Kopf. Um den Anblick zu würdigen, war ich zu schnell und zu betrunken. Aber wenige Meter von ihr entfernt kam Special Agent John Ciccone auch ohne Fernglas auf seine Kosten.

10. Kapitel

Der Schritt vom Anwärter zum Mitglied glich dem Schritt aus einem langen dunklen Tunnel ins gleißende Sonnenlicht: Es erleichterte alles und ermöglichte vieles. Natürlich schuldete ich Domingo und anderen höherrangigen Mitgliedern weiterhin Respekt; aber als Mitglied erhielt ich Einblicke und Informationen, wie wir es im Vorfeld der Ermittlungen nicht für möglich gehalten hätten.

Als Sergeant at Arms unseres Chapters hatte Rocky fast nach Belieben Zugriff auf Schusswaffen. Ich selbst hatte ihn mit verschiedenen halbautomatischen Waffen und Revolvern, aber auch mit einer abgesägten Schrotflinte, einem Sturm- und sogar einem Maschinengewehr gesehen, das er seit geraumer Zeit loswerden wollte.

Liebend gern hätte ich es ihm abgekauft, doch als Anwärter wäre es wenig ratsam gewesen, das Thema anzusprechen. Als Mitglied sah das Ganze schon anders aus.

Rocky war seit einiger Zeit arbeitslos, und das Geld, das er mit dem Handel von Drogen verdiente, ging für seine eigene (und Vickys) Drogensucht wieder drauf. Eines Tages saßen wir in meinem Mustang, als er mich fragte, ob ich nicht jemanden wüsste, der Waffen kaufen wollte. Ich erwiderte, dass ich die abgesägte Schrotflinte gern selbst hätte und sich für die anderen Waffen ein Freund namens Bob interessierte.

Dieser Bob war kein Freund, sondern ein Informant des ATF. Wie alle Zuträger, die aus der Szene selbst stammen, wusste auch er gelegentlich nicht genau, auf welcher Seite er stand. Aber da er bei früheren Ermittlungen gute Dienste geleistet hatte, ging ich das Risiko ein, ihn auch dieses Mal hinzuzuziehen. Und das Geld kam ohnehin vom ATF.

Wir hatten verabredet, dass ich Rocky zu Hause abhole. Von dort wollten wir zu seinem Vater fahren, wo die Waffen lagerten, sie einladen und zum Parkplatz vor Cocos Restaurant bringen. Dort waren wir mit Bob und Sergio, einem weiteren Informanten, verabredet.

133

Als ich um 18 Uhr vor Rockys Haus hielt, spielten seine Kinder zwischen alten Motorrädern und anderem Müll im Garten. Dort trieb sich auch einer der größten Pitbulls herum, den ich je gesehen habe. Es war Rockys Hund, und ich hatte Monate gebraucht, um sein Vertrauen zu gewinnen. Und ewig unbegreiflich wird mir sein, wie man seine kleinen Kinder mit dieser reißenden Bestie allein lassen kann.

Ich kam mit heiler Haut zur Haustür und klopfte. Vicky machte auf und bat mich ins Haus. Rocky musste sich noch zu Ende anziehen. Als sie mich aufforderte, die Jacke abzulegen, lehnte ich dankend ab: In einer der Taschen steckte der Rekorder, mit dem ich den Waffendeal aufnehmen wollte.

Schon einmal war ich mit einer Jacke zu Rocky gekommen, in der ein Aufnahmegerät steckte. Damals hatte ich sie ausgezogen, auf die Couch gelegt und das Zimmer für einige Minuten verlassen. Die Gedankenlosigkeit hätte sich fast gerächt, denn als ich zurückkam, suchte Vicky die Jacke gerade nach Geld oder Drogen ab. Dass ich damals nicht aufflog, war unverschämtes Glück.

Dieses Mal behielt ich die Jacke also an und unterhielt mich mit Vicky, die gerade eine Haschischpfeife rauchte. Schließlich kam Rocky aus dem Schlafzimmer. Seine Begrüßung geriet regelrecht herzlich, und ich hatte keinen Grund, an seiner Zuneigung zu zweifeln – an seiner Zuneigung für einen gewissen Billy St. John.

Als Rocky und ich das Haus verließen, blieb Vicky ungerührt in ihrem Sessel sitzen und widmete sich weiter ihrer Pfeife.

Rockys Vater wohnte nur eine knappe Meile entfernt. Während der Fahrt berichtete Rocky, dass Silent, ebenfalls ein Mongol, es zum Killer und auf die Liste der meistgesuchten Verbrecher gebracht hatte. Ich hatte ihn einmal im The Place erlebt. Wie es sich für einen Mann seines Namens gehört, hatte er den ganzen Abend allein an der Theke gesessen und kein Wort gesprochen.

Rockys Vater wohnte in einem Haus, das für Tujunga typisch war: klein und billig. Dieses hier war zudem verschlossen und niemand daheim. Und da Rocky die Tür nicht aufbrechen wollte, hatten wir keine Chance, an die Waffen zu kommen.

An diese Möglichkeit hatten Ciccone und ich nicht gedacht, als wir den Ablauf von A bis Z durchgeplant hatten. Nun standen er und seine Leute vor Cocos Restaurant und warteten auf uns. Doch ihn oder gar Bob anzurufen und über die Panne zu informieren, war in Rockys Gegenwart unmöglich.

Rocky meinte, sein Vater wäre sicherlich bald zurück, und schlug vor, die Zeit im The Place totzuschlagen. Die Aussicht, dass der Waffenverkauf wie geplant stattfinden würde, stieg dadurch nicht: Ich kannte Rockys Wankelmütigkeit nur zu gut. Er bräuchte im The Place nur eine Frau zu treffen, die es ihm angetan hatte, und schon wäre alles andere vergessen.

Doch offenbar brauchte er das Geld ziemlich dringend, denn nach nur einem Bier drängte er zum Aufbruch. „Mein Alter müsste jetzt zurück sein", erklärte er überzeugt, um mich auf der Fahrt zu fragen, ob Bob vielleicht auch an Drogen interessiert sei.

„Sicher", sagte ich. „Wenn der Preis stimmt …"

Rocky bat mich um mein Handy und rief seinen Dealer an. „Hey Richie", begrüßte er ihn, „ich bräuchte ein paar Unzen Crank. Hast du was da?"

Das Handy hatte ich noch nicht lange, und es war auch kein normales Telefon. Denn zusätzlich besaß es ein hochempfindliches Mikrofon, das mittels einer bestimmten Tastenkombination aktiviert werden konnte. Das sollte uns verdeckten Ermittlern die Möglichkeit geben, in brenzligen Situationen unbemerkt Kontakt mit unseren „Schutzengeln" aufzunehmen. In der Praxis jedoch scheiterte das nicht selten an Funklöchern und anderen Tücken der Technik, so dass ich auf das Gerät ziemlich bald verzichtete: Lieber gar keine als eine trügerische Sicherheit.

Als wäre er nie weg gewesen, saß Rockys Vater im Garten und rauchte einen Joint. Rocky nahm einige Züge, ohne mir den Joint anzubieten. Er hatte begriffen, dass ich mit Drogen nicht viel am Hut hatte. Und weil er, wie er seit der Ausfahrt nach Laughlin glaubte, mir schon beim Koksen zugesehen hatte, gab er sich damit zufrieden, dass ich mich gelegentlich als Kurier betätigte.

Ich folgte Rocky quer durchs Haus in ein unbenutztes Schlafzimmer. Dort bückte er sich und zog unter dem Bett mehrere Schusswaffen hervor: erst die Schrotflinte, dann einige Gewehre, schließlich ein AK-47, doch zu meiner Enttäuschung kein Maschinengewehr. Rocky reichte mir das Schrotgewehr und einige andere Waffen und verstaute den Rest wieder unter dem Bett. Dann trugen wir das Ganze nach draußen und packten es in den Kofferraum meines Wagens. Richie rief auf meinem Handy an und sagte Rocky, er könne vier Unzen Crank haben. Sie verabredeten sich für 22 Uhr am Wed, einer heruntergekommenen Spelunke in Pacoima.

Mit einiger Verspätung kamen wir schließlich los. In einem unbeobachteten Moment hatte ich Bob telefonisch über unsere Verspätung informiert, aber ihm war es von Herzen egal. Wie bei allen Drogendealern gingen auch Bobs Uhren anders.

Mit der Begründung, dass ich noch das Geld für die Schrotflinte holen wollte, hatte ich Rocky am The Place abgesetzt. Er war so pleite, dass ich ihm ein paar Dollar für Bier zustecken musste.

Dann hatte ich Ciccone angerufen und mich an der Lowell Avenue mit ihm verabredet. Wenige Minuten später saßen wir in seinem Pontiac und besprachen das weitere Vorgehen. Das Ganze lief ziemlich anders als gedacht, und wir wollten uns vor unliebsamen Überraschungen schützen. Um möglichst viele Details auf Band zu bekommen, sollte ich zwei versteckte Aufnahmegeräte tragen. Und das Geld würde ich Bob heimlich zustecken – allerdings einige tausend Dollar mehr als geplant, denn außer den Waffen musste er nun auch noch die Drogen bezahlen.

Als alles besprochen war, las ich Rocky im The Place auf und fuhr weiter zu Cocos Restaurant. Bob und Sergio erwarteten uns auf dem unbeleuchteten Parkplatz. Ich hielt direkt neben ihrem Auto und öffnete den Kofferraum. Bob erkundigte sich bei Rocky, ob die Gewehre auch funktionierten, was Rocky bejahte. Und ich hatte das Gespräch auf Band. Während Sergio mit Rocky über das AK-47 fachsimpelte, händigte ich

Bob ein dickes Bündel Dollarnoten aus, mit denen er die Waffen bezahlte. Teil eins der Operation war damit abgeschlossen, und wir konnten das Drogengeschäft über die Bühne bringen. Also fuhren wir zum Wed, und auch hier bot sich ein unbeleuchteter Parkplatz für illegale Geschäfte an. Als ich hielt, erkannte ich Ciccones schwarzen Pontiac auf der anderen Straßenseite.

Rocky verschwand im Wed und holte Richie. Der Dealer war zwar kein Biker, hätte aber gut als Biker durchgehen können: Er war Ende 30, groß, kräftig, hatte einen finsteren Gesichtsausdruck und einen langen Zopf. Er war schon lange im Geschäft, und da er mich noch nie gesehen hatte, musterte er mich misstrauisch. Rocky versicherte ihm, dass er sich keine Gedanken zu machen bräuchte, da ich ein Mongol sei und die beiden anderen meine Kumpel. Richie schien überzeugt, denn er nickte und forderte Rocky auf, ihn nach Hause zu begleiten. Kaum waren sie weg, besprach ich mich mit Bob.

„Hör genau zu", sagte ich, nachdem ich ihm das zweite Geldbündel ausgehändigt hatte. „Wenn wir hier fertig sind, fährst du zu der Kreuzung Lowell Avenue und 210. Dort wartet ihr auf mich. Ich bringe Rocky nach Hause und komme nach."

Als Rocky und Richie zurückkamen, wickelten wir das Geschäft ab: Bob erhielt vier Unzen Methamphetamin, Richie ein Bündel Geld.

Mit klopfendem Herzen stand ich dabei und hoffte, dass nicht in letzter Minute noch etwas schief ging. Schon oft hatte ich solche Situationen mitgemacht und wusste, dass auch die beste Vorbereitung nicht vor Pannen schützt. Dealer sind extrem misstrauisch, und manch guter Polizist musste sterben, weil seinem Gegenüber die Nerven durchgingen. Zum Glück lief dieses Mal alles glatt, und als wir uns trennten, waren alle zufrieden. Und an drei Gewehren sowie vier Unzen Methamphetamin würden auch das ATF und die Staatsanwaltschaft ihre helle Freude haben.

Ich setzte Rocky zu Hause ab und fuhr weiter Richtung des vereinbarten Treffpunktes. Doch als ich vom Foothill Boulevard auf den Tujunga Canyon Boulevard abbog, fiel mir am Straßenrand ein Streifenwagen auf.

Die beiden Polizisten reagierten so, wie sie es gelernt hatten: Ein heruntergekommener Ford Mustang mit einem heruntergekommenen Fahrer am Steuer ist per se verdächtig. Nach weniger als einer Viertelmeile hatten sie mich eingeholt.

Als ich das Blaulicht im Rückspiegel sah, versteckte ich meine Pistole unter dem Fahrersitz. Ich war zwar weder zu schnell noch über eine rote Ampel gefahren, aber die Plakette mit der Zulassung war abgelaufen. In der Hoffnung, dass ihnen das entgangen war, hielt ich am Straßenrand, schaltete den Motor aus und ließ beide Hände am Lenkrad. Im Rückspiegel sah ich einen Beamten auf der Fahrer-, den anderen auf der Beifahrerseite näher kommen.

„Guten Abend", begrüßte mich der Polizist durchs offene Fenster der Fahrertür. „Ihren Führerschein und die Fahrzeugpapiere, bitte."

„Einen Moment", antwortete ich und beugte mich zum Handschuhfach. Der Polizist auf der Beifahrerseite leuchtete mit einer Taschenlampe ins Innere des Autos, die andere Hand lag am Pistolenhalfter. Jede ruckartige Bewegung vermeidend, holte ich die Papiere aus dem Handschuhfach und gab sie dem Beamten, der sie einige Sekunden lang wortlos musterte. „Würden Sie bitte aussteigen, Mr. St. John?" fragte er schließlich.

Widerwillig stieg ich aus und sah mich mit den üblichen Fragen konfrontiert: „Haben Sie Alkohol getrunken? Woher kommen Sie? Wohin wollen Sie?" Dann aber wich der Beamte vom üblichen Programm ab und stellte mir eine Frage, deren Folgen ihn selbst überraschen sollten: „Dürfen wir uns in Ihrem Wagen ein bisschen umsehen?"

„Nein", erwiderte ich unmissverständlich.

Nun gab ein Wort das andere: Er wollte Gründe für meine Weigerung wissen, und ich sagte, dass ihn das nichts anginge und er kein Recht habe, das Auto ohne meine Einwilligung zu durchsuchen. Der Polizist zeigte sich jedoch vollkommen unbeeindruckt von meinen Argumenten. „Wie Sie wollen", sagte er triumphierend. „Dann beschlagnahme ich den Wagen hiermit und lasse ihn abschleppen."

Leise, aber heftig fluchend setzte ich mich auf die Borsteinkante. Nur wenige Kilometer entfernt warteten Bob und Sergio mit den Waffen und dem Methamphetamin auf mich. Was, wenn sie auf dumme Gedanken kämen?

In meiner Not beschloss ich, in die Offensive zu gehen. Ich zog mein Handy aus der Tasche und wählte Ciccones Nummer. „Ich brauche deine Hilfe, John", sagte ich, als er sich meldete, und konnte gerade noch meinen Standort nennen, bevor mir das Telefon aus der Hand gerissen wurde.

Unterdessen hatte der andere Polizist begonnen, sich mein Auto näher anzusehen. Als ich sah, dass er sich bückte und unter den Fahrersitz griff, wusste ich, was kommen würde.

„Leg' ihm Handschellen an!" rief er seinem Kollegen zu.

„Hände auf den Rücken", befahl der umgehend, ehe es klick machte.

„Wen hast du angerufen?" begann nun die Befragung. „Wer ist dieser John?"

„Ein Freund."

„Falls dein Freud hier auftaucht und Probleme macht, erschieße ich erst dich und dann ihn."

„Einen gefesselten Gefangenen zu erschießen macht sicherlich nicht den besten Eindruck."

„Das lass ruhig meine Sorge sein."

Die beiden Beamten waren so nervös, dass ich die Verstärkung, die sie angefordert hatten, fast herbeisehnte. Schließlich fuhr ein Mannschaftswagen vor, in den ich ziemlich unsanft befördert wurde. Kurz darauf traf auch ein Abschleppwagen ein, der meinen Mustang an den Haken nahm. Es sah ganz danach aus, als sollte ich die Nacht in einer Zelle verbringen.

Jetzt konnte nur noch Ciccone helfen. Wo blieb er bloß?

Plötzlich hielt ein BMW am Straßenrand, und John stieg mit gezogenem Dienstausweis aus. Den Beamten, die mich festgenommen hatten, erklärte er, ich sei Mitarbeiter des ATF und in einer Art Geheimauftrag unterwegs. Wirklich überzeugt waren die beiden nicht, und ein wenig hörte sich das Ganze ja auch wie eine Räuberpistole an. Zudem war ih-

139

nen Johns Dienstausweis nicht geläufig, und weil der BMW sein Privatwagen war, tauchte in den Papieren auch nirgends der Name ATF auf. In ihren Augen sprach deshalb alles dafür, dass ich kein Staatsdiener, sondern ein steckbrieflich gesuchter Verbrecher war.

„Wenn ihr mir nicht glaubt, ruft doch Paul an", schlug Ciccone schließlich vor. Paul *[Name geändert]* war bei der Polizei von Los Angeles und einer der ganz wenigen Menschen außerhalb des ATF, der von meiner Tätigkeit als verdeckter Ermittler wusste. Er und sein Partner Cleetus *[Name geändert]* ermittelten in derselben Szene wie ich, zwar nicht verdeckt, aber in Zivil. Das heißt in diesem Falle mit Jeans, Lederjacke und einer Harley Davidson als „Dienstfahrzeug".

Weil sich unsere Wege kreuzen konnten, hatte Ciccone sie schon früh von meinem Einsatz informiert. Zunächst war ich damit überhaupt nicht einverstanden, denn wie ich allen misstraute, die nicht zum engsten Kreis gehörten, so misstraute ich auch Paul und Cleetus. Doch schon bald musste ich mein Urteil revidieren und einsehen, dass sie zwei absolut zuverlässige Kollegen waren, die einiges zum Erfolg der Ermittlungen beitrugen.

Die beiden Beamten riefen Paul an und fragten ihn, ob ihm ein Billy St. John bekannt sei. Als Paul das bejahte, wollten sie von ihm wissen, für wen dieser Billy arbeite und welches Auto er führe. Und obwohl er alle Fragen zu ihrer Zufriedenheit beantwortete, wussten sie noch immer nicht, was sie mit dem gefesselten Typen in ihrem Mannschaftswagen anfangen sollten.

Für Beamte nicht ungewöhnlich, schoben sie die Entscheidung schließlich auf ihren Vorgesetzten ab, den sie per Funk herbeiriefen. Der ließ sich von den Argumenten überzeugen und ordnete an, mir die Handschellen abzunehmen. Die Pistole allerdings ging nicht an mich, sondern an Ciccone. Anders als ich hatte der einen Ausweis, der ihn zum Tragen einer Schusswaffe berechtigte.

Als die Polizei endlich abgerückt war, rief ich Bob an und verabredete mich mit ihm auf einem Parkplatz am Tujunga Canyon Boulevard. Wenige Minuten später konnte Ciccone vier Unzen Methamphetamin und drei Gewehre übernehmen. So nahm eine Nacht, die fast im Gefängnis geendet hatte, doch noch ein gutes Ende.

Ich war erst wenige Wochen Vollmitglied, als Domingo überraschend vorschlug, mich zum Schatzmeister des Chapters San Fernando Valley zu ernennen.

Bislang hatte Rocky dieses Amt bekleidet, doch hatte er sich in zweifacher Hinsicht als Fehlbesetzung erwiesen: Erstens konnte er weder lesen noch schreiben, und zweitens stimmte seine Buchhaltung vorn und hinten nicht. Weil unser Chapter extrem unpünktlich zahlte, hatte sich Domingo sogar schon gegenüber dem Präsidium in Commerce verantworten müssen. Nun reichte es ihm, und er wollte Rocky durch jemand anderes ersetzten.

Dass die Wahl auf mich fiel, war verständlich: Als einer der wenigen im Club ging ich – so dachten die anderen jedenfalls – einer regelmäßigen Arbeit nach, und weil ich lange beim Militär gewesen war, hielt man mich für vertrauenswürdiger als einen Drogenabhängigen. Normalerweise konnte man ein solches Amt aber erst nach dreijähriger Mitgliedschaft übernehmen, doch Domingo war zuversichtlich, dass Little Dave seinem Vorschlag zustimmen würde.

Weil er Recht behielt, war ich nach nur einem Monat plötzlich nicht nur Mitglied, sondern Funktionär. Und das brachte mir außer einigen Privilegien vor allem eine Vielzahl an wertvollen Informationen ein, die später in die Anklage gegen die Mongols einflossen.

Denn als Schatzmeister hatte ich nicht nur Einblick in die Bücher unseres Chapters, sondern konnte auch die Unterlagen anderer Chapter und selbst der Zentrale einsehen: Einmal pro Woche fuhr ich nach Commerce und traf mich mit Leno Luna, dem Chefbuchhalter des Clubs. Luna war ein dunkelhäutiger Mexikaner, Mitte 40, fast 1,90 Meter groß und gut 100 Kilo schwer. Er war ein Mongol der ersten Stunde, der schon den blutigen Machtkampf mit den Hells Angels erlebt hatte. Im Grunde war er ein umgänglicher Kerl, dessen Gesellschaft ich genoss. Allerdings vergaß ich nie, dass er sehr eng mit Red Dog und Diablo befreundet war, zwei der brutalsten Mongols überhaupt.

Mit den Büchern war auch unser Verhältnis zur Zentrale bald wieder intakt. Domingo war mit meiner Arbeit sehr zufrieden. Zufrieden waren auch meine Vorgesetzten beim ATF, denen ich durch die Aufnahme in den Führungszirkel wichtige Dokumente bis hin zur Satzung des Clubs beschaffen konnte.

Für die späteren Anklagen am wichtigsten war jedoch die Tatsache, dass die Bücher die hierarchische Struktur der Mongols preisgaben: vom einfachen Mitglied bis zum Clubpräsidenten. Mit diesen Unterlagen ließ sich zweifelsfrei belegen, dass es sich bei den Mongols, wie Ciccone später in seinem 167-seitigen Bericht für den Leitenden Staatsanwalt schrieb, um „eine kriminelle Vereinigung zur planmäßigen Begehung von Straftaten" handelte. Allein in Südkalifornien, so ging aus den Büchern hervor, hatten die Mongols 150 bis 200 Mitglieder, die in 20 Chapter genannte Sektionen mit jeweils eigenem Präsidium organisiert waren. Von den Mitgliedsbeiträgen und anderen Einnahmen – die meisten durch Drogen- oder Waffenhandel und Erpressung – wurde ein gewisser Prozentsatz an die Zentrale in Commerce abgeführt. Das ist ein typisches Merkmal der organisierten Kriminalität.

Über den Umweg der Buchhaltung bekam ich auch Wind davon, wie die Mongols aus Colorado den Machtkampf mit den Sons of Silence für sich entscheiden wollten. Bei einer Sitzung in Commerce erfuhr ich, dass das Chapter Colorado seit Längerem keine Abgaben entrichtet hatte. Als ich Luna nach den Gründen fragte, erfuhr ich, dass sie davon Waffen kaufen würden.

Die Mongols suchten stets nach Mitteln und Wegen, an Geld zu kommen, ohne dass ein Mitglied dafür ins Gefängnis wanderte. Deshalb schlug ich mehrfach vor, der Club solle eine Firma gründen und den Namen Mongols sowie das Vereinswappen vermarkten. Bekanntermaßen haben es die Hells Angels auf diesem legalen Wege zu einem Vermögen gebracht. Aber Leno Luna und Little Dave fürchteten, dass eine legale Firma die Aufmerksamkeit der Behörden wecken würde.

„Und dann haben wir FBI und ATF am Arsch", verwarfen sie sämtliche Möglichkeiten der legalen Geldbeschaffung. Schließlich war die mit Arbeit verbunden, und Arbeit scheuten sie fast so sehr wie die Polizei.

Eines Tages erfuhr ich von Domingo, dass Evel vom Chapter West Side in unseres wechseln wollte. Als Schatzmeister freute ich mich über diese Nachricht, bedeutete sie doch höhere Einnahmen. Als Mitarbeiter des ATF versetzte mich die Nachricht jedoch in helle Aufregung. Denn anders als Typen wie Rocky und Rancid, die mehr recht als schlecht vom Drogenhandel lebten, war Evel ein professioneller Motorraddieb und einer der Schlüsselfiguren eines millionenschweren Hehlerringes, dessen Kontakte bis nach Texas reichten.

Evel kannte ich noch aus meiner Zeit als Anwärter. Er hatte langes schwarzes Haar, das er meist als Zopf trug, ein glatt rasiertes, jungenhaftes Gesicht und auf beiden Armen mehrere Tattoos. Obwohl mit Ende 20 noch vergleichsweise jung, war er schon so lange bei den Mongols, dass er als einer der ganz wenigen eine Kutte aus Jeansstoff tragen durfte: Ein „Altersrecht", denn seit langem trugen alle neuen Mitglieder Kutten aus schwarzem Leder.

Evel arbeitete als Mechaniker im South Pacific Motorcycle Shop in El Monte und fuhr die schnellste für die Straße zugelassene Harley, die ich je gesehen habe. Eines Nachts rasten wir über die 210 nördlich von Los Angeles. Mein Tacho zeigte gut 130 Meilen pro Stunde an, als mich Evel überholte. Er war mindestens 20 Meilen schneller als ich. Und das, obwohl hinter ihm Carrena saß. Später sagte Evel mir, dass er noch schneller hätte fahren können, aber die Angst vor herumfliegenden Zähnen, Haaren und Augäpfeln ihn davon abgehalten hatte.

Von Evels Qualitäten als Motorraddieb konnte ich mich erstmals bei einem Ausflug nach Pasadena überzeugen. Das Wetter war prächtig und die Augenzeugen zahlreich, als sich etwa 60 Mongols im Moose McGillycuddy's, einem beliebten Restaurant, trafen. Außer uns waren noch vier ältere und gesetzte Harley-Fahrer in dem Lokal, deren Maschinen auf dem Parkplatz standen – bis Evel und ein paar seiner Kumpels kam.

In Windeseile waren die Schlösser geknackt und die Motoren kurzgeschlossen, und vier Maschinen verließen in hoher Geschwindigkeit den Parkplatz, eskortiert von einem Auto voller bewaffneter Mongols. (John Ciccone, der nicht weit entfernt postiert war, bannte das Ganze durch ein Teleobjektiv auf Video.)

Das ATF hatte mit gestohlenen Motorrädern kaum Erfahrungen, und ursprünglich wollte Ciccone, dass wir uns auf die Straftatbestände Drogen, Waffen und Gewalt konzentrieren. Dann aber fanden die Staatsanwälte Sally Meloch und Jerry Friedberg Interesse an der Sache.

Mit Hilfe der Polizei von Los Angeles stellten wir den Kontakt zu Rick Angel von der Versicherungsgesellschaft Progressive her, die sich eine eigene Ermittlungsabteilung leistete. Auch mit der Suche nach gestohlenen Motorrädern hatten sie große Erfahrungen, die sie uns bereitwillig zur Verfügung stellen wollten. Mindestens genauso wichtig aber war, dass sie unseren Vorgesetzten im ATF den Wind aus den Segeln nehmen würden: Denn das Geld, das für den Ankauf nötig war, wollte Progressive vorstrecken.

So wurde ich also zum Käufer gestohlener Harley Davidsons, die ich über Evel und seine Kumpels erwarb. Ganz nebenbei lernte ich so, welche Teile man ersetzen musste, um aus einem gestohlenen ein (fast) legales Motorrad zu machen.

Der erste Einsatz begann mit einem Anruf Evels, der mir eine nagelneue Softail Springer anbot. Meine einzige Bedingung war, dass sie zu mir nach Hause geliefert werden sollte. Als Evel sich einverstanden erklärte, begannen unsere Vorbereitungen. Ciccone und seine Männer wollten sich in der Nähe postieren, die Übergabe filmen und versuchen, etwas über die Identität der Beteiligten herauszufinden.

Wir hatten uns für 16 Uhr verabredet. Doch bei Einbruch der Dunkelheit wartete ich noch immer vergeblich auf mein neues Motorrad. Kurzerhand beschloss ich, Evel anzurufen. „Geschlagene zwei Stunden warte ich schon auf deine Leute, und niemand lässt sich blicken. Was ist los?"

„Du wirst es nicht glauben", antwortete Evel, „aber sie haben sich verfahren."

Das war wirklich kaum zu glauben, denn um diese Panne auszuschließen, hatte ich ihnen den Weg genauestens beschrieben. „Dann schick sie noch mal los", sagte ich. „Sie sollen die Ausfahrt nach Diamond Bar nehmen. Ich warte dort in meinem Mustang auf sie."

Kurz nachdem ich den vereinbarten Treffpunkt erreicht hatte, sah ich tatsächlich eine nagelneue Harley-Davidson Softail Springer, gefolgt von einem blauen Lieferwagen. Ich setzte mich an die Spitze und leitete den kleinen Konvoi zu dem Parkplatz vor meinem Haus. Als Erstes begutachtete ich das Motorrad, für das ich 2.500 Dollar bezahlen sollte. Der Ladenpreis lag bei 20.000. Schließlich ging ich zusammen mit dem Anführer, einem hünenhaften Hispanic, in meine Wohnung, um den Handel unter Dach und Fach zu bringen.

Schließlich berichtete ich ihm von einem Kompagnon in Las Vegas und erkundigte mich, ob er auch dahin liefern könnte – gern auch größere Mengen. „Kein Problem", lautete seine Antwort. Und dabei blieb es auch, als ich hinzufügte, dass es unsere Gewinnspanne vergrößern würde, wenn Evel davon nichts wüsste.

Dann brachte ich ihn zurück zum Parkplatz und dem Lieferwagen. Durch einen Trick – ich erkundigte mich, ob ihnen auf dem Hinweg Polizei gefolgt war – entlockte ich seinen wartenden Freunden das Geständnis, dass sie von der Hehlerei gewusst hatten. Und da ich das Geständnis auf Band hatte, würde später auch kein Leugnen helfen.

Als der Lieferwagen vom Parkplatz gefahren war, kamen Ciccone und seine Männer aus der Deckung. Über die Fahrgestellnummer der Harley fand John schnell heraus, dass sie vor wenigen Tagen südlich von Los Angeles gestohlen worden war. Doch um sie zurückzugeben, war es noch zu früh. Nun, da wir im Besitz des Motorrades waren, wollten wir mit seiner Hilfe noch etwas anderes klären: die eigentümliche Häufung von „Spezialanfertigungen".

Dafür wollte ich einige Mongols bitten, mir dabei zu helfen, aus der Softail Springer erstens ein individuelles und zweitens ein legales Motorrad zu machen. Für beides wollte Buddy, der bei South Pacific Motorcycle arbeitete, die nötigen Ersatzteile besorgen. Doch wieder einmal hatte ich die Rechnung ohne den Wirt gemacht: die Mongols.

In La Verne, nördlich von Pomona und auf halbem Wege zwischen meinem Zuhause in Upland und meiner Dienstwohnung in Diamond Bar, hatte ich einen Schuppen angemietet, wo die Arbeiten stattfinden sollten. Das ATF wollte uns per Video überwachen. Doch während der Installation der Kameras war dem Vermieter der Lieferwagen des ATF aufgefallen, und da er Verdacht geschöpft hatte, war die Operation beendet, noch ehe sie begonnen hatte. Und wir mussten einen anderen Platz für mein Motorrad finden.

Schließlich schlug Ciccone meine Wohnung vor. Der Gedanke war auch mir schon gekommen, aber es gab etwas, was dagegen sprach: Meine Wohnung lag im ersten Stock. Einige starke Mongols würden mir helfen müssen, die Maschine die Treppe hochzuwuchten.

Begeistert war keiner von der Vorstellung, ein gut dreihundert Kilogramm schweres Motorrad über eine steile Treppe und mit einer 90-Grad-Kehre tragen zu müssen, aber schließlich sagten Buddy, Evel und J.R., ein neuer Anwärter, mir zu.

Am Morgen des fraglichen Tages war ich früh auf den Beinen und wartete auf meine Helfer. Weil sich meine Freundin wieder einmal „aussprechen" wollte, hatte ich kaum geschlafen. Nun war es sieben Uhr, und statt Kaffee trank ich das letzte Bier, das ich im Kühlschrank gefunden hatte.

Dann klingelte das Telefon. Evel war dran und sagte, dass J.R. jeden Moment bei mir sein müsste. Der Frage, was mit ihm und Buddy sei, entging er, indem er den Hörer auflegte.

Es war bereits zehn Uhr, als J.R. endlich kam. Um die Maschine leichter zu machen, ließen wir das Benzin aus dem Tank und schraubten die Schutzbleche ab. Dann rollten wir sie bis vor die Treppe und begannen gleichzeitig zu schieben und zu ziehen.

Der Anfang war verheißungsvoll, doch dann stieß das Hinterrad an die erste Stufe, und alles änderte sich. Denn auf dem hinteren Rad lag nun einmal das meiste Gewicht, und J.R. und ich waren zwar keine Hänflinge, aber auch keine Bodybuilder. So wuchteten wir die Softail Springer

Vollmitglied Billy St. John auf seiner gestohlenen Harley Davidson.
(Mit freundlicher Genehmigung von John Ciccone)

Stufe um Stufe herauf, immer in der Angst, dass sie bei einer falschen Bewegung die umgekehrte Richtung einschlagen würde – und zwar ungebremst. Ich ackerte wie ein Pferd und schwitzte wie ein Schwein, doch als wir endlich den Treppenabsatz erreicht hatten, war J.R. genauso kaputt wie ich. Wortlos standen wir uns gegenüber und schnappten nach Luft.

Der schwierigste Teil stand uns jedoch noch bevor, denn um das Motorrad um die Ecke zu bekommen, mussten wir es aufs Hinterrad stellen. Dafür nahmen wir alle Kraft zusammen und richteten es so weit auf, dass wir es in die richtige Richtung drehen konnten. Doch um es ebenso kontrolliert herabzulassen, fehlte uns die Kraft. So krachte das Vorderrad auf die Treppe, und die zurückrollende Maschine landete schließlich unsanft an der Mauer. Wieder legten wir eine Pause ein, um dann die letzten Stufen in Angriff zu nehmen. Als wir endlich vor der Wohnungstür ankamen, hatte kein Hausbewohner auch nur Notiz von uns genommen.

Wir schoben die Softail Springer ins Wohnzimmer, wo ich sie zerlegen wollte. Dann ließen wir uns beide erschöpft auf die Couch fallen.

In den folgenden Wochen verbrachte ich viel Zeit mit Ermittlungen gegen den organisierten Motorraddiebstahl. Unterdessen arbeitete Evel viel an meinem Motorrad. Auch Buddy machte sich nützlich, etwa indem er die alte Fahrgestellnummer durch eine neue ersetzte. Und seine Frau nutzte ihre guten Kontakte und besorgte die entsprechenden Papiere. Nach vier Wochen war das gute Stück endlich fertig.

Ich wusste ja, dass es sich um Diebesgut handelte, aber in meinem Wohnzimmer stand ein Motorrad, wie ich es mir schöner nicht hätte erträumen können. Und schneller auch nicht, denn bis auf Evel selbst würde ich künftig alle anderen Mongols locker abhängen.

Etwas anderes war noch wichtiger: Endlich wussten wir aus eigener Anschauung, was es mit den „Spezialanfertigungen" auf sich hatte, die sich in der Bikerszene wachsender Beliebtheit erfreuten. „Spezialanfertigung", so war inzwischen klar, war ein anderes Wort für geklaut.

11. Kapitel

Durch die Mitgliedschaft in einem Motorradclub lernte ich auch den Beruf des Polizisten von einer anderen Seite kennen, was nicht immer erfreulich war. Denn öfter als vor meinen Bikerfreunden musste ich mich vor meinen Kollegen hüten. Und während unter so genannten Rockern Werte wie Freundschaft, Treue, Zuverlässigkeit und Respekt noch etwas bedeuteten, erwies sich mancher Beamter als Gesetzesbrecher in Uniform.

Ein besonders drastisches Beispiel begegnete mir an einem sonnigen Samstagnachmittag in El Monte. Um mehr über den florierenden Handel mit gestohlenen Motorrädern herauszubekommen, hatte ich Evel im South Pacific Motorcycle Shop besucht. Als ich auf meine Harley stieg und den Rückweg antrat, erwog ich kurz, einen Ausflug in mein Privatleben zu machen und meine Kinder zu besuchen. In den letzten Monaten hatten sie ihren Vater viel zu selten zu Gesicht bekommen. Noch trug ich allerdings meine „Dienstkleidung" als Mongol: schwarze Jeans, ein schwarzes Longsleeve mit dem Abzeichen der Mongols, ein schwarzes Halstuch mit der Aufschrift „Mongols", das ich vor Mund und Nase gebunden hatte, und selbstverständlich meine Kutte.

Ich fuhr die Lower Azusa Road in östlicher Richtung, als nach kaum einer Viertelmeile vor mir ein Streifenwagen auftauchte. Um keine unnötige Aufmerksamkeit zu erregen, entschloss ich mich, nicht zu überholen. Und da ich es nicht eilig hatte, brauchte ich mich dafür nicht einmal zurückhalten.

Weil eine Ampel auf Rot sprang, musste ich halten. Und während ich in Gedanken noch bei meinen Söhnen war, hörte ich unvermittelt einen grellen Schrei. Es dauerte eine Weile, bis ich begriff, woher er kam: Direkt vor mir stand der Streifenwagen, und der Beamte am Steuer führte sich auf, als hätte ich soeben seine Mutter überfahren. „Mach, dass du weiter kommst, du Arschloch!" schrie er aus dem geöffneten Fenster und wedelte mit dem Arm. „Sonst mach' ich dir Beine."

Die Ampel war längst wieder grün, und weil der Streifenwagen meine Spur blockierte, scherte ich aus und fuhr an ihm vorbei. Im selben Moment gab der Fahrer Gas und drängelte sich unmittelbar hinter mich, und zwar so dicht, dass er mir fast das Schutzblech abfuhr.

Um keinen Unfall zu provozieren, fuhr ich mit konstanter Geschwindigkeit weiter. Allerdings fragte ich mich, was diese Karikatur eines Polizisten, dessen Verhalten in keinem Lehrbuch stand, im Schilde führte. Denn ebenso unvermittelt, wie er dort aufgetaucht war, verschwand der Streifenwagen aus meinem Rückspiegel und tauchte rechts neben mir wieder auf. Das Gesicht des Fahrers war puterrot. „Verpiss dich aus unserer Stadt, du Wichser", brüllte er hasserfüllt. „Ein Stück Scheiße wie dich brauchen wir hier nicht."

Um etwas zu erwidern, war ich viel zu konsterniert. Glück für mich, denn eine wie auch immer geartete Antwort hätte ihn nur noch wütender gemacht. Und wie gemeingefährlich der Polizist war, musste ich an der nächsten Ampel erleben. Als er neben mir hielt, sah ich in den Lauf seiner Dienstpistole.

„Weißt du, was das ist?" fragte er. „Also verschwinde hier. Und zwar ein bisschen plötzlich."

Den Rat wollte ich nur allzu gern beherzigen, und als die Ampel grün wurde, gab ich ordentlich Gas. Doch der Streifenwagen blieb bis zur nächsten roten Ampel an mir dran. Um mich nicht ganz wehrlos zu fühlen, schaltete ich das Aufnahmegerät an, das an meinem Gürtel hing. Zur Abwechslung waren dieses Mal zwei Waffen auf mich gerichtet, denn nun hatte auch der Beifahrer seine Pistole gezogen. Und dass sie nicht scherzten, bewiesen die Drohungen, die der Fahrer ausstieß: „Ich knall dich über den Haufen, du Arschloch!"

Da ich keinen Grund hatte, an seiner Entschlossenheit zu zweifeln, wandte ich mich an den Autofahrer auf der anderen Seite und bat ihn, sich die Dienstnummer des Streifenwagens zu notieren. Immerhin ließen die beiden Djangos ihre Waffen daraufhin sinken. Und als die Ampel grün wurde, bogen sie rechts ab, anstatt mir weiterhin zu folgen.

In einer Mischung aus Wut und Entsetzen fuhr ich geradeaus weiter. Einen Moment lang erwog ich, direkt zum Polizeipräsidium von El Monte zu fahren und die beiden Typen hochgehen zu lassen. Aber dafür hätte ich mich als Kollege zu erkennen geben müssen. Und noch war dieser Preis zu hoch.

Eines Tages erfuhr ich von einer Messerstecherei in Hollywood, bei der ein Mann schwer verletzt worden war. In den Vorfall waren auch einige Mongols verwickelt, doch wer genau, wusste ich nicht. Deshalb steckte ich zum nächsten „Kirchgang" das Aufnahmegerät in die Jackentasche.

Leider blieb Domingos Bericht sehr vage und enthielt kaum mehr als die Aufforderung, die Gegend rund um Hollywood eine Weile lang zu meiden: „Die Bullen dort sind zur Zeit nicht gut auf uns zu sprechen."

Im Anschluss an die Versammlung fuhren wir ins The Place, tranken Bier und spielten Billard. Als ich mich gegen Mitternacht verabschiedete, wunderte sich keiner mehr: Sie waren daran gewöhnt, dass ich der Erste war, der abends ging. Aber sie glaubten ja auch, dass ich morgens als Erster raus musste, um meiner Arbeit nachzugehen.

Rancid fragte, ob ich ihn nach Hause bringen könnte, und ich sagte ja. Einem ungeschriebenen Gesetz folgend, das das Tragen von Kutten in Autos verbietet, legten wir sie mitsamt den Jacken in den Kofferraum. Seit bei einer früheren Aktion dort eine Kugel einschlug, lässt er sich nur noch vom Handschuhfach aus öffnen.

Wir waren erst wenige Minuten unterwegs, als Rancid einfiel, dass er frischen Whiskey brauchte. Ich hielt vor einem Spirituosenladen und ging mit hinein, um etwas Essbares zu kaufen. Rancids Trinkgewohnheiten waren mir seit jeher suspekt, und auch in dieser Nacht wurde mein Verständnis nicht größer. Denn er zog eine Flasche Jackie aus dem Regal und öffnete sie noch vor dem Gang zur Kasse. Im Auto trank er ungeniert weiter, und bis El Monte hatte er sie fast geleert.

Auf der Lower Azusa Road sah ich im Augenwinkel einen unbeleuchteten Streifenwagen am Straßenrand. Augenblicklich fiel mir der Beamte ein, der mich beschimpfte und mit seiner Dienstpistole bedroht hatte.

151

Weder wollte ich ihn und seinen Kollegen wiedersehen, noch hatte ich Lust, Vergleichbares mit einem anderen Polizisten durchzumachen. Denn neben mir saß ein betrunkener und ungewaschener Kerl, der Charles Manson wie einen braven Chorknaben aussehen ließ.

Das war offenbar auch den Beamten aufgefallen, denn kaum hatten wir die Stelle passiert, flammten hinter uns zwei Scheinwerfer auf.

„Scheiße", fluchte Rancid, als ich ihm von meiner Befürchtung berichtete, „gegen mich liegt garantiert ein Haftbefehl vor."

Einige Tage zuvor war er mit seiner Frau aneinandergeraten. In ihrer Not hatte sie die Polizei gerufen. Rancid war vor ihrem Eintreffen abgehauen und seither nicht mehr zu Hause gewesen. So konnte er nur vermuten, dass die Beamten die Pistole gefunden hatten, die er dort aufbewahrte.

„Ich will nicht in den Knast", sagte er, als direkt hinter uns die Sirene des Streifenwagens aufheulte. „Gib Gas und häng sie ab."

„Und wie soll das gehen?" erkundigte ich mich. „Deren Wagen ist doch viel schneller."

Rancid sah ein, dass ich Recht hatte. Auf der Suche nach einem anderen Ausweg sah er sich um. „Halt da drüben", rief er plötzlich und zeigte auf ein Schulgebäude, das hinter einem hohen Maschendrahtzaun lag. „Ich verdufte."

Ich hielt am Straßenrand in der Erwartung, dass Rancid tatsächlich fliehen würde. Doch inzwischen war er so betrunken, dass er nicht einmal mehr die Tür aufbekam. Auch der Streifenwagen hatte inzwischen gestoppt, und damit die Beamten nicht auf dumme Gedanken kamen, stieg ich aus und hob beide Hände über den Kopf. Zu meiner Erleichterung stellte ich fest, dass es zwei andere Polizisten waren. Und zu meinem Entsetzen fiel mir ein, dass in meiner Hosentasche noch mein Springmesser steckte.

„Bleib cool", sagte ich zu mir selbst. Ich hatte gegen keine Verkehrsregel verstoßen, und wenn sie unsere Papiere kontrolliert hätten, würden sie uns laufen lassen.

Eine der unzähligen Polizeikontrollen, in die Billy St. John geriet.

Während sich einer der beiden Polizisten mir näherte, ging der andere um das Auto herum, um nach Rancid zu sehen. Dem war es immer noch nicht gelungen, die Tür zu öffnen. Nachdem der Beamte ihm die Arbeit abgenommen hatte, beugte er sich herunter. Als er wieder zum Vorschein kam, hielt er eine Whiskeyflasche in der Hand. „Wie heißen Sie?" fragte er freundlich.

Bei Rancids Antwort klappte mir der Kinnladen runter: „Fick dich!"

Jetzt war der Beamte nicht mehr ganz so freundlich. „Aussteigen!" forderte er bestimmt und half ein wenig nach. Doch um auf eigenen Beinen zu stehen, war Rancid zu betrunken, und so musste er sich am Dach festhalten, um nicht umzufallen.

„Können Sie sich ausweisen?" fragte der Polizist.

„Fick dich, habe ich gesagt."

Auch nach der erneuten Beleidigung blieb der Beamte erstaunlich professionell. Er führte Rancid auf den begrünten Randstreifen und forderte ihn auf, sich hinzusetzen.

Nun war ich mit der Vernehmung dran. „Haben Sie Alkohol getrunken" fragte der Polizist.

„Zwei oder drei Bier", antwortete ich wahrheitsgemäß.

Es folgte die übliche Prozedur: auf einem Bein stehen, Arme ausstrecken, Augen schließen, den rechten Zeigefinger zur Nasenspitze führen, dann den linken …

Was immer von mir verlangt wurde, ich erfüllte es mit Bravour. Denn anders als Rancid war ich nicht betrunken. Der saß schwankend am Straßenrand, stieß leise Flüche aus und verlangte zwischendurch nach seinem Anwalt. Als der Beamte ihn erneut nach seinen Namen fragte, lautete die überraschende Antwort: Richard Clay. Für den Fall, dass ich danach gefragt wurde, prägte ich mir den Fantasienamen ein. Doch dann wurde Rancid gebeten, seinen Namen zu wiederholen. Und dieses Mal sagte er: John Martinez.

Die angeforderte Verstärkung ließ nicht lange auf sich warten und bestand aus zwei weiteren Beamten. Einer ging direkt zum Mustang und durchsuchte ihn mit Hilfe einer Taschenlampe. Als Erstes stieß er auf zwei 9mm-Kugeln, die auf dem Armaturenbrett lagen. Er zeigte sie seinen Kollegen, die uns fragten, ob wir Waffen dabei hätten. Und während mir wieder einmal das Messer in meiner Hosentasche einfiel, antwortete Rancid mit einem erneuten „Fick dich!"

Sein erneuter Wutausbruch lenkte die Polizisten für einen Moment lang so weit ab, dass ich die Chance nutzen und das Messer heimlich verschwinden lassen wollte. Doch als ich es auf den Randstreifen fallen ließ, wurde ein Beamter auf mich aufmerksam. Unsere Blicke trafen sich, und ich bildete mir ein, in seinen Augen ein stilles Einverständnis erkennen zu können. Und obwohl er die Aktion genau gesehen hatte, hob er nicht sofort das Messer auf, sondern fragte mich erneut nach Schusswaffen.

154

Erst als ich ihm versichert hatte, keine zu besitzen, forderte er mich auf, neben Rancid Platz zu nehmen.

„Was soll die Scheiße?" flüsterte ich ihm ins Ohr. „Wenn du nicht in den Knast willst, solltest du dich vielleicht ein bisschen besser benehmen."

„Scheiß drauf" erwiderte Rancid ungerührt. „In den Knast gehe ich so oder so."

Ein Beamter unterbrach uns, weil er den Kofferraum nicht aufbekam. Erst in diesem Augenblick fiel mir ein, dass in meiner Jacke noch der Rekorder steckte. Und wenn Rancid ihn sehen würde, kämen zu den Problemen, die ich ohnehin schon hatte, weitere und schwerwiegende hinzu. Deshalb versuchte ich dem Beamten klar zu machen, dass sich der Kofferraum nicht öffnen ließ.

Aber erstens war er nicht blöd, und zweitens hatte einer seiner Kollegen den Mechanismus im Handschuhfach bereits gefunden. Wie von Geisterhand geöffnet, schnellte der Deckel hoch. Doch bevor sich die Beamten mit dem Inhalt beschäftigten, halfen sie Rancid und mir auf die Beine und legten uns Handschellen an. Dann wurde ich zu dem Streifenwagen direkt hinter meinem Mustang gebracht, Rancid hingegen zu dem zweiten, der einige Meter weiter entfernt geparkt war. Dann erst begann die gründliche Durchsuchung meines Wagens.

Den Rekorder hätte jedes Kind gefunden. Doch nicht jedes Kind hätte erkannt, dass es sich um kein Allerweltsgerät handelte, das man an jeder Ecke kaufen konnte, sondern um ein sündhaft teures Spezialmodell. Entsprechend zuckte ich zusammen, als der Beamte es rüde auf dem Autodach ablegte.

Immerhin schien Rancid nichts davon mitbekommen zu haben. Und weil ihm der direkte Blick versperrt war, vertraute ich darauf, dass ihm auch die aufwändige Verkabelung des Mustangs entgehen würde, die die Untersuchung zu Tage bringen würde.

Nach einer guten halben Stunde setzte sich ein Beamter zu mir in den Streifenwagen und erkundigte sich, warum ich die teure Abhörtechnik installiert hatte. „Was macht ein Mann wie Sie damit?"

Nun war guter Rat teuer. Aber in der Vorahnung der Frage hatte ich mir eine Geschichte ausgedacht, die ich für halbwegs glaubhaft hielt. Ich erklärte dem Polizisten, dass ich in der Luft- und Raumfahrtbranche arbeitete und mit sehr teurem Zubehör handelte. Und um späteren Reklamationen vorzubeugen, würde ich jedes Verkaufsgespräch aufzeichnen. Wenn er wollte, könnte ich ihm sofort eines vorspielen.

Mein Gegenüber sah mich mit einer Miene an, die nichts verriet, bis er den Wagen wortlos wieder verließ.

Nie werde ich erfahren, ob er mir die Geschichte geglaubt oder aus dem Fund den richtigen Schluss gezogen hat, dass er einen verdeckten Ermittler vor sich hatte. Doch wie auch immer: Nach fast zwei Stunden ließen sie uns laufen. Ein Polizist holte mich aus dem Streifenwagen und nahm mir die Handschellen ab. Dann sagte er, am Mustang sei ein Rücklicht kaputt, ob ich mit einem Verwarnungsgeld einverstanden sei. Und Rancid müsse mit einer Anzeige wegen Erregung öffentlichen Ärgernisses rechnen. Aber nicht etwa wegen der Beleidigungen, sondern wegen der unverschlossenen Whiskeyflasche.

Erst nachdem ich mich gekniffen hatte, begriff ich, dass ich nicht träumte. Aber so viel Pech ich erst vor Kurzem mit der Polizei von El Monte hatte, so sehr war nun das Glück auf meiner Seite. Denn diese Beamten waren das genaue Gegenteil ihrer blutrünstigen Kollegen.

Schließlich sagte mir ein Polizist, dass er mein Springmesser in den Kofferraum gelegt hatte. Es sei zwar verboten, aber er habe ein Auge zugedrückt.

Ich bedankte mich, nahm den Rekorder vom Dach und ließ ihn schnell in meiner Tasche verschwinden. Denn inzwischen war auch Rancid von den Handschellen befreit worden. Doch um in den Mustang umzusteigen, war er weiterhin zu betrunken.

Deshalb zerrten ihn zwei Beamte aus dem Streifenwagen und schleppten ihn wie einen nassen Sack zur Beifahrertür. Und während sie von außen drückten, zog ich ihn von innen auf den Sitz.

Noch immer fassungslos darüber, wie glimpflich wir davon gekommen waren, brachte ich Rancid nach Hause. Noch überlegte ich, wie ich ihn aus dem Auto bekommen sollte, da schlug er die Augen auf und sah mich fragend an. Er erinnerte sich weder an die Polizeikontrolle noch daran, dass wir vorher im The Place gewesen waren. Trotzdem bedankte er sich, dass ich ihn mitgenommen hatte.

Als ich kurz darauf endlich nach Hause fuhr, versuchte ich mich in die Gedanken der Polizisten zu versetzten, die uns kontrolliert hatten. Im Grunde gab es für ihr Verhalten nur eine Erklärung: Sie hatten begriffen, wer ihnen da ins Netz gegangen war, und wollten nicht riskieren, mich zu enttarnen.

12. Kapitel

Als ich Ciccones Vorschlag, mich bei den Mongols einzuschleusen, annahm, war ich auf vieles gefasst. Doch niemals hätte ich mir träumen lassen, wie tief dieser Auftrag in mein gewohntes und vertrautes Leben eingreifen würde.

Je länger ich gegen die Mongols ermittelte, desto mehr musste ich meine wahre Identität verleugnen. Denn als Anwärter schlug mir zwar viel Misstrauen entgegen, doch das war nur ein Vorgeschmack auf das, was mich als Vollmitglied und Funktionär erwartete. Denn bevor ich aufgenommen wurde, hatte man mich heimlich fotografiert und das Bild an alle Chapter geschickt, damit jedes Mitglied prüfen konnte, ob ihm das Gesicht darauf bekannt vorkam, zum Beispiel, weil es zu einem Polizisten gehörte.

Nun gibt es allein in Südkalifornien mehrere hundert Mongols und Personen aus ihrem näheren Umfeld. Und wenn man sich nicht zu Hause einschließen will, besteht immer die Möglichkeit, einem davon über den Weg zu laufen. Die Folge ist, dass man sich wie in einem Käfig fühlt – einem Käfig aus Angst.

Am meisten bedrückte mich, dass ich meine Söhne so selten sah. Denn gleich ob gemeinsame Wochenenden, der Besuch eines Baseballspiels, eine Geburtstagsparty oder der regelmäßige „Vatertag", all das hatte ich dem Auftrag opfern müssen.

Damit nicht genug, änderte sich im Lauf der Zeit natürlich auch mein Aussehen. Und wie das Haar und der Bart wurden auch die Nächte länger. Irgendwann hatte ich mich meinem vertrauten Umfeld so entfremdet, dass ich sehr genau überlegen musste, wo ich mich sehen ließ. Selbst beim Tanken und Einkaufen schlugen mir Abscheu oder Angst entgegen.

Zwar dachte ich weiterhin wie ein staatlicher Beamter, ein hoch dekorierter Vietnam-Veteran und ein verantwortungsvoller Vater, doch mein Äußeres hinterließ einen gänzlich anderen Eindruck.

Meine Exfrau Cari und die Kinder lebten in einer ruhigen Ecke von Riverside, wo die Jungen auch zur Schule gingen. Eines Tages rief Cari mich an und fragte, ob ich zum Elternsprechtag gehen könnte.

„Selbstverständlich", erwiderte ich voller Überzeugung, denn von allen Aufträgen war mir die Vaterrolle am wichtigsten. Und weil ich nicht wollte, dass sich meine Söhne für mich schämen mussten, beschloss ich, mich für den Anlass entsprechend anzuziehen.

Auch wenn ich seit vielen Jahren am liebsten Jeans und T-Shirts trug, hingen in meinem Kleiderschrank noch mehrere Anzüge, Hemden und Krawatten. Doch egal, was ich auch anprobierte, spätestens wenn ich vor dem Spiegel stand und den Krawattenknoten band, fühlte ich mich wie ein Obdachloser in der Altkleidersammlung. Also beendete ich kurzerhand die Maskerade und zog Jeans und T-Shirt an.

Während der Fahrt hatte ich mich mit dem Gedanken beruhigt, dass Äußerlichkeiten nebensächlich waren und nur innere Werte zählten. Doch als meine Söhne und ich ausstiegen und den gut gefüllten Schulhof betraten, war ich meiner Sache nicht mehr ganz so sicher. Und als wir das Schulgebäude erreichten, hatte ich niemandem auch nur einen guten Abend wünschen können, weil jeder, der mich sah, sich augenblicklich abwandte.

Einen Moment lang fragte ich mich, ob ich den Jungen durch meine Anwesenheit schadete, doch da wenigstens sie nicht vom Aussehen auf den Charakter schlossen, verwarf ich den Gedanken.

Gemeinsam gingen wir zum Klassenraum des Älteren, wo sich die Klassenlehrerin gerade mit einem andern Elternpaar unterhielt. Auf dem Flur spielten einige Kinder, und meine Söhne gesellten sich dazu.

Ich wartete geduldig, bis die anderen Eltern das Gespräch beendet hatten. Dann verließen sie den Klassenraum und griffen ihre Kinder, ohne mich eines Blickes zu würdigen.

Nun war ich mit der Klassenlehrerin allein, und als ich auf sie zutrat, glaubte ich in ihren Augen eine Spur von Angst zu sehen. „Bitte denken Sie nichts Falsches", bat ich sie. „Ich bin nicht der, für den Sie mich halten."

Meine Bemerkung hatte sie eher verwirrt als beruhigt. Deshalb griff ich in die Jackentasche und zog meinen Dienstausweis hervor. „Ich arbeite für das ATF", erklärte ich. „Mehr kann ich leider nicht sagen, aber dass ich so aussehe, hat seine Gründe. Und ich möchte unbedingt vermeiden, dass sich mein Aussehen nachteilig auf meine Söhne auswirkt."

Ich glaube kaum, dass sie ermessen konnte, wie gut es tat, mir diese Sorge von der Seele zu reden. Aber immerhin lächelte sie und wagte es sogar, mir in die Augen zu sehen, als wir uns über meinen älteren Sohn unterhielten, der in ihre Klasse ging. Dann dankte sie mir für den Besuch und begleitete mich sogar zur Tür. Aber das mag auch an ihrem Wunsch gelegen haben, sich mit eigenen Augen davon zu überzeugen, dass ich das Schulgebäude auch wirklich verließ.

Dass ich für eine Ermittlung auf vieles verzichten musste, war normal. In diesen Fall hatte ich mehr investiert als je zuvor. Aber die Kinder waren schlicht tabu. Niemals hätte ich zugelassen, dass sie meinetwegen irgendwelche Nachteile erleiden oder gar Opfer bringen müssten. Der Dank war, dass sie mich unabhängig von meinem Aussehen liebten.

Auf dem Rückweg zum Auto erwog ich kurz, sie zu einem Eis oder ins Kino einzuladen oder sonst etwas zu unternehmen, was mich wie ein normaler Vater fühlen ließ. Ich wollte sie nicht schon wieder verlassen, sondern mich vor sie hinknien, sie umarmen und ihnen sagen, wie sehr ich sie liebte.

Etwas anderes wollte ich in diesem Augenblick auf keinen Fall: zu meiner gewohnten Arbeit zurückkehren.

An manchen Tagen vermisste ich die Kinder so sehr, dass ich hätte heulen können, erst recht wenn ich sah, wie andere Mongols mit ihren Kindern umgingen.

Kinder waren zwar keine Seltenheit, doch auf fünf brachten es nur Rocky und Vicky. Sie lebten in einem Mietshaus in Tujunga, das an ein Obdachlosenasyl erinnerte. Die Kinder schliefen, wann und wo sie wollten: morgens, mittags, nachts, auf der Couch, im Bett, auf dem Fußboden, neben- oder übereinander.

Das Haus hatte einen Vorgarten, und ein Zaun sollte ungebetene Gäste abhalten. Doch dafür war er eigentlich zu niedrig. Dass sich trotzdem niemand in den Garten wagte, lag an dem bissigen Pitbull, der dort wachte. Es dauerte Monate, bis ich sein Vertrauen gewonnen hatte.

Eines Tages hatte Rocky mich für zwei Uhr nachmittags zu sich bestellt. Die beiden jüngsten Kinder – einer hörte auf den Namen Rocky junior – spielten im Garten. Ich klopfte an der Haustür, Vicky öffnete und schrie nach Rocky, der noch im Bett lag. Ich ging ins Wohnzimmer, das komplett abgedunkelt war. Als die Haustür ins Schloss fiel, hätte niemand sagen können, ob draußen Tag oder Nacht war.

Vielleicht erklärte das, warum ich auf dem Fußboden und in einem Sessel schlafende Kinder sah. Zwar lief der Fernseher, doch weil der Ton leise gestellt war, störte sich niemand daran. Ich entdeckte einen freien Stuhl und setzte mich.

Als Vicky hereinkam, hatte sie Mühe, nicht über die Beine ihrer Kinder zu stolpern. In der Hand hielt sie eine frisch gestopfte Haschpfeife. Sie ließ sich auf ein freies Sofa fallen und zündete sie an.

„Guter Stoff, Billy", sagte sie. „Möchtest du auch mal ziehen?"

„Danke für das Angebot", erwiderte ich ironisch, „aber du kannst es besser gebrauchen. Die fünf Quälgeister halten dich sicher ziemlich auf Trab."

„Das kannst du wohl sagen", bestätigte sie. „Zumal Little Rocky heute Geburtstag hat."

„Dann gibt es doch nachher bestimmt noch eine große Feier."

„Vielleicht nächste Woche", sagte sie, ohne von ihrer Pfeife aufzusehen. „Da bekomme ich Geld." Sie nahm einen tiefen Zug und ließ sich rücklings auf das Sofa fallen.

„Hallo Billy", sagte Rocky, als er endlich in den Raum gestolpert kam. „Du musst mir bei einer kleinen Reparatur helfen." Im Klartext hieß das: Ihm fehlten einige Ersatzteile für sein Motorrad und das Geld, sie zu kaufen.

„Kein Problem", sagte ich, „aber vorher sollten wir was essen." Erst als ich das Wort ausgesprochen hatte, fragte ich mich, ob die Kinder im Laufe des Tages wohl etwas Essbares zu sehen bekämen. Wenn, dann würde es noch dauern, denn einstweilen lag Vicky im Drogenrausch auf dem Sofa.

Als ich nach draußen ging, spielten die beiden Kleinen unverdrossen im Vorgarten. Es machte mich jedes Mal halb verrückt, wenn ich sie zusammen mit dem Hund sah. Der Biss eines Pitbull würde fast zwangsläufig tödlich sein. „Stimmt es, dass Little Rocky heute Geburtstag hat?" fragte ich seinen Vater, der aus dem Haus kam.

„Schon möglich."

Welch ein Arschloch Rocky doch ist, dachte ich, als ich zu meinem Motorrad ging. Offenbar war ihm sein Sohn so egal, daß er nicht mal seinen Geburtstag wußte.

Unterdessen versuchte Rocky, seine Harley zu starten. Erfahrungsgemäß mußte er dafür mindestens ein Dutzend Mal den Kickstarter durchtreten, und an diesem Tag war es nicht anders. Ich wartete geduldig, bis ich das Dröhnen seines Motors hörte. Dann erst warf ich meine Maschine an. Schließlich wollte ich den Sprit im Tank verfahren und nicht im Stand verbrennen.

Nach einem Lunch kauften wir bei einem Chevrolet-Händler einen Satz Unterbrecherkontakte, die in die Zündspule der Harley passten und ungleich billiger als die Originalteile waren. Das war mir insofern recht, weil ich sie aus meiner eigenen Tasche bezahlte: Beträge bis 20 Dollar mit dem ATF abzurechnen war mit so viel Aufwand verbunden, dass ich es lieber ließ.

Als wir zurück waren, stellte ich meine Maschine auf der Straße ab. Und während Rocky seine in den Garten schob, ging ich zu seinem Sohn und gratulierte ihm zum Geburtstag.

„Wie alt bist du denn geworden?" erkundigte ich mich.

Er hob vier Finger.

Dann sah er traurig auf das kaputte Spielzeuggewehr, das von seiner Schulter baumelte. Ich spürte einen Kloß im Hals und musste mit den Tränen kämpfen. Auf ein Geburtstagsgeschenk hoffte dieser kleine Kerl definitiv vergeblich.

Mein Entschluss stand fest. „Ich bin gleich zurück", rief ich Rocky zu und ging zu meinem Motorrad.

In einem nahegelegenen Kaufhaus ging ich schnurstracks in die Spielwarenabteilung und erstand ein knallrotes Feuerwehrauto. Dann kaufte ich noch einige Süßigkeiten und machte mich auf den Rückweg.

Am liebsten wäre ich direkt zum Jugendamt gefahren, um dafür zu sorgen, dass sich jemand der verwahrlosten Kinder annimmt. Um Rocky und Vicky hätte ich mich schon selbst gekümmert und meine Ansicht über ihr Verhalten mit der Faust kundgetan. Doch weil die Umstände es erforderten, schluckte ich den Ärger vorerst runter und schwor mir, sie eines Tages zur Rechenschaft zu ziehen.

Als ich Rockys Grundstück betrat, versteckte ich die Geschenke hinter dem Rücken. „Alles Gute zum Geburtstag", sagte ich zu Little Rocky, beugte mich zu ihm herunter und zauberte das Feuerwehrauto hervor.

Erst sah er mich ungläubig an, doch dann legte sich ein Schimmer in seine Augen, und sein Gesicht hellte sich zu einem strahlenden Lächeln auf. „Danke, Billy", flüsterte er mit kindlicher Freude in der Stimme, und während er mit der einen Hand das Geschenk annahm, umarmte er mich mit der anderen.

Erneut musste ich mit den Tränen kämpfen, und dieses Mal waren zwei oder drei stärker als ich.

Die Mongols unternehmen jährlich vier Ausfahrten, bei denen die Teilnahme Pflicht ist. Einer dieser Termine ist Neujahr. Die letzten Wochen des Jahres 1999 waren für mich jedoch denkbar schlecht gelaufen, und nichts widersprach meiner Stimmung mehr als eine ausgelassene Feier. Meine Tante Johnnie war gestorben. Es war der wichtigste Mensch in meinem Leben.

Um es auf den Punkt zu bringen: Meine biologischen Eltern waren ein glatter Ausfall. Als ich zwei Jahre alt war, lieferten sie mich und meine beiden Geschwister bei Johnnie ab, die in North Carolina lebte. Mein Vater war damals in Washington D.C. stationiert, und meine Mutter blieb bei ihm. In den folgenden vier Jahren hatten wir Kinder so gut wie keinen Kontakt zu ihnen, bis mein Vater zum ATF wechselte und nach Greensboro kam. Dort hatten sie ein großes Haus, in dem auch für Johnnie und uns Kinder Platz war. Doch auch wenn wir mit unseren leibli-

163

chen Eltern 15 Jahre lang unter einem Dach wohnten, blieb unsere Erziehung Johnnie überlassen. Sie kochte, ging mit uns zur Kirche, betreute die Schulaufgaben und feuerte uns an, wenn wir in der Schulmannschaft spielten. Sie war wie eine Mutter für mich, und entsprechend nannte ich sie Mom. Ihr Tod bedeutete für mich einen unersetzlichen Verlust.

Inzwischen waren die Ermittlungen gegen die Mongols weiter gediehen, als wir es anfangs zu träumen gewagt hatten. Die Kehrseite des Erfolges war, dass mein Privatleben so gut wie nicht mehr existierte. Selbst an den Weihnachtsfeiertagen hatte ich mehr Zeit mit den Mongols als mit meinen Kindern verbracht. Und auch wenn die Rückendeckung durch das ATF gelegentlich immer noch zu wünschen übrig ließ, hatte ich mich ohne Murren gefügt und meine Arbeit getan. Doch der Tod meiner Ersatzmutter war ein zu wichtiges Ereignis, um es zu ignorieren.

Zum ersten Mal in meiner Laufbahn beantragte ich keinen Urlaub, sondern teilte der Dienststelle nur mit, dass ich ein paar Tage frei machen würde, um meine Mutter zu beerdigen und bei der Gelegenheit meine Geschwister wiederzusehen. Und genau dasselbe sagte ich den Mongols.

Als ich nach Los Angeles zurückkam, versuchte ich meine Trauer damit zu bekämpfen, dass ich mich in die Arbeit stürzte. So gesehen, kam die Neujahrs-Ausfahrt gerade recht.

Ziel sollte dieses Mal Cerritos sein, eine Kleinstadt südlich von Los Angeles. Der Ort ist eigentlich ganz hübsch, hat aber auch einige schäbige Ecken. Und in der allerschäbigsten hatten die Mongols das schäbigste Motel gemietet.

Als ich zur verabredeten Zeit bei Evel klopfte, begrüßte er mich mit einer überschwänglichen Umarmung. „Das mit deiner Mutter tut mir wirklich leid", sagte er. „Wenn ich dir irgendwie helfen kann, lass es mich wissen."

In meiner Verblüffung brachte ich einen Satz heraus, der das Wort danke enthielt. Und dass mir das Sprechen schwer fiel, hatte einen schlichten Grund: Von der Familie abgesehen, war Evel der Erste, der mir sein Mitgefühl aussprach.

Die Beerdigung lag einige Tage zurück, und seither hatte ich diverse Kollegen getroffen. Doch keiner, nicht einmal Ciccone, hatte mir kondoliert. Niemand aus dem gesamten ATF hatte mir eine Beileidskarte geschickt oder sonst irgendwie zu erkennen gegeben, dass er an mich dachte. So bestätigte sich der Eindruck, der mich schon seit geraumer Zeit bedrückte: Für meinen Arbeitgeber und die Kollegen war Billy Queen kein Mensch aus Fleisch und Blut, sondern der Inhaber des Dienstausweises mit der Nummer 489.

Der Gedanke hatte etwas ins Wanken gebracht: meine Überzeugungen. Plötzlich fühlte ich mich wie ein Verräter. Als wir in Evels Wohnzimmer standen, war ich kurz davor, auf die Knie zu fallen und ihm die verdammte Wahrheit zu gestehen: dass mein Auftrag lautete, ihn hinter Gitter zu bringen.

Der satte Sound einer Harley brachte mich wieder zur Besinnung. Es war J.R., und nach einer herzlichen Umarmung sagte er: „Mein aufrichtiges Beileid, Billy." Der Druck auf meine Tränendrüsen nahm so stark zu, dass ich alle Mühe aufbieten musste, um ihm nicht nachzugeben. Doch für die intensiven Gefühle gab es eine vernünftige Erklärung: Evel und J.R. waren längst meine Freunde, vielleicht sogar die besten.

Als Domingo und Rancid zu uns stießen, wiederholte sich die Prozedur. Schließlich ertappte ich mich bei dem Wunsch, den Job beim ATF zu kündigen und mich mit Haut und Haar den Mongols zu verschreiben. Mit einem Bier kühlte ich mich so weit ab, dass ich mir die Fahrt nach Cerritos zutraute.

Als wir einige Stunden später eintrafen, war der Parkplatz vor dem Motel schon gut gefüllt. Unter denen, die vor uns angekommen waren, erkannte ich auch Red Dog und einige andere Mongols, die mir regelrecht zuwider waren. Jeder Tag, den sie im Gefängnis verbrachten, war ein guter Tag. Und dieser Gedanke half mir, den Sinn für die Realität wiederzufinden.

Ich sollte ihn schneller wieder verlieren, als mir lieb war. Denn nach einer ausgiebigen Begrüßungszeremonie trieb mich der Durst in die kleine Bar des Motels. Ich hatte gerade ein Bier bestellt, als sich Ray-Ray zu

Billy in einer Gruppe Mongols.

mir gesellte. Er war mexikanischer Abstammung, groß und stark wie ein Bär, und ich hatte genügend Drogen bei ihm gekauft, um ihn für einige Jahrzehnte hinter Gitter zu bringen. „Hallo Ray-Ray", begrüßte ich ihn.

Er zog mich an sich und sagte: „Das mit deiner Mutter tut mir echt leid."

Mehr denn je musste ich gegen die Tränen ankämpfen. Denn zu Trauer und Rührung mischte sich nun die Scham, dass ich dieselben Leute, die mir ihr Mitgefühl zeigten, ans Messer liefern wollte. Und als hätten sie sich verschworen, brachten sie mir an diesem Abend mehr Zuneigung entgegen, als ich verkraften konnte. Denn diese Zuneigung war zwar echt, galt aber nicht William Queen. Für den begann das Jahr 2000 mit dem tief empfundenen Neid auf einen gewissen Billy St. John.

In einer Hinsicht war auf die Mongols jedoch Verlass: Immer, wenn ich meinte, sie seien meine Freunde und ich sollte vielleicht die Seiten wechseln, machten sie etwas, was den Gedanken nachhaltig vertrieb.

Und am meisten stieß mich ihre Gewaltbereitschaft ab, die bei manchem an Mordlust grenzte.

Easy war der Inbegriff dieser Spezies: jeden Tag und für alle Zeiten auf Kriegsfuß mit dem Gesetz. Er gehörte zum Chapter Los Angeles und trieb sich deshalb meist in Tony's Hofbrau herum, aber kam auch oft bei uns vorbei. Er trug am ganzen Körper Tätowierungen, sein Schädel war rasiert, und obwohl er kaum größer war als ich, verfügte er über ein Übermaß an Kraft. Er trug die Kutte wie eine kugelsichere Weste und hatte offensichtlich keine Hemmungen, für den Club zu töten. Angst war für ihn ein Fremdwort. Und ich war froh, wenn ich ihn nicht sehen musste.

Unsere erste Begegnung fand kurz nach dem Tod seines Vaters statt. Wir hatten uns in der Wohnung eines Mongols unweit vom The Place getroffen, saßen im düsteren Wohnzimmer und sprachen über den Tod. Easy berichtete von dem engen Verhältnis zu seinem Vater und dass er ihn bis zuletzt regelmäßig besucht hatte. Jetzt vermisste er ihn so sehr, dass er sein Leben als wertlos empfand – und das Leben anderer gleich mit.

Da erst begriff ich, wie Easy tickte: Er suchte die Gefahr, um darin umzukommen. Wie bei einem Selbstmordattentäter mischte sich bei ihm der Wunsch zu sterben mit dem Verlangen, andere zu töten. Und mit derselben Gleichgültigkeit dem Leben gegenüber zog er vor meinen Augen eine Linie Crank in die Nase.

Im Rausch erzählte er mir auch, dass er vor seiner Zeit als Mongol wegen sexueller Belästigung Minderjähriger gesessen hatte. Seine eigene Schwester hatte ihn bezichtigt, sich an ihren beiden Kindern vergangen zu haben. Umso mehr erstaunte mich, dass die Mongols ihn überhaupt aufgenommen hatten: Pädophilie ist ein Verbrechen, das in keinen Kreisen gelitten ist, auch nicht in Verbrecherkreisen.

Der ohnehin düsterere Raum, in dem wir saßen, schien sich weiter zu verdunkeln, als Easy seine Rachepläne schilderte. Ganz oben auf der Liste stand seine Schwester, für die er sich eine besondere Strafe ausgedacht hatte: Vor ihren Augen wollte er die Kinder töten und dann sich selbst richten.

Schon bei dem Gedanken stellten sich mir die Nackenhaare auf. Easy aber war in eine Art Blutrausch geraten, und ich verfügte über genügend Berufserfahrung, um zu wissen, dass es kein leeres Gerede war, als er schilderte, wie er ins Haar der Kinder greifen und ihnen unter dem Flehen ihrer Mutter die Kehle durchschneiden würde. Zum Beweis, wie ernst ihm damit war, zog er sein Messer und führte es in einem angedeuteten Schnitt durch die Luft.

Längst hatte es mir die Sprache verschlagen, und ich wusste nicht, was ich tun sollte. Zweifelsohne war Easy verrückt, aber ihm das zu sagen, wäre keine gute Idee gewesen.

Schließlich versuchte ich, ihn ein wenig zu besänftigen, und fragte, ob es nicht reichte, wenn er seine Schwester töten würde. Schließlich hätten die Kinder ihm nichts getan. „Das stimmt", erwiderte Easy, „aber dran glauben müssen sie trotzdem. Der Tod wäre für meine Schwester nicht Strafe genug."

Unter einem Vorwand gelang es mir, die Wohnung zu verlassen. Mir war speiübel, und die Vorstellung, wie Easy den Kindern das Messer an den Hals setzt, verfolgte mich bis nach Hause. In meiner Not griff ich trotz der nächtlichen Stunde zum Telefon und rief Ciccone an.

„Ist etwas passiert?" erkundigte sich John. „Du klingst so aufgeregt."

Ich schilderte ihm meine Begegnung mit Easy und machte klar, dass wir die Drohungen ernst nehmen mussten. Den nächsten Vormittag verbrachte John damit, Erkundigungen über Easy einzuholen. Dabei bestätigte sich auch, dass er wegen Pädophilie gesessen hatte. Nun war noch die Frage zu klären, wie wir seine Schwester und die Kinder schützen konnten. Sie zu warnen barg ein zu großes Risiko: Wenn Easy davon Wind bekäme, würde er wissen, wer die undichte Stelle war. Und dann wäre mein Leben keinen Pfifferling mehr wert. Easy festnehmen konnten wir auch nicht. Uns fehlten leider die Gründe dazu. Blieb also nur, ihn sieben Tage die Woche rund um die Uhr zu beschatten.

Rocky war nicht ganz so gemeingefährlich wie Easy, aber wie die meisten Mongols schreckte er für ein paar Dollar auch vor Mord nicht zurück.

Rockys Frau Vicky war eine talentierte Einbrecherin und Diebin. Vor geraumer Zeit hatten Vicky und ihre Freundin Pam einen kleinen Konzertflügel, einen so genannten Stutzflügel erbeutet. Und weil ihr Hehler dafür keine Verwendung hatte, stand er seither in Rockys Wohnzimmer.

Eines Abends lag ich im Bett und dämmerte vor mich hin, als das Telefon läutete. Es war Rocky, und er klang richtig wütend.

„Ich brauche deine Hilfe, Billy."

„Was ist passiert?"

Passiert war, dass Rocky und ein weiterer Mongol ihre Harleys für eine Drogenlieferung in Zahlung gegeben hatten. Ihr Dealer Ruben war zugleich Inhaber des Mo-Hogs Motorcycle Shops in El Sereno. Nun verlor dieser Ruben die Geduld und wollte umgehend 2.000 Dollar sehen. Andernfalls, so drohte er, würde er die beiden Motorräder verkaufen. Und das wollte Rocky unbedingt verhindern.

Der Plan, den er sich ausgedacht hatte, ließ mir allerdings das Blut in den Adern gefrieren. „Setz dich in dein Auto und hol mich ab", forderte er. „Dann bringst du mich zu Ruben. Ich tue so, als wollte ich Drogen kaufen. Wenn er das Zeug aus dem Versteck holt, gehe ich hinterher und blase ihm das Hirn aus dem Schädel. Sobald die Luft wieder rein ist, kommen wir zurück und holen uns die Karren."

„Bist du noch ganz dicht?" fragte ich entgeistert. „Wenn jemand sieht, dass du in mein Auto steigst, landen wir beide im Knast."

„Deswegen sollst du ja nicht vor der Tür, sondern in einer Seitenstraße warten", wandte Rocky ein. „Und jetzt heb' deinen verdammten Arsch hoch und komm her."

„Willst du ihn wirklich wegen 2.000 Dollar umlegen?"

„Ein solches Arschloch hätte es auch für weniger verdient."

„Aber er ist es nicht wert, dass du für den Rest des Lebens hinter Gitter wanderst."

Stur, wie Rocky war, ließ er sich von mir nicht umstimmen. Stattdessen machte ihn jedes Wort, das ich gegen seinen Plan einwandte, noch wütender. Schließlich beendete ich das Telefonat mit dem Versprechen, ihn in wenigen Minuten zurückzurufen.

Weil Ciccone übers Wochenende mit seiner Verlobten weggefahren war, rief ich John Carr an und erzählte ihm von Rockys absurder Idee.

„Das klingt ja gar nicht gut", sagte er. „Und das ATF wird sich nicht sonderlich erfreut zeigen, wenn du bei einem Mordfall das Fluchtfahrzeug fährst."

Abgesehen davon, dass Carr Recht hatte, gab es noch ein weiteres Problem: Rocky war so versessen darauf, Rubens umzubringen, dass er es auch ohne meine Hilfe durchziehen würde. Und zum Mitwisser wollte ich ebenso wenig werden wie zum Mittäter.

Fieberhaft suchten John und ich nach einem Ausweg. Eine Idee war, eine Polizeikontrolle zu organisieren, die uns anhalten und unter einem Vorwand festnehmen sollte. Ersatzweise könnte ich auch einen Autounfall provozieren.

Doch dann fiel mir der Stutzflügel in Rockys Wohnzimmer ein. Um einen Mord zu verhindern, mussten wir jemanden finden, der bereit war, dafür 2.000 Dollar hinzulegen.

John reagierte zunächst skeptisch auf meinen Vorschlag, doch etwas Besseres fiel ihm nicht ein. „Einen Versuch ist es wert", sagte er schließlich.

Also rief ich Rocky an und erzählte ihm, das jener Bob, der schon Waffen und Drogen bei ihm gekauft hatte, nun auch den Flügel haben wollte. Er sei bereit, zwei Riesen dafür hinzublättern. „Damit kannst du die Harleys auslösen, ohne jemanden umzubringen."

Ich war darauf gefasst, dass Rocky den Vorschlag barsch zurückweisen würde, doch nach einigen Sekunden Bedenkzeit antworte er: „Für zweifünf kann er das Ding haben."

„Ich kümmere mich darum", versprach ich und legte auf. Noch war die berühmte Kuh nicht vom Eis, aber immerhin hatte Rocky angebissen. Und dass er in einer solchen Situation noch handelte, sah ihm ähnlich.

Um die Ausgabe durch das ATF bewilligen zu lassen war die Zeit zu knapp. Also streckte ich das Geld in der Hoffnung vor, es irgendwann einmal wiederzubekommen.

„Der Deal steht", konnte ich Rocky kurz darauf mitteilen. „Morgen habe ich das Geld."

„Einverstanden", erwiderte er. „Aber Ruben ist trotzdem dran."

„Damit hat es keine Eile", versuchte ich ihn zu beschwichtigen. „Und Vorfreude ist bekanntlich die schönste Freude."

„Also schön", sagte Rocky nach einer kurzen Pause. „Dann bis morgen."

Ich legte auf und fiel erschöpft ins Bett. Doch an Schlaf war lange nicht zu denken. Denn nun suchte ich nach einem Grund, warum das ATF 2.500 Dollar für einen Stutzflügel hinlegen sollte. *[Anmerkung: Der Flügel landete als Beweismittel im Erwin Pieper Tech Center in Los Angeles. Für den Diebstahl wurde Vicky Martinez zu einer Bewährungsstrafe verurteilt.]*

Schon vor meiner Ernennung zum Schatzmeister begann mein Aufstieg als inoffizieller Arzt unseres Chapters. Dazu kam es allerdings gegen meinen Willen.

In meiner Zeit als Anwärter wollten wir eines Nachts in das Haus eines verreisten Clubmitglieds einsteigen, um zusammen mit ein paar Frauen, die wir aufgegabelt hatten, eine Party zu feiern. Bei dem Versuch, mit seinem Messer ein Fenster aufzuhebeln, rutschte Evel jedoch so unglücklich ab, dass die Klinge meine Hand traf und einen tiefen Riss hinterließ, der unbedingt genäht werden musste.

Für mich war die Party also beendet, bevor sie begonnen hatte. Wichtiger war jedoch ein anderes Problem: Wenn ich in meinem Aufzug als Biker ins Krankenhaus führe, würde man mich bis zum Morgengrauen warten lassen und mir obendrein eine dicke Rechnung präsentieren. Um dem zu entgehen, müsste ich nur meinen Dienstausweis vom ATF vorzeigen. Dann würde man mich zwar anständig behandeln, ich liefe jedoch Gefahr, meine Tarnung zu riskieren.

Vor die Wahl zwischen zwei Übeln gestellt, entschied ich mich für ein drittes: Zu meiner Ausbildung hatte auch ein Lehrgang als Sanitäter gehört, den ich erfolgreich abgeschlossen hatte. Und der dazugehörige Notfallkoffer stand bei mir zu Hause.

Dort angekommen, biss ich die Zähne zusammen, setzte mir eine Betäubungsspritze und schloss die Wunde mit vier Stichen. Das Ergebnis

171

war zwar nicht berauschend, aber in Anbetracht der Tatsache, dass ich nur eine Hand frei hatte, auch nicht allzu schlecht.

So hatten Domingo und die anderen von meinen medizinischen Kenntnissen erfahren. Seither nannten sie mich nicht nur Dr. St. John, sondern wandten sich auch an mich, wenn irgendjemand erste Hilfe benötigte.

Eines Nachts riss mich das Telefon aus dem Schlaf. „Du musst sofort kommen", rief Domingo aufgeregt.

„Wohin?" fragte ich verschlafen.

„Zu Evel. Er hat seine Freundin verprügelt. Sie muss genäht werden."

„Dann bringt sie ins Krankenhaus", erwiderte ich gereizt, als mein Blick auf den Wecker fiel: Es war Punkt vier Uhr früh.

„Vergiss es. Evel ist doch gerade erst aus dem Knast gekommen, weil er seine Freundin verprügelt hat. Wenn wir sie ins Krankenhaus fahren, stellen die Ärzte Fragen, rufen die Bullen, und Evel landet wieder im Knast."

„Also schön", gab ich nach. „Ich komme, so schnell ich kann."

Ich stand auf, klatschte mir etwas kaltes Wasser ins Gesicht und zog mich an. Nachdem ich mich telefonisch bei Ciccone abgemeldet hatte, nahm ich den Notfallkoffer und verließ die Wohnung.

Die Straßen waren nahezu menschenleer, und da ich um diese Uhrzeit auch keine Radarkontrollen fürchten musste, fuhr ich erheblich schneller, als die Polizei erlaubt.

Evel öffnete die Haustür. Er war mit den Nerven ziemlich am Ende. „Ich habe keine Ahnung, wie das passieren konnte", beteuerte er. „Und so hart habe ich gar nicht zugeschlagen …"

Er brachte mich ins Schlafzimmer, wo seine Freundin im Bett lag. Sie sah zum Erbarmen aus: Zwischen Oberlippe und linkem Nasenflügel klaffte ein tiefer Riss, den irgendjemand notdürftig mit Klebeband verschlossen hatte. Ich fühlte mich wie Dr. Marcus Welby auf Hausbesuch. „Wie geht's?" fragte ich die Patientin.

Eine Antwort erhielt ich nicht, was wohl an der dämlichen Frage lag. Wie sollte es einer jungen Frau schon gehen, die zum wiederholten Male von dem Mann, der sie zu lieben vorgibt, zusammengeschlagen wird?

Ich setzte mich auf die Bettkante und entfernte mit größter Vorsicht das Klebeband. Augenblicklich war mir klar, dass ich mit meinem Latein am Ende war: Die Wunde war so tief, dass eine innere und eine äußere Naht erforderlich wären. Und das hatte ich noch nie gemacht.

„Das traue ich mir nicht zu", gestand ich Evel. „Da muss ein richtiger Arzt ran."

„Dann muss ich wieder in den Knast", antwortete er, „und darauf habe ich absolut keinen Bock."

Ich schlug vor, er solle sich irgendeine Geschichte ausdenken, die er im Krankenhaus erzählen konnte: Sie sei die Treppe runtergefallen oder so. „Das habe ich schon beim letzten Mal erzählt", lautete seine Antwort. „Also stell' dich nicht so an und flick' sie wieder zusammen."

Weil ich auf diesem Weg nicht weiterkam, machte ich ihn auf die Risiken einer Infektion aufmerksam. Das Mindeste, was seine Freundin bräuchte, wären Antibiotika. Er sagte, die würde er besorgen. Ich solle mich um die Wunde kümmern. Als ich mich erneut weigerte und darauf drang, das Mädchen in ein Krankenhaus zu bringen, wurde es ihm zu bunt. „Vergiss es", sagte er barsch. „Dann klebe ich sie eben wieder zusammen."

Tatsächlich zog er eine Rolle Klebeband aus der Tasche und machte Anstalten, seine Freundin zu verarzten. Keiner der Umstehenden schien gewillt, ihn daran zu hindern. Um Evel das Gefängnis zu ersparen, waren sie offenbar bereit, das Gesicht einer hübschen jungen Frau zu entstellen.

Um das Schlimmste zu verhindern, gab ich meinen Widerstand auf. In meinem Notfallkoffer lag alles, was ich brauchte. Nun musste sich nur erweisen, ob ich auch damit umgehen konnte. Ich zog eine Spritze mit einem Betäubungsmittel auf. Doch vor der Injektion fragte ich das Mädchen, ob sie einverstanden war, dass ich sie nähte. Sie sah zu Evel, dann zu mir. Und dann nickte sie. Was folgte, ertrug sie mit einer Tapferkeit, die manchem Soldaten zur Ehre gereicht hätte.

Denn die Operation erwies sich als so schwierig wie erwartet, und um die Wunde zu schließen, waren neun Stiche erforderlich. Anschließend besah ich das Resultat und hatte allen Grund, stolz darauf zu sein. Und besser als meine Hand sah es allemal aus.

Evel war vor Begeisterung förmlich aus dem Häuschen und bedankte sich überschwänglich bei mir. Ich dämpfte seine Euphorie, indem ich ihn daran erinnerte, dass er dringend Antibiotika besorgen musste.

Bevor ich ging, verabschiedete ich mich noch von seiner Freundin und versprach, in ein paar Tagen noch mal nach ihr zu schauen. Ohne die Augen zu öffnen, sagte sie leise: „Danke."

13. Kapitel

Als ich Domingo kennenlernte, war er gerade aus der Haft entlassen worden. Da er jedoch noch unter Bewährung stand, durfte er weder Drogen noch Alkohol zu sich nehmen. Andernfalls riskierte er, beim wöchentlichen Urintest erwischt zu werden und zurück ins Gefängnis zu wandern.

Domingos Drogen-Abstinenz kam mir insofern entgegen, als dass sie mir den perfekten Grund lieferte, ebenfalls nein zu sagen. „Solange unser Präsident keine Drogen nehmen darf, verzichte ich auch darauf", lautete mein Standardspruch.

Als Dank für die Solidarität, wie Domingo es verstand, hatte er mir neben dem Amt des Schatzmeisters auch die Aufgabe übertragen, alle Waffen zu verkaufen, die das Chapter besaß und nicht mehr benötigte.

Mit dem Tag, an dem Domingos Bewährungszeit endete, stiegen seine kriminelle Energie und seine Bösartigkeit sprunghaft an, so dass ich ernstlich fürchtete, in Situationen zu geraten, denen ich nicht gewachsen war.

Denn Domingo soff, als wollte er in kürzester Zeit Versäumtes nachholen. Damit veränderte sich seine ganze Persönlichkeit, und aus einem halbwegs vernünftigen und berechenbaren Kerl mit einem Rest an Umgangsformen wurde ein unberechenbares und brutales Arschloch.

Eines Tages hatte das Chapter Orange County uns zu einer Party ins Shack eingeladen. Das Shack war ein nicht sehr großes, aber ganz nettes Lokal, in dem außer sich martialisch gebenden Bikern auch einigermaßen normale Menschen verkehrten. Die Party wollte ich dafür nutzen, etwas über die Mongols aus dem Orange County zu erfahren, und da ich mit einer zwar ausgelassenen, aber friedlichen Feier rechnete, riet ich Ciccone, den Samstagabend lieber mit seiner Verlobten als in seinem Pontiac zu verbringen. Doch Domingo sollte einen dicken Strich durch diese Rechnung machen.

Als wir das Shack erreichten, standen schon gut 50 Harleys vor der Tür, und in den Benzingeruch mischte sich der Duft von Grillfleisch. In der Gewissheit, dass niemand sich an unseren Motorrädern zu schaffen

175

machen würde, ließen wir die Zündschlüssel stecken und betraten das Lokal. Drinnen wurden wir herzlich begrüßt. Anwärter brachten ungefragt Bier, und die Party begann.

Störend war allerdings, dass es nur eine Toilette gab, und weil das Bier in Strömen floss, bildete sich bald eine lange Schlange davor. Der Zufall wollte es, dass ich mich direkt hinter Domingo eingereiht hatte, als der plötzlich die Geduld verlor und mit einem Tritt die Tür öffnete. Dahinter stand ein sturzbetrunkener Typ, der zwar sein bestes Stück ausgepackt hatte, aber anstatt zu pinkeln die vollgemalte Wand bestaunte.

„Beeil dich gefälligst", kommandierte Domingo ungehalten. „Andere müssen auch mal pissen."

Der Betrunkene drehte langsam den Kopf zur Tür und sah Domingo aus glasigen Augen an. „Immer mit der Ruhe, Kumpel", lallte er.

Den Spruch hätte er sich besser verkniffen, denn ohne Vorwarnung machte Domingo einen Schritt nach vorn, packte den Typen am Kragen und schleuderte ihn gegen die Wand. Ich drängte mich in den winzigen Waschraum, um im Falle eines Falles das Schlimmste zu verhindern: dass Domingo sein Opfer umbrachte.

Genau das schien aber seine Absicht zu sein, denn er schlug so enthemmt auf den Betrunkenen ein, dass dessen Kopf immer wieder hart gegen die gefliese Wand knallte. Als er zwischen zwei Schlägen den Kopf hob, sah ich, dass aus einem Ohr Blut floss: ein typisches Symptom für einen Schädelbruch. Immerhin war er noch bei Bewusstsein.

Doch auch das wollte Domingo offensichtlich ändern. Denn nach einer Serie weiterer harter Schläge schnappte er sich den armen Hund und stellte ihn vor die Wahl, entweder die Schneidezähne einzubüßen oder die Kloschüssel leer zu trinken. Bevor er sich entscheiden konnte, brüllte im Schankraum jemand: „Domingo, lass den Quatsch, das ist Johnnys Bruder."

Johnny war ein Mongol, und Verwandte eines Clubmitglieds anzugreifen war eigentlich tabu. Doch das interessierte Domingo in diesem Augenblick herzlich wenig. „Willst du nichts trinken?" fragte er und packte den Kerl erneut am Kragen.

„Hör' endlich auf!" rief nun eine andere Stimme.

Es dauerte zwar einige Sekunden, aber dann ließ Domingo von seinem Opfer ab. Ich nutzte die Gelegenheit, um mir seine Kopfverletzung genauer anzusehen. Zu meiner Erleichterung kam das Blut nicht aus dem Innenohr, sondern aus einem tiefen Riss an der Ohrmuschel.

Doch ehe ich mich darüber freuen konnte, drehte Domingo erneut durch. Er stürzte sich auf den Betrunkenen und tauchte dessen Kopf ins Klo.

„Lass meinen Bruder in Ruhe!" Nun versuchte Johnny selbst, Domingo zur Besinnung zu bringen. Und er hatte endlich den gewünschten Erfolg. Domingo lockerte den Griff so weit, dass sein Opfer den Kopf aus dem Becken nehmen konnte: Sein Gesicht war blau angelaufen, das Haar triefnass, und aus dem Ohr tropfte weiterhin Blut.

Trotz seiner Verletzungen versuchte er, sich an Domingo vorbeizudrängeln, um seinem Folterer zu entkommen. Doch so leicht ließ Domingo sich nicht abschütteln. Er ließ Johnnys Bruder zwar vorbei, folgte ihm aber in der Hoffnung, dass ein falsches Wort ihm Anlass bieten würde, von vorn zu beginnen, bis zum Ausgang. Doch dieses Mal war der Typ klug genug zu schweigen. So kam er ungeschoren bis auf den Parkplatz, wo er auf sein Motorrad stieg und in der Nacht verschwand.

Sobald Domingo getrunken hatte, suchte er Streit, und weil er fast immer trank, endete fast jedes Wochenende in einer Schlägerei. Irgendwann reichte es mir, und ich beschloss, für ein Wochenende in mein Privatleben zurückzukehren und es mit meinen Söhnen zu verbringen.

Zuvor musste ich mich aber bei meinen beiden „Vorgesetzten" – Ciccone und Domingo – abmelden. John war natürlich einverstanden, doch Domingo stellte sich quer. „Ausgeschlossen", widersprach er. „Crazy Craig ist aus Georgia gekommen. Wir planen eine kleine Operation, bei der wir dich brauchen."

„Und was soll das für eine Operation sein?"

„Das wirst du schon sehen. Setz dich in deinen Mustang und komm her. Und bring dein Teil mit."

Viel hatte Domingo zwar nicht gesagt, aber ich verstand auch so: Mit „Teil" meinte er meinen Revolver, und dass ich mit dem Auto kommen sollte hieß, dass ich Zivilkleidung tragen sollte. Und alles zusammen bedeutete, dass etwas überaus Ernstes bevorstand: Mord, Entführung, Raubüberfall … Um bei solch schweren Verbrechen so wenig wie möglich aufzufallen, verzichteten die Mongols auf ihre typischen Erkennungsmerkmale wie Motorrad oder Kutte.

„Na schön", sagte ich widerwillig. „In einer Stunde bin ich bei dir."

Die Jungen würde ich also wieder einmal nicht sehen, und auch Ciccone konnte sein freies Wochenende vergessen. Er wurde nun besonders dringend gebraucht.

Bevor ich losfuhr, steckte ich noch den Rekorder und die geladene Pistole ein. Wie immer, wenn ich im Mustang unterwegs war, bestand die Gefahr, in eine Polizeikontrolle zu geraten. Deshalb erwog ich kurz, die Waffe nicht am Mann zu tragen, sondern im Kofferraum zu verstecken. Doch da eine Verhaftung mein Ansehen im Club nur mehren würde, ließ ich es bleiben.

Als ich bei Domingo ankam, sonnten sich Bucket Head und Crazy Craig im Garten. Crazy Craig stammte aus Georgia und hatte dort einen festen Job als Lastwagenfahrer. Er war irrsinnig stolz darauf, dass er im Auftrag des Clubs getötet hatte. Damit es jeder sah, trug er einen besonders großen gekreuzten Totenschädel auf der Kutte.

Wann immer ich diese Zeichen sah, war ich besonders aufmerksam. Denn mich interessierte alles, was bei der Aufklärung eines ungeklärten Mordfalles hilfreich sein konnte. Doch die erste Regel, die man schon als Anwärter lernt, lautet, keine Fragen zu stellen. Schließlich weiß auch der dümmste Mongol, dass jeder Mitwisser zur Bedrohung werden kann. Deshalb prahlen sie zwar mit Kneipenschlägereien, doch über Kapitalverbrechen wie Mord schweigen sie sich aus. Schließlich gilt in Kalifornien die Todesstrafe.

Ein einziges Mal gelang es mir, einem Mongol zu entlocken, wie, wo und wann der Mord, den er verübt hatte, abgelaufen war. Aber das lag wohl daran, dass Glazer, so sein Name, sturzbetrunken war.

Dass es auch dieses Mal um ein Kapitalverbrechen gehen würde, war mir klar, als Crazy Craig eine Smith & Wesson .357 Magnum hervorhol-

Billy, Domingo und Evel bei der Daytona Bike Week in Florida.

te und stolz herumzeigte. Natürlich waren auch Bucket Head und Rancid bewaffnet, der kurz nach mir eintraf. Und dass ich mich nicht geirrt hatte, machte Domingo klar, als er die „Operation" erläuterte.

Der Anfang der Geschichte lag vor meiner Zeit und hatte sich in Armond's Tavern in Tujunga zugetragen. Junior, immerhin Vorgänger von Little Dave als nationaler Präsident, war dort in eine Auseinandersetzung mit einem Gast geraten, die er mit einer abgebrochenen Bierflasche für sich entschieden hatte. Allerdings war er dafür verhaftet worden.

Nun zeigt sich die Heimtücke der Mongols nirgends so deutlich wie in ihrer Fähigkeit, Zeugen einzuschüchtern. Und wer es trotzdem wagen sollte, gegen einen Mongol auszusagen, wird seines Lebens nicht mehr froh. Als die Verhandlung gegen Junior anstand, hatten Lud, der damalige Präsident des Chapters, und Rodney Hipp dafür gesorgt, dass kein Zeuge aufzutreiben war. Nur das Opfer hatten sie nicht ausfindig machen können. Der Mann wurde unter Polizeischutz zum Gericht gebracht, sagte aus, und Junior wanderte für sechzehn Jahre hinter Gitter.

Das konnten die Mongols unmöglich auf sich sitzen lassen, und die Wut richtete sich zunächst gegen die „Versager" Lud und Hipp. Nach einer Anhörung wurden sie mit allen Konsequenzen ausgeschlossen: Die Kutten mussten sie ebenso abgeben wie die Motorräder und anderen Privatbesitz. Weiterhin sah das Urteil die Prügelstrafe und die schmerzhafte Entfernung aller Tattoos vor, die von der Mitgliedschaft bei den Mongols kündeten. Während Lud das Urteil annahm, entzog sich Rodney der Vollstreckung, indem er aus Kalifornien floh.

Daraufhin fasste das nationale Präsidium den Entschluss, sich an seinem Bruder Andy schadlos zu halten, der ein bürgerliches Leben als Mechaniker führte.

Domingo hatte sich eine Erpressung ausgedacht. Doch sollte Andy Hipp Widerstand leisten – wenn es nach Domingo ginge, schon beim ersten falschen Wort –, würden sie ihn umlegen.

Als wir uns auf zwei Autos verteilten, überlegte ich fieberhaft, wie ich mich in diesem Fall verhalten würde. Noch ehe wir unser Ziel erreichten, hatte ich eine Antwort gefunden: Wenn es hart auf hart käme, müsste ich Crazy Craig erschießen. Anschließend würde ich mich um Rancid kümmern.

Andy wohnte kaum zwei Meilen von Domingo entfernt. Domingos Plan sah vor, dass wir einen Block entfernt warteten, bis er per Funkgerät Entwarnung gab. „Und was machen wir, wenn drinnen ein Schuss fällt?" fragte ich Bucket Head, nachdem Domingo ausgestiegen war.

„Na, was schon Billy? Reingehen und auch schießen."

Das Funkgerät vertrieb den mulmigen Gedanken. „Alles klar, Jungs", meldete sich Domingo. „Ihr könnt kommen."

Nach unserer Ankunft brachten wir Andy in die Garage und schlossen die Tür. Es war der ideale Ort für eine Hinrichtung.

Um Andy den Ernst der Lage klar zu machen, zeigten Domingo und Rancid ihm ihre Waffen. Dann erklärte Domingo ihm, dass er sich für

1.000 Dollar freikaufen könnte. Ersatzweise würden wir sein Motorrad beschlagnahmen.

Mit bebender Stimme bat Hipp, ihm das Motorrad zu lassen. Aber er hatte noch etwas Geld auf dem Sparbuch, das er bis zum nächsten Tag zu beschaffen versprach. Domingo zeigte sich großzügig und willigte ein. Gleichzeitig jedoch forderte er uns auf, alles, was irgendwie einen Wert zu haben schien, in die Autos zu bringen.

Hipp war sichtlich den Tränen nah, als wir auch das Werkzeug aus der Garage trugen, ohne das er als Mechaniker aufgeschmissen war. Schließlich verabschiedete sich Domingo mit dem Versprechen, am nächsten Tag wiederzukommen und entweder das Geld oder das Motorrad abzuholen.

Auch ich gab in dieser Sekunde ein Versprechen ab: Sobald die Ermittlungen beendet waren, würde ich Domingo und die anderen hinter Gitter bringen und dafür sorgen, dass sie dort lange blieben.

Domingo und Rocky machten mir die Mitgliedschaft im Club und die Arbeit als verdeckter Ermittler zunehmend unerträglich, selbst dann, wenn ich gar nicht in der Nähe war.

Domingo legte großen Wert darauf, dass ich ihn auf seinen Sauftouren begleitete. Und wenn ich eine Party oder das The Place ausnahmsweise vor ihm verlassen wollte, zwang er mich mit sanftem Druck zu bleiben.

Wieder einmal stand eine Samstagnacht im The Place an. Doch dieses Mal war ich entschlossen, um Punkt Mitternacht zu gehen: Der Sonntag würde mir und meinen Kindern gehören.

Als der Zeitpunkt gekommen war, mich zu verabschieden, saßen Domingo und seine Frau Terry an der Musikbox. „Du willst doch wohl nicht schon gehen?" fragte Domingo, als ich ihm die ausgestreckte Hand hinhielt.

„Ich muss", log ich im Wissen, dass dieses Argument unter Mongols am ehesten zog. „Auf mich wartet eine scharfe Braut."

„Wenn das so ist …"

Bevor er es sich anders überlegte, verließ ich das Lokal und stieg auf meine Softail Springer. Ich war erst wenige Minuten weg, als ein junges Pärchen

181

den Fehler beging, das The Place zu betreten. Sie waren zum ersten Mal dort und hatten keine Ahnung, was sie erwartete. Und mit dem eigentümlichen Ehrenkodex unter Bikern waren sie schon gar nicht vertraut.

Der Mann war groß und kräftig und schien schon die ein oder andere Schlägerei erlebt zu haben. Seine Freundin war jung, hatte ein hübsches Gesicht und eine tolle Figur. Und dummerweise blieb das auch Rocky nicht verborgen. Dass sie in Begleitung war, hielt ihn nicht davon ab, zu ihr zu gehen und auf Teufel komm raus mit ihr zu flirten. Ihr Freund sah sich das eine Weile an, bis es ihm schließlich zu bunt wurde.

„Mach, dass du Land gewinnst", sagte er barsch. Doch so redet man nicht ungestraft mit einem Mongol.

Prompt forderte Rocky ihn auf, die Sache unter Männern und vor der Tür zu klären. Dort merkte er allerdings bald, dass er sich deutlich überschätzt hatte. Zwar landete er einige Treffer, aber sein Widersacher war deutlich überlegen, und so fand sich Rocky unversehens auf dem Asphalt wieder.

Das wiederum rief Domingo auf den Plan. Als sich der Fremde bückte, um Rocky auf die Beine zu helfen, schnellte Domingos Stiefel hoch und traf ihn mit voller Wucht im Gesicht. Während er benommen taumelte, rappelte sich Rocky auf und fiel zusammen mit Domingo über ihn her. Sie schlugen und traten wahllos auf ihn ein, bis er reglos am Boden lag.

Doch das reichte Rocky offenbar noch nicht, denn er griff in die Tasche und zog ein Messer. Domingo verhinderte im letzten Moment das Schlimmste und fiel Rocky in den Arm. Der Grund war nicht zu übersehen, denn in der Zwischenzeit war neben zahlreichen anderen Gästen auch die Freundin des Fremden aus dem Lokal gekommen. Ihr Schrei muss markerschütternd gewesen sein.

Statt den bewusstlosen Gegner abzustechen, stahl Rocky ihm in aller Seelenruhe die Brieftasche und das Kleingeld. Als er sich wieder aufrichtete, waren Sirenen zu hören. Wer die Polizei gerufen hatte, blieb unklar; klar war hingegen, dass Domingo und Rocky sich schleunigst aus dem Staub machen mussten.

Die Besatzung des Streifenwagens reagierte sehr professionell. Nachdem die Beamten das Opfer in Augenschein genommen hatten, riefen sie Ver-

182

stärkung und einen Krankenwagen. Dann befragten sie die völlig aufgelöste Freundin, die von Rocky eine sehr vage Personenbeschreibung abgab. Doch der und Domingo waren in dem Durcheinander längst verschwunden.

Um den Verletzten war es ziemlich schlimm bestellt: unter anderem waren mehrere Rippen gebrochen, und eine hatte sich in die Lunge gebohrt. Es dauerte eine geschlagene Stunde, bis er transportfähig war, und erst nach einer Woche war halbwegs sicher, dass er durchkommen würde.

Zeugen dieser Untat hatte es genug gegeben, doch außer der Freundin fand sich nur ein Mann bereit, auch auszusagen. Er hieß Ray Gun und war ein berüchtigter Schläger, der sehr genau wusste, was es bedeutete, sich mit den Mongols anzulegen. Doch der Kampf des Notarztes um das Leben des Mannes hatte ihn ebenso angerührt wie das Flehen des Mädchens, ihr Freund möge durchhalten. Also hatte er sich entschlossen, dem Ruf des Herzens zu folgen und gegen Rocky und Domingo auszusagen. Da er sie kannte, konnte er der Polizei außer einer perfekten Personenbeschreibung auch Name und Adresse liefern.

Damit hatte er einen Spitzenplatz auf der internen Fahndungsliste der Mongols sicher.

Rocky war klar, dass er nicht nach Hause konnte. Also fuhr er zu seinem Vater und suchte dort für einige Wochen Unterschlupf. Domingo hingegen fuhr in dem Vertrauen nach Hause, dass keiner aus Tujunga es wagen würde, ihn ans Messer zu liefern. Sollte das Opfer sterben, bliebe ihm immer noch Zeit, nach Mexiko zu fliehen.

Gegen vier Uhr früh wurden er und Terry jäh geweckt. „Polizei! Öffnen Sie die Tür!"

Schneller als der Blitz war Domingo angezogen. Und während die Beamten wie wild an der Haustür klopften, floh er leise durch die Hintertür. Als Terry die Haustür öffnete, sah sie sich mehreren Polizisten gegenüber, die dringend Domingo sprechen wollten.

„Er ist nicht hier", antwortete sie wahrheitsgemäß und fügte hinzu, dass sie nicht wisse, wo er sei. „Was wollen Sie von ihm?"

„Ihn sprechen", erwiderte einer der Beamten barsch. „Dürfen wir reinkommen?" Ohne eine Antwort abzuwarten, betraten sie mit vorgehaltener Waffe das Haus und suchten jedes Zimmer ab. Als sie sich davon überzeugt hatten, dass Domingo nicht zu Hause war, ließen sie ihm ausrichten, er solle sich auf dem Revier melden.

„Und warum?" fragte Terry.

„Sagen Sie ihm einfach, wir würden uns gern mit ihm unterhalten."

Zur selben Zeit war ich in meiner Privatwohnung in Upland. Gegen fünf Uhr früh riss mich das Klingeln meines Handys aus dem Schlaf. „Billy, wo steckst du?" fragte Terry.

Sie war mit den Nerven am Ende und berichtete mehr schlecht als recht vom Besuch der Polizei. Dann erfuhr ich, dass Domingo zu meiner Dienstwohnung gefahren war, um dort Unterschlupf zu finden. Nun wartete er an der Tankstelle auf mich.

„Sag ihm, dass ich gleich da bin", erklärte ich Terry und beendete das Gespräch.

Wenige Minuten später saß ich in meinem Mustang, raste Richtung Diamond Bay und telefonierte gleichzeitig mit Ciccone. „Es tut mir leid, wenn ich deine Nachtruhe beenden muss, aber irgendetwas ist im Busch. Die Bullen sind hinter Domingo her, und nun erwartet er mich vor meiner Dienstwohnung."

„Ich komme."

Erst als ich die Tankstelle schon sehen konnte, fiel mir ein, dass ich in drei Stunden mit meinen Kindern verabredet war. Zwar sah ich schwarz, doch noch bestand die Hoffnung, dass ich es schaffen würde.

„Wo hast du gesteckt, verdammt?" begrüßte mich Domingo wütend. Kein Handschlag, kein Abklatschen, keine Umarmung: Etwas wirklich Schlimmes musste vorgefallen sein.

„Ich musste am Chino Airport was abgeben", log ich. „Schließlich habe ich einen Job. Und warum bist du so früh auf den Beinen?"

„Die verdammten Bullen", schimpfte er. „Lass uns in deine Wohnung gehen, dort erzähle ich dir alles."

Als wir den Parkplatz vor dem Haus erreichten, behielt ich den Schlüssel in der Hand. Denn was so aussah wie eine Fernsteuerung für die Zentralverriegelung war in Wahrheit der Auslöser für die Überwachungsgeräte in meiner Wohnung. Als wir ins Wohnzimmer kamen, lief die Videokamera schon. Und Domingo begann zu reden.

In seiner Erzählung war natürlich Rocky an allem Schuld. „Ich wollte ihn doch nur vor sich selbst schützen", beteuerte Domingo. „Und jetzt weiß ich nicht, wohin."

„Du kannst selbstverständlich hier bleiben", sagte ich, und fügte hinzu: „So lange du willst." Am liebsten aber hätte ich ihn zum Teufel gejagt. Denn mit Domingo unter einem Dach zu leben, hieß vom Regen in die Traufe zu kommen.

Da er hundemüde war, machte ich ihm die Couch fertig. Als er eingeschlafen war, setzte ich mich in einen Sessel und bilanzierte meine Situation. Die Verabredung mit den Kindern konnte ich getrost vergessen. Nicht einmal absagen konnte ich ihnen, denn selbst ein Anruf war zu riskant. Ich sank tiefer in den Sessel und fragte mich, was ich für diesen Fall noch alles würde opfern müssen.

Zum Glück blieb Domingo nicht einmal eine Woche. Dann erfuhr er, dass der Mann überleben würde. Und weil die Polizei seit jener Nacht nicht mehr bei ihm zu Hause aufgekreuzt war, glaubte er, gefahrlos dorthin zurückkehren zu können. Er konnte allerdings nicht wissen, dass sein Nachbar sich bereit erklärt hatte, die Polizei zu rufen, wenn Domingo wieder aufkreuzte. Zwei Tage später wurde er wegen Mordversuches und schwerem Raub verhaftet.

Rocky und seine Freundin hatten inzwischen das Auto ihres Großvaters gestohlen und waren nach Colorado geflüchtet. Bei den dort ansässigen Mongols konnte Rocky einige Monate lang untertauchen, doch dann wurde auch er geschnappt.

Die Mongols sind weitaus besser organisiert, als es auf den ersten Blick den Anschein hat. Und das gilt selbstverständlich auch, wenn einer der ihren in Haft ist.

Wie ich selbst erleben musste, hat der Club seine eigenen Detektive und Anwälte. Auf der Gehaltsliste stehen aber auch Informanten bei der Polizei, die sie mit allen wichtigen Informationen versorgen. Und als Domingo nach wenigen Tagen gegen Kaution auf freien Fuß kam, verfügte das Chapter bereits über die Kopie des Polizeiberichts. Und darin stand selbstverständlich auch der Name des einzigen Zeugen, der eine Aussage gemacht hatte: Ray Gun.

An einem Samstagabend wollte ich nur für ein, zwei Bier ins The Place, als gegen neun Uhr unerwarteter Besuch eintraf: The Kid und Conan vom RivCo Chapter gaben sich die Ehre. Conan war erst vor wenigen Monaten aus dem Gefängnis gekommen, doch er dealte derart ungeniert mit Drogen, als wolle er so schnell wie möglich dorthin zurück.

Carrenas Freund The Kid bereitete mir schon seit langem Kopfschmerzen, weil er von mir erwartete, dass ich den Drogen so hemmungslos zusprach wie er. An diesem Abend jedoch waren er und Conan ungewohnt friedlich und tranken gemütlich das ein oder andere Bier. Doch gegen zehn Uhr schlugen sie vor, ins Sundowner zu fahren.

Wie gewohnt, parkten wir hinterm Haus. Dort standen wenige Autos und keine Motorräder. Alles sprach für eine entspannte, stressfrei Nacht. Doch als wir den Raum betraten, erblickte Carrena am anderen Ende Ray Gun in Begleitung seiner Freundin.

Als Präsident eines Chapters war The Kid selbstverständlich ranghöher als Conan oder ich. Augenblicklich begann er, sich Strafmaßnahmen zu überlegen. In Straftatbeständen ausgedrückt, reichten die Vorschläge von schwerer Körperverletzung bis zum Mord.

Vorsichtig wandte ich ein, dass es doch wohl Domingos Entscheidung sei, was mit Ray Gun passierte. Doch Conan bestand darauf, es ihm an Ort und Stelle heimzuzahlen.

Mit einiger Verspätung merkte nun auch Ray Gun, was die Uhr geschlagen hatte. Während sich seine Freundin zur Toilette begab, versuchte er sich unbemerkt zum Ausgang vorzuarbeiten. Doch Conan schnitt ihm den Weg ab, und damit seine Freundin nicht die Polizei rufen konnte, schickte The Kid Carrena in den Waschraum. Dann gingen er und ich zu Conan, und damit saß Ray Gun in der Falle.

Damit die Situation nicht eskalierte, drängte ich darauf, Domingo wenigstens anzurufen, aber Conan wollte auch davon nichts wissen. Stattdessen beschimpfte er Ray Gun und drohte damit, ihn an Ort und

Stelle umzubringen. The Kid wies ihn auf die vielen Zeugen hin und schlug vor, die Sache vor der Tür zu Ende zu bringen. Und Ray Gun flehte beide an, ihn laufen zu lassen.

Erneut war es an mir, mäßigend auf die anderen einzuwirken. Doch was auch immer ich sagte, ich stieß auf taube Ohren. Sie waren wild entschlossen, Ray Gun zu töten.

Fieberhaft suchte ich nach einem Argument, dass sie von ihrem Vorhaben abbringen konnte. Schließlich behauptete ich, dass der Mord an Ray Gun Domingo schaden würde. Immerhin hatte er ein Motiv, und der Verdacht müsste zwangsläufig auf ihn fallen. „Wollt ihr riskieren, dass er zurück in den Knast muss?" fragte ich.

Mein Argument schien wenigstens The Kid zu überzeugen. Denn er ging zum Münzfernsprecher, um Domingo anzurufen. Als er zurückkam, sagte er: „Wir sollen hier auf ihn warten. Alle", setzte er mit Blick auf Ray Gun hinzu.

Zwar hatte ich so Zeit zum Nachdenken gewonnen, die Lage war jedoch kaum weniger prekär als zuvor. Wenn Domingo befahl, Ray Gun zu töten, würde ich nicht tatenlos zusehen, sondern mit aller Macht versuchen, das Verbrechen zu verhindern. Nur wie? Schließlich war ich unbewaffnet, und alles, was ich in die Waagschale werfen konnte, waren meine beiden Fäuste und mein Verstand. Falls nötig, würde ich meine Tarnung selbst auffliegen lassen, den Notruf 911 wählen und hoffen, dass die Kollegen schnell genug hier wären, um zwei Morde zu verhindern: den an Ray Gun und den an mir.

Auch Ray Gun schien sich nicht wehrlos in sein Schicksal ergeben zu wollen, denn als er sich eine Sekunde lang unbeobachtet wähnte, versuchte er sich an Conan vorbeizudrängeln und zu fliehen. Doch Conan reagierte schnell genug und packte ihn am Kragen.

„Wenn du das noch mal versuchst, war es das für dich", drohte The Kid.

Als Domingo endlich kam, glaubte ich in seinen Augen Mordlust zu erkennen. Ich war gespannt, wie er entscheiden würde und was das für mich bedeutete. „Du kannst von Glück sagen, wenn ich dich nicht auf der Stelle umlege", sagte er zu Ray Gun.

„Bitte, Domingo, lass mich doch laufen", flehte der und bot an, im Gegenzug die Stadt für immer zu verlassen.

„Das hättest du dir eher überlegen müssen", erwiderte Domingo unversöhnlich. „Und zwar, bevor du gesungen hast."

Zum Erstauen aller bestritt Ray Gun, dass er gegen Domingo ausgesagt hatte.

„Und wie kommt dann deine Unterschrift ins Protokoll?" konterte Domingo.

Ray stammelte eine Entschuldigung und schwor, die Aussage zurückzuziehen.

„Also schön", lenkte Domingo endlich ein. „aber du verlässt die Stadt. Und wenn die Bullen in dieser Sache weiter gegen mich ermitteln, bist du ein toter Mann. Und jetzt mach, dass du hier wegkommst."

Das ließ Ray Gun sich nicht zweimal sagen. Ohne sich nach seiner Freundin umzusehen, stürmte er aus dem Lokal.

Ohne Ray Guns Aussage musste die Anklage gegen Domingo fallen gelassen werden, denn weder das Opfer noch dessen Freundin konnte ihn einwandfrei identifizieren. Bei Rocky sah die Sache anders aus.

Als er aus Colorado überstellt wurde, lag gegen ihn eine beeindruckende Liste von Anklagepunkten vor, darunter Waffenhandel, schwere Körperverletzung und schwerer Raub. Das ATF hätte ihm weitere Vergehen wie Drogenhandel und Hehlerei nachweisen können, doch um mich und die Ermittlungen nicht zu gefährden, hielten wir die entsprechenden Beweise im Einverständnis mit der Staatsanwaltschaft bis zum entscheidenden Schlag gegen die Mongols zurück.

Der Gedanke, irgendwann gegen Rocky aussagen zu müssen, behagte mir ganz und gar nicht. Deshalb war ich auch nicht böse, dass es nie dazu kam, weil er ein umfassendes Geständnis ablegte.

Ich sah ihn nie wieder. Als Ciccone mich später anrief und sagte, dass Rocky zu zehn Jahren Haft verurteil worden war, empfand ich weder Triumph noch Stolz. Rocky hatte mich stets korrekt behandelt und mich gegen die ärgsten Übergriffe von Red Dog und seinesgleichen verteidigt. Natürlich hatte er die Strafe verdient, aber ich konnte und wollte nicht

Panhead (rechts, neben ihm der Präsident des Chapters Pekoe) wurde wegen eines Mordes verurteilt, den er während der Ermittlungen Bill Queens beging.

vergessen, dass er mir in einer dunkeln Nacht hinter dem Sundowner das Leben gerettet hatte. Und das sagte ich unter Eid auch vor Gericht.

Ohnehin war Rocky nicht der typische Biker, und eine kriminelle Karriere war ihm nicht in die Wiege gelegt. Denn dreizehn Jahre lang hatte er bei der Stadt Los Angeles als Gärtner gearbeitet, und den Job hätte er bis zur Rente ausüben können. Doch dann war er dem geheimnisvollem Nimbus der Ein-Prozenter erlegen und hatte sich den Mongols angeschlossen. Und dieser Schritt hat sein Leben ruiniert.

Am 26. November 1999 hielt ich gegen Mittag vor dem South Pacific Motorcycle Shop. Drinnen traf ich auf J.R., den Anwärter, mit dem ich zusammen die Softail Springer in meine Wohnung getragen hatte. „Hast du schon gehört, was letzte Nacht los war?" fragte er.

„Was war denn los?"

„Wir haben bei Nino einen Typen abgestochen."

Nino war eine beliebte Kneipe in Commerce, wo sich das Präsidium häufig traf. Ich war mit Leno Luna einige Male dort gewesen.

Evel kam aus der Werkstatt, wo er ein gestohlenes Motorrad „legalisierte".

„Hey, Billy", begrüßte er mich. „Hast du nicht ein neues Messer für mich? Mit meinem hat Panhead einen Typen abgestochen und es anschließend weggeschmissen. Dabei hat das Ding schlappe vierzig Piepen gekostet."

Das klang nicht nach einer gewöhnlichen Kneipenschlägerei. Deshalb schaltete ich so unauffällig wie möglich den Rekorder an meinem Gürtel ein. J.R. und Evel taten mir den Gefallen, den Hergang genauer zu schildern. Ich hörte zu, nickte und merkte mir einige Details.

Sobald es mir möglich war, rief ich Ciccone an und berichtete ihm, dass die Mongols behaupteten, einen Mord begangen zu haben. Ciccone versprach, die Kollegen in Commerce anzurufen und mir anschließend Bescheid zu geben. „Leider haben sie nicht geprahlt", teilte er mir nach weniger als einer Stunde mit. „Der Typ ist tatsächlich tot."

Im Herbst 1999 konnten wir den Mongols schon eine Menge Verbrechen nachweisen: Drogen- und Waffenhandel, Motorraddiebstahl, Erpressung, Raubüberfälle, Hehlerei. Mord war noch nicht darunter. Dabei wussten wir sehr genau, dass mehrere unaufgeklärte Morde auf ihre Kappe gingen. Aber etwas zu wissen heißt nicht, es auch beweisen zu können.

Weil sich dafür nun die Chance bot, machte ich mich mit frischem Elan an die Arbeit. Das Resultat war ein ziemlich genaues Bild davon, was sich am 25. November 1999 zugetragen hatte.

Wie so oft begann auch diese Auseinandersetzung mit dem Streit um eine Frau und einen Freund oder Ehemann, der sich von den Mongols nicht alles gefallen ließ.

Nach einem „Kirchgang" war das Chapter von Commerce geschlossen zu Nino gefahren. Kurz zuvor waren dort zwei junge Frauen eingekehrt, von denen eine Sandra Herrera hieß. Da sie gelegentlich mit ihrem Mann herkam, kannte Sandra die Mongols zwar vom Sehen, doch keinen mit Namen. Und wozu sie fähig waren, wusste sie selbstverständlich auch nicht.

Auch wenn es manchen verwundert, fühlen sich viele Frauen von dem martialischen Gehabe der Biker, ihrem verruchten Image und den Tätowierungen angezogen, und zu diesen Frauen zählte auch Sandra.

Als die Mongols gegen 21 Uhr eintrafen, gab es ein großes Hallo, Bier wurde ausgeschenkt und die Musik laut gedreht. Dann stellten sie fest, dass zwei Frauen ohne männliche Begleitung anwesend waren, und solche Frauen betrachteten sie als Freiwild.

Panhead war es vorbehalten, den Stein ins Rollen zu bringen. Panhead war Mitte 30, stark tätowiert und ging nie ohne sein schwarzes Stirnband aus. Er trat an den Tisch, an dem die beiden Frauen saßen, und lud sie zu einem Bier ein. Als sie dankend annahmen, setzte er sich zu ihnen. Es dauerte nicht lange, da ergänzten Pirate, Coyote und Cowboy die Runde. Little Dave hielt sich im Hintergrund und beobachtete das Geschehen interessiert. Anders als die Frauen wusste er, dass der Abend in einer Massenvergewaltigung enden würde.

Zunächst lief auch alles nach Plan, und die Frauen ließen sich willig mit Bier abfüllen. Doch dann betrat Sandras Ehemann die Szene.

Daniel Herrera war 42 Jahre alt und von Beruf Arbeiter. Mühsam hatte er sich ein Häuschen erspart, in dem er mit seiner Frau und zwei Kindern lebte. Gelegentlich kehrte er bei Nino ein, trank aber nie mehr als ein oder zwei Bier. Und an einer Schlägerei hatte er sich noch nie beteiligt.

In dieser Nacht wollte er allerdings nichts trinken, sondern seine Frau abholen. Doch auf die hatten die Mongols Besitzansprüche erhoben.

Daniel wusste besser als Sandra, mit wem sie sich eingelassen hatte, und deshalb bat er sie höflich, aber bestimmt, mit ihm nach Hause zu fahren. Doch sie erwiderte, dass sie noch bleiben und mit ihren neuen Freunden feiern wollte.

„So wie es aussieht, musst du allein nach Hause fahren", kommentierte Panhead höhnisch.

Doch Daniel wollte sich nicht provozieren lassen. Deshalb wandte er sich erneut an seine Frau. „Unsere Kinder warten", sagte er ruhig. „Also bitte verabschiede dich und komm mit."

Ehe Sandra antworten konnte, machten die Männer Daniel klar, dass er sich verabschieden solle – und zwar von seiner Frau. Sie gaben ihm zehn Sekunden, das Lokal zu verlassen.

Als Daniel nach einer halben Minute immer noch da war, stand Panhead auf und ging zu J.R., der Evels Messer verwahrte. Und dieses Messer landete in Panheads rechter Hand.

Nachdem sich Daniel eine weitere Abfuhr von seiner eigenen Frau eingehandelt hatte, riss ihm der Geduldsfaden: „Dann bleib doch hier, du Hure", schrie er, „und lass dich von diesen Arschlöchern durchvögeln."

Dann drehte er sich um und ging Richtung Ausgang.

Doch da war bereits klar, dass er eine Grenze überschritten hatte, hinter die es kein Zurück gab: Er hatte eine Anordnung der Mongols ignoriert und sie zudem beleidigt. Bereits auf dem Weg zur Tür fing er sich von den Umstehenden Schläge und Tritte ein, doch die eigentliche Bestrafung begann erst auf dem Parkplatz. Dort schlugen und traten sie ihn so heftig, dass er zusammenbrach und mit dem Gesicht in eine Lache seines eigenen Blutes fiel.

Dann trat Panhead in Aktion: Er rammte Daniel das Messer so fest in den Rücken, dass die Klinge aus dem Brustkorb wieder austrat. Daniel rappelte sich zwar noch einmal auf und stolperte einige Schritte vorwärts, doch dann verließen ihn die Kräfte und er stürzte auf den Asphalt.

In den Wochen nach der Bluttat suchte ich sehr gezielt das Gespräch mit bestimmten Mongols und ließ dabei stets den Rekorder laufen. So gelang es mir, mehrere Dutzend Aussagen aufzunehmen, die Panhead und andere belasteten. Doch dann brachte mich meine Neugier in arge Probleme.

Denn auf der Easy Rider Convention nahmen mich mehrere Mongols, darunter auch Mitglieder des Präsidiums, bei Seite und wollten wissen, warum ich mich so für den „alten Hut", wie sie sagten, interessierte. „Es reicht, Billy", sagten sie unmissverständlich. „Ist das klar?"

Zum Glück hatte ich zu diesem Zeitpunkt schon genügend Material auf Band. Zusammmen mit meinen Augenzeugenberichten sollte es jedenfalls reichen, um im Mordfall Daniel Herrera eine wasserdichte Anklage hinzubekommen.

14. Kapitel

Seit dem Winter des Jahres 2000 verbrachte ich mehr Zeit in East Los Angeles als in Tujunga – und das hieß in Tony's Hofbrau.

Mein erstes Erlebnis dort lag fast zwei Jahre zurück, doch hatte ich keineswegs vergessen, wie sehr mich die schwarz gekleideten Männer damals einschüchterten und ich mich überwinden musste, um mich in die Höhle des Löwen zu wagen. Und nun war das Lokal fast eine Oase.

Die Lage im San Fernando Valley war mittlerweile zu brisant, um sich dort noch wohl zu fühlen. Im The Place waren Schlägereien und Drogenmissbrauch längst die Regel, und da die meisten unseres Chapters vergleichsweise junge Kerle waren, machte es ihnen nichts aus, nächtelang durchzufeiern.

Im Hofbrau war das Publikum deutlich älter und entspannter, und ich war nicht länger der Einzige mit einem grauen Bart. Außerdem lief dort auch Musik, die – von Marvin Gaye über die Temptations bis zum Soul der Fünfziger – mir weitaus mehr lag als der ewige Heavy-Metal-Krach. Und hier zwang mich auch niemand, die Nacht zum Tage zu machen.

Inzwischen war mir das Lokal ein zweites Zuhause geworden, und von den Ein-Prozentern fühlte ich mich eher verstanden und akzeptiert als von meinen Kollegen und Vorgesetzten beim ATF.

Mit diesen Gedanken parkte ich eines Abends vor dem Hofbrau, wo schon ein halbes Dutzend andere Harleys standen. Darunter war auch Bronsons Motorrad, und ihn zu sehen war mir stets eine besondere Freude.

Bronson verdankte seinen Namen dem Umstand, dass er dem Schauspieler Charles Bronson verblüffend ähnlich sah. Er war schon älter und betrieb zusammen mit seinem Vater eine Lackiererei. Mit Drogen hatte er wie ich nichts am Hut, aber wie fast alle trank er sehr gerne Bier.

Ich stellte mich zu ihm an die Bar, und wir besprachen die neue Lackierung meiner Softail Springer. Als ich mich schon auf den Heimweg machen wollte, traf eine Gruppe Mongols ein, darunter auch der Präsident des Chapters San Diego, Mike Munz.

Munz war fraglos der gefürchtetste Mongol der gesamten USA, und seit Monaten bedrängte mich die Polizei von San Diego, belastendes Material gegen ihn zu beschaffen.

Selbstverständlich gibt es auch in Südkalifornien Polizisten und verdeckte Ermittler, die auf die Biker-Szene spezialisiert sind. Billy Guinn aus San Diego war einer von ihnen, und er wollte Mike Munz endlich das Handwerk legen. Unter anderem wurde ihm der Mord an zwei Mitgliedern der Hells Angels angelastet, aber es erwies sich als unendlich mühsam, dafür Belastungszeugen zu finden. Darüber hinaus war Munz in Sachen Erpressung aktiv. Dank seiner unbestrittenen Autorität kontrollierte das Chapter große Teile des Rotlichtmilieus von San Diego. Und dem Vernehmen nach besaßen sie ein umfangreiches Waffenarsenal.

Billy Guinn war ein Freund von John Ciccone, und so entstand der Vorschlag, dass ich eine Weile lang in San Diego ermitteln sollte, um Munz endlich überführen zu können.

Der Auftrag war nicht ungefährlich, denn selbst hartgesottene Typen hatten riesigen Respekt vor Mike Munz – man könnte es auch Angst nennen. Mike war 1,90 Meter groß, wog deutlich über 100 Kilogramm, und seine Stimmung konnte ohne jede Vorwarnung umschlagen.

Den Grund dafür erfuhr ich erst später: Mike war manisch-depressiv und musste, wie er mir auf einer Party selbst gestand, regelmäßig Medikamente nehmen.

Nach einer Reihe zufälliger Begegnungen lud Mike mich eines Tages ins Pure Platinum ein, einer Topless-Bar in der Nähe des Flughafens von San Diego. Von Billy Guinn erfuhr ich, dass der Club zum Machtbereich der Mongols gehörte. Der Manager hatte eine solche Angst vor ihnen, dass er nicht einmal die Polizei gerufen hatte, als Rick Slayton, ein Anwärter aus San Diego, ihn vor einem guten Dutzend Augenzeugen bewusstlos geschlagen hatte.

Als ich gegen 19 Uhr auf den Parkplatz fuhr, stand dort nur ein Motorrad, und das gehörte Munz. Ich stieg aus, holte die Kutte aus dem Kofferraum, und ging zum Eingang. Dort empfing mich ein Türsteher und wollte Eintritt kassieren. Als er die Kutte sah, ließ er mich passieren und wünschte mir einen schönen Abend.

Das Pure Platinum war keine solche Kaschemme wie die Strip-Lokale, die ich aus Los Angeles kannte: Es war größer, sauberer und hatte ein besseres Publikum. An der Bar saß Mike Munz inmitten zweier Stripperinnen und winkte mich zu sich. Wir klatschten uns ab, und er stellte mich den beiden Mädchen vor. Dann bestellte er zwei Bier. Als ich bezahlen wollte, sah er mich mitleidig an. „Betrachte dich als Gast des Hauses."

Als der Manager kam, um uns zu begrüßen, konnte ich mich selbst davon überzeugen, wie viel Angst er vor den Mongols hatte: Er wagte es kaum, mir ins Gesicht zu sehen.

Bald nach mir trafen Rick Slayton und seine Freundin ein. Rick war ein Hüne von Mann mit riesigen Muskelpaketen, einem rasiertem Schädel, Unmengen von Tattoos und dem Ruf eines notorischen Schlägers. Später wechselte er als Profi zum Ultimate Fighting. *[Anmerkung: Nach einer umstrittenen Disqualifikation Ricks durch das Kampfgericht stürmten im März 2002 einige Mongols den Ring. Daraus entwickelte sich eine Schlägerei, an der fast 300 Leute beteiligt waren. Doch weil sich unter den zahlreichen Verletzten niemand fand, der eine Aussage machen wollte, gabe es auch nie ein Verfahren.]*

Dann stieß mit Jimmy ein Mongol zu uns, der vor wenigen Jahren einen Mann getötet und vor Gericht den Bekloppten gemimt hatte. Und weil das Gericht auf Schuldunfähigkeit plädiert hatte, war er nach einer kurzen Zeit in der Psychiatrie schon wieder auf freiem Fuß.

Wir tranken gratis Bier, und der Abend versprach sehr entspannt zu werden, als Munz plötzlich vorschlug, nach Tijuana zu fahren. Und zwar sofort.

Für spontane Unternehmungen war ich normalerweise durchaus zu haben, aber eine Ausfahrt nach Mexiko kam definitiv nicht in Frage. Ein US-Beamter, der ohne Vorankündigung die Grenze überquerte, konnte seine Karriere getrost vergessen — zumindest dann, wenn die mexikanischen Behörden davon Wind bekämen. Denn grenzüberschreitende Einsätze mussten angemeldet und abgesprochen werden. Außerdem wusste ich, dass mindestens drei Mongols bei der mexikanischen Polizei beschäftigt waren, und mindestens einer davon an der Grenze.

Für mich würde die Fahrt also ausfallen. Nun musste ich das nur noch Mike Munz beibringen, und der war Widerworte nicht gewohnt. Zudem war er als Chapter-Präsident der Ranghöhere und einfach nein zu sagen deshalb nicht drin.

„Da kenne ich einen prima Puff, wo man für 20 Dollar die ganze Nacht seinen Spaß hat", sagte Mike in diesem Moment, und Jimmy sprang vor lauter Vorfreude von seinem Hocker. Es wurde höchste Zeit, dass mir etwas einfiel.

„Das klingt ja ziemlich verlockend", sagte ich, „aber ich kann nicht mit. Ich habe 30.000 Dollar bei mir, die ich morgen früh um sieben bei meinem Chef abliefern muss. Und mit so viel Geld in der Tasche gehe ich nicht über die Grenze."

„Du kannst es bei mir zu Hause deponieren", bot Jimmy an.

„Und wenn du nicht pünktlich zurück bist? Dann bin ich zwar nicht das Geld los, aber meinen Job. So leid es mir tut, aber ihr müsst ohne mich fahren."

„Kein Problem, Billy", mischte sich Munz ein. „Die Mädchen laufen uns ja nicht weg. Erzähl mir lieber mehr von deinem Job."

Nachdem ich ihm alles erzählt hatte, was er wissen wollte, fragte er, ob ich ihm vielleicht auch einen Job besorgen könnte. Ich versprach, mit meinem Chef zu reden. Dabei war uns beiden sonnenklar, dass Munz weniger nach einer Anstellung als vielmehr nach einem neuen Opfer für eine Erpressung suchte.

Ehe ich das Pure Platinum verließ, bediente ich mich eines Tricks, um das Thema Schusswaffen anzuschneiden. Ich berichtete Mike, dass ich mit der Aufgabe betraut war, überzählige Waffen meines Chapters zu verkaufen, und fragte, ob er vielleicht Interesse daran hätte. Immerhin erfuhr ich, dass sich das Depot des Chapters San Diego bei Jimmy zu Hause befand. Ich schwankte zwischen Entsetzen und Belustigung: ein Mörder und gerichtlich anerkannter Irrer als Hüter eines Waffenarsenals.

197

Im Anschluss an meinen Besuch traf ich mich mit Ciccone und Guinn und erzählte ihnen, was ich erlebt und erfahren hatte. Ich sagte ihnen aber auch, dass ich nicht der Richtige war, um mehr über den Mord an den beiden Hells Angels herauszufinden. Mike Munz war zu gefährlich, um das Glück ein zweites Mal zu strapazieren.

Ich traf eine wichtige Entscheidung: Die Ausfahrt zum Laughlin River im April 2000 sollte meine letzte „Amtshandlung" als Mongol werden. Seit zwei Jahren und zwei Monaten war ich nun schon dabei, und in dieser Zeit war ich tiefer in die Organisation eingedrungen, als wir vorher zu träumen gewagt hätten. Vor wenigen Wochen war ich sogar zum Vizepräsidenten unseres Chapters aufgestiegen.

Dafür hatte ich allerdings mehr einstecken müssen, als mir lieb sein konnte, und allmählich begann ich die Folgen körperlich zu spüren: Ständig fühlte ich mich schlapp und krank, und durch die vielen Stunden auf dem Motorrad und in überlauten Bars hatte mein Gehör arg gelitten.

Mein Privatleben gleich einem Scherbenhaufen. Selbst mit meinen Söhnen hatte ich kaum noch Kontakt. Die Beziehung zu meiner Freundin war längst in die Brüche gegangen. Meine Kollegen im ATF waren mir fremd geworden, und meine Vorgesetzten interessierten sich nicht im Mindesten für die Opfer, die ich brachte.

Was die Ermittlungen betraf, fühlte ich mich manchmal wie ein Pokerspieler, der alles auf eine Karte setzte. Das konnte noch lange gut gehen, musste es aber nicht. Am meisten fürchtete ich, einen lächerlichen Fehler zu machen, irgendeine Dummheit, die mich verriet. Und das wäre fraglos mein Todesurteil.

Einige Wochen vor dem Termin in Laughlin trat zudem ein neues Problem auf: Die Hells Angels hatten das Gerücht in die Welt gesetzt, ein verdeckter Ermittler habe sich bei den Mongols eingeschleust. Ciccone und ich waren uns einig, dass die Behauptung nicht auf Wissen beruhte, sondern nur den Zweck verfolgte, Unfrieden zu stiften.

Vor allem bei Domingo und Red Dog fiel dieser Versuch aber auf fruchtbaren Boden, denn da sie mir ohnehin nicht trauten, war das Gerücht Wasser auf ihre Mühlen. Und mir bescherte es einige schlaflose Nächte.

Je näher der Termin in Laughlin rückte, desto weniger Lust hatte ich mitzufahren. Dabei hatte ich schon Vorkehrungen getroffen und mit Little Dog vereinbart, dass ich mich den Mongols aus Commerce anschließen würde. So brauchte ich weder die Typen aus meinem Chapter noch ihre Motorräder zu ertragen, die alle 20 Meilen den Geist aufgaben.

Doch weil sich selbst durch diese Aussicht meine Stimmung nicht besserte, rief ich Ciccone an: „Ich will nicht sechs oder sieben Stunden auf dem Bike sitzen, egal mit welchem Chapter", gestand ich ihm.

Ciccone war mit seinen Kräften kaum weniger am Ende als ich. Deshalb entwickelten wir einen Plan, der uns beiden das Leben leichter machen sollte. Wir beschlossen, meine Harley auf einen Transporter zu laden und nach Needles zu bringen, einem verschlafenen Nest an der Grenze zu Arizona und zirka 15 Minuten von Laughlin entfernt. Und dieses kurze Stück würde ich schon hinbekommen. Den Mongols wollte ich erzählen, dass ich beruflich in der Gegend zu tun hatte und deshalb allein nach Laughlin kommen würde.

Am Tag vor der Abfahrt lieh ich mir unter dem Namen Billy St. John einen Kastenwagen und fuhr zu meiner Wohnung. Erst als ich die Harley einlud, bemerkte ich, dass der Transporter in Florida zugelassen und die Nummer auf dem entsprechenden Aufkleber handschriftlich eingetragen war. Mir kam nicht im Entferntesten in den Sinn, dass dieses Detail zum Problem werden könnte.

Zu meinem Erstaunen stand Ciccone am nächsten Morgen um Punkt zehn Uhr vor meiner Haustür. Dabei gehörte Pünktlichkeit eigentlich nicht zu seinen Tugenden. Was das anging, glich er eher den Mongols.

Die Fahrt nach Needles verlief ohne Probleme. Nachdem wir getankt hatten, suchten wir ein abgelegenes Plätzchen, wo wir die Harley abladen konnten. Ich zog mich um, legte die Kutte an und startete den Motor. Der Plan sah vor, dass Ciccone mir bis Laughlin folgte und erst kurz vor dem Riverside Resort Hotel abreißen ließ.

Die Katastrophe begann fünf Meilen vor der Stadt und damit, dass die Softail Springer immer langsamer wurde, egal wie sehr ich am Gasgriff

Billy St. John (links) bei der Daytona Bike Week, bei der die Outlaws als Gastgeber der Mongols fungierten. Beide Gruppen verbindet die Feindschaft zu den Hells Angels.

drehte. Als es auch noch verdächtig roch, fuhr ich auf den Randstreifen und hielt an. Ciccone parkte unmittelbar hinter mir.

Ein Blick genügte, um die Ursache der Panne zu finden: Die hintere Bremse saß fest, und ohne eine Zange war nichts zu machen. Doch ehe ich zu Ciccone gehen und ihn fragen konnte, ob er Werkzeug dabei hatte, hielt neben mir ein Streifenwagen der Polizei von Las Vegas. Der Fahrer erkundigte sich, ob ich Hilfe benötige, und ich erzählte ihm von meinem Malheur mit der Bremse. Als ich seinen Gesichtsausdruck sah, wusste ich, dass irgendetwas nicht stimmte.

„Wer ist der Mann in dem Transporter?" fragte er.

„Keine Ahnung", erwiderte ich. „Er hat gehalten, um zu fragen, ob er helfen kann."

Der Beamte glaubte mir nicht. Also versuchte ich, ihn von seinem Argwohn abzubringen.

„Haben Sie vielleicht eine Zange dabei?"

„Einen Moment Geduld", sagte er und fuhr den Streifenwagen rückwärts hinter Ciccones Transporter. Als ich sah, wie lange er auf das Nummernschild starrte, war mir klar, was die Stunde geschlagen hatte. Und bevor er ausstieg, sprach er noch etwas in sein Funkgerät.

„Ich habe gesagt, dass wir uns nicht kennen", raunte ich Ciccone zu, der ebenfalls ausgestiegen war. Zum Zeichen, dass er verstanden hatte, nickte er kaum merklich.

Nun begannen die Fragen, die jeder Polizist stellt und die ich bis zum Überdruss kannte. „Können Sie sich ausweisen?"

Ich reichte ihm meinen Führerschein.

„Ist das Ihr Motorrad?"

„Ja."

„Woher kommen Sie?"

„Los Angeles."

Dann kam erneut die Frage nach dem Fahrer des Kastenwagen.

„Nie gesehen", log ich.

Dann widmete sich der Polizist Ciccone. „Können Sie sich ausweisen?"

John zeigte ihm den Führerschein.

„Woher kommen Sie?"

„Aus Los Angeles."

Dann fragte der Polizist John, ob er mich kennen würde.

„Nie gesehen", erwiderte er. „Ich habe nur gehalten, um zu helfen."

Dass der Polizist John nicht glaubte, konnte ich nachvollziehen. An seiner Stelle wäre es mir nicht anders gegangen. Denn mit seinem glatt rasierten Gesicht, dem frisierten Haar, Flip-Flops und Bermuda-Shorts sah John nicht wie jemand aus, der seinen Hals riskieren würde, um einem „Rocker" Hilfe anzubieten.

„Wohin wollen Sie?" fragte der Beamte mich.

„Nach Laughlin."

„Und wohin wollen Sie?"

„Nach Laughlin", antwortete Ciccone. Offenbar war ihm meine Antwort entgangen, sonst hätte er etwas anderes gesagt.

„Was ist auf der Ladefläche?"

„Nichts", sagte John wahrheitsgemäß. „Sie ist leer"

Die Situation war absurd: Wenige Kilometer von uns entfernt versammelten sich zu dieser Stunde 30.000 Ein-Prozenter aus den gesamten USA. Gleichzeitig gerieten ein einzelner Biker und ein harmloser Bürger – jedenfalls sah John so aus –, der zufällig einen verdächtigen Transporter fuhr, mitten in der Wüste an einen Beamten, der sich kein U für ein X vormachen ließ.

Selbstverständlich hatte Ciccone seinen Dienstausweis dabei, doch wer wusste, ob wir dem Polizisten vertrauen konnten? Die Mongols sind so oft in Laughlin und Las Vegas, dass sie möglicherweise auch bei der dortigen Polizei ihre Informanten haben.

Schließlich traf ein Streifenwagen mit einem weiteren Beamten ein. Kaum war er ausgestiegen, mussten wir uns mit erhobenen Armen und gespreizten Beinen vor den Transporter stellen, damit sie uns nach Waffen durchsuchen konnten.

Dann nahmen sie Ciccone in die Mangel. „Wo haben Sie den Wagen gemietet?" wollten sie wissen.

„In Los Angeles."

„Die Papiere und den Mietvertrag, bitte."

Nachdem John ihm beides gegeben hatte, musste er die Arme wieder heben. Und während der andere Beamte einmal ums Auto ging, blieb mir genügend Zeit, mich zu verfluchen. Schon als ich behauptete, John nicht zu kennen, war mir klar, dass es ein Fehler war. Warum hatte ich nicht einfach gesagt, John sei mein Schwager, der mir beim Umzug half?

202

Aber so ist das bei einem Beruf wie meinem: Ständig muss man improvisieren, und manchmal entscheidet man sich falsch.

In der Zwischenzeit hatte der andere Beamte die Zulassung kontrolliert und den Vertrag studiert. Nach höchstens fünf Sekunden war meine Lüge aufgeflogen. „Wollen Sie mir immer noch weismachen, dass sie den Mann noch nie gesehen haben?"

Er hatte gewonnen, und deshalb ersparte ich mir eine Antwort. Aber was war schon passiert? Gegen Billy St. John lag kein Haftbefehl vor, und der Transporter war nicht gestohlen, sondern gemietet. Und eine Lüge war noch immer kein Grund für eine Festnahme.

Mein Optimismus, dass sie uns über kurz oder lang laufen lassen mussten, bekam einen empfindlichen Dämpfer, als der Polizist wie von der Tarantel gestochen aus dem Fahrerhäuschen sprang, Ciccones Arme runterriss und ihm Handschellen anlegte. Ehe sein Partner den Grund begriff, forderte er ihn auf, Verstärkung anzufordern. Und dann legten sich auch um meine Handgelenke Fesseln aus Metall.

Plötzlich überschlugen sich die Ereignisse, denn in den Augenwinkeln sah ich, dass John Carr und Darrin Kozlowski an uns vorbeifuhren. Es folgte ein ohrenbetäubender Lärm, und eine Horde Mongols auf ihren Harleys passierte uns. Und so wie ich sie sah, war nicht auszuschließen, dass sie auch mich erkannt hatten.

Schließlich ging einer der Beamten zum Transporter und kam mit Johns Pistole zurück. Daher wehte also der Wind. „Wussten Sie davon?" fragte er mich und hielt mir die Waffe unter die Nase.

„Nein", erwiderte ich im Wissen, dass er mir ohnehin nicht glauben würde.

Als Nächstes wollten die Polizisten wissen, was auf der Ladefläche war. Als die Verstärkung kam, öffneten sie die Tür und fanden nur die Spanngurte, die meine Harley gehalten hatte.

Schließlich ergriff Ciccone die Initiative. Er rief den ranghöchsten Beamten, einen Sergeanten, zu sich und sagte, dass er ihn unter vier Augen sprechen müsste. Der Beamte führte ihn hinter den Transporter, und als sie gut zehn Minuten später zurückkamen, trug John keine Handschellen mehr.

Auf Geheiß des Sergeanten nahm der Beamte, der uns angehalten hatte, auch mir die Handschellen ab. Und obwohl ihm anzusehen war, wie sehr ihn der Befehl befremdete, erinnerte er sich an den Anfang der Geschichte und holte mir eine Zange, mit der ich die Bremse reparieren konnte.

Ich machte mich umgehend auf den Weg. Mehr Sorgen als die Bremse machte mir ohnehin die Frage, was die Mongols mitbekommen hatten.

Erst Stunden später – als ich heimlich Ciccone anrufen konnte – erfuhr ich, was er dem Beamten erzählt hatte. Da ihm die Aussicht, im Gefängnis zu landen, überhaupt nicht behagte, hatte er sich als Mitarbeiter des ATF zu erkennen gegeben und behauptet, er sei ein verdeckter Ermittler und ich ein Mitglied der Mongols, das er überwache. In Anbetracht seines Äußeren klang die Geschichte zwar wenig glaubhaft, doch eine telefonische Anfrage beim ATF hatte die Zweifel des Beamten ausgeräumt.

Ich traf wohlbehalten am Riverside Hotel ein. Auf dem Parkplatz traf ich auf eine Gruppe Mongols, die sich darüber unterhielten, dass Billy St. John fünf Meilen außerhalb von Laughlin von einem Streifenwagen angehalten worden war. Jetzt wurde es Zeit, mir eine vernünftige Erklärung auszudenken – vor allem dafür, warum ich auf freiem Fuß war.

„Meine Bremse saß fest", begann ich die Schilderung, „und ein Transporter mit ein paar Typen drin hat gehalten, um mir zu helfen. Schließlich kamen die Bullen und stellten fest, dass einer der Typen steckbrieflich gesucht wurde. Mitgefangen, mitgehangen, dachte ich schon, aber nach einer Stunde haben sie mich laufen lassen. Glück gehabt."

Das Glück sollte jedoch nur von kurzer Dauer sein, denn als ich die Lobby des Hotel betrat, traf ich auf eine andere Gruppe Mongols, und was die zu berichten hatte, ließ den Traum von einem stressfreien Wochenende endgültig platzen: Die Mongols rüsteten sich für den Kampf gegen die Hells Angels.

Der Krieg zwischen den Hells Angels und den Mongols war nie offiziell beendet worden, und aufgrund wachsender Spannungen im San Bernardino County geriet auch der Waffenstillstand in Gefahr.

Die Hells Angels entstanden als Ableger der „Pissed Off Bastards of Bloomington" in Fontana, einer Stadt im San Bernardino County, kurz „Berdoo". Dieses County betrachten die Angels daher als ihr ureigenstes Terrain. Und zum Ausgleich für das Recht, die Aufschrift „California" tragen zu dürfen, hatten die Mongols darauf verzichtet, in Berdoo ein Chapter zu gründen.

Diese Abmachung hatte viele Jahre lang Bestand, bis 1999 um eine Auslegungsfrage ein erbitterter Streit entbrannte. Denn wenn es auch kein lokales Chapter gab, lebten doch viele Mongols in Berdoo, verkehrten in den Lokalen und trugen in aller Öffentlichkeit ihre Kutten. Und weil das den Angels ganz und gar nicht gefiel, kündigten sie Strafaktionen gegen alle Mongols an, die das County nicht verließen.

Daraufhin hatte Little Dave beschlossen, geeignete Maßnahmen zu ergreifen und den Angels zu zeigen, wer in Südkalifornien das Sagen hatte. So machte sich eines Tages ein Konvoi von gut 100 Mongols auf den Weg und stattete dem Crossroads, dem beliebtesten Treffpunkt der Angels, einen Besuch ab, der zwar nur wenige Stunden dauerte, aber die Angels nachhaltig beeindruckte.

Wie ich nach meiner verspäteten Ankunft erfuhr, war es auch in Laughlin schon zu einer Provokation gekommen, weil die Mongols, die traditionell im Riverside Hotel Quartier nahmen, ins Kasino des Flamingo Hilton gegangen waren. Und im Flamingo stiegen seit jeher die Hells Angels ab. Nun drohten all die Konflikte, die seit Monaten unter der Oberfläche schwelten, offen auszubrechen.

Die Mongols rüsteten sich jedenfalls, als wollten sie in den Krieg ziehen. Deutlichstes Zeichen dafür war, dass einige Mitglieder als „Zivilstreife" abgestellt wurden – was im Klartext hieß, dass sie ohne Kutte, aber schwer bewaffnet waren.

Um neun Uhr abends versammelten Little Dave und Bobby Loco ihre Truppen vor dem Riverside – etwa 30 wild entschlossene Männer – und berichteten von den Scharmützeln, die sich am Nachmittag ereignet hatten. Dabei hatte Mike Munz die Freundin eines Angels bewusstlos geprügelt, nur weil die sich in der Tür geirrt und aus Versehen ins Männer-

205

klo gegangen war. Nun wollten wir geschlossen ins Flamingo fahren, um zu sehen, aus welchem Holz die Angels geschnitzt waren.

Zu meinem Leidwesen hatte ich keine Gelegenheit, Ciccone zu kontaktieren und ihn über die drohende Eskalation der Gewalt zu informieren. Also blieb mir nur die Hoffnung, dass er sich mitsamt seinen Männern an unsere Fersen heften und auf mich aufpassen würde.

An die Spitze unseres Trupps setzte sich Mike Munz, der auch bei seinen ärgsten Feinden als lebende Kampfmaschine bekannt und gefürchtet war. Ihm war es völlig egal, ob er einem 150-Kilo-Koloss oder einer zierlichen Frau gegenüberstand – erst recht, wenn sie ins falsche Klo ging und ein vorlautes Mundwerk hatte. Und genauso gleichgültig war es ihm, ob er es mit einem einzelnen Gegner oder, wie in diesem Falle, einer Gruppe von 500 Hells Angels zu tun hatte.

Mit militärischer Präzision betraten wir das Flamingo und schritten ein rotweißes Spalier ab. Für unsere Rückendeckung sorgte die „Zivilstreife", die instruiert worden war, im Notfall von der Schusswaffe Gebrauch zu machen.

Nachdem wir den riesigen Raum ungehindert durchquert hatten, bildeten wir eine Art Wagenburg: Wir stellten uns mit verschränkten Armen im Kreis auf und blickten durch unsere dunklen Sonnenbrillen provokant auf unsere Widersacher. Die Botschaft, die wir dadurch mitteilen wollten, kam offensichtlich an, denn obwohl wir zahlenmäßig weit unterlegen waren, wagte es kein Angel, sich uns auch nur einen Schritt zu nähern.

Die angespannte Ruhe nutzte ich, um mich nach Cleetus und Paul umzusehen, jenen beiden Beamten, die für die Polizei von Los Angeles in der Bikerszene ermittelten. Ich war sicher, dass auch sie nach Laughlin gekommen waren, und im Falle eines Falles könnte ich ihre Unterstützung gut gebrauchen.

Schließlich entdeckte ich Cleetus, der zwar kein Mitglied der Angels, aber häufig mit ihnen unterwegs war. Er war größer als ich, kräftiger und hatte einen längeren Bart. Darüber hinaus war er ein sehr geselliger Typ mit einem ansteckenden Lachen. Sein Partner Paul hielt sich zwar lieber im Hintergrund, aber auch auf ihn war in brenzligen Situationen unbedingt Verlass.

Beide waren zwar dienstlich in der Szene unterwegs, doch deckte sich das durchaus mit ihren persönlichen Vorlieben. Denn trotz der blutigen Wirklichkeit war der Mythos, der die Hells Angels seit den 1960er Jahren umgab, auch zur Jahrtausendwende noch nicht vollständig verblasst. Prominente Mitglieder wie Ralph „Sonny" Barger, erster Präsident des Chapters Oakland und einer der Gründervater der Angels, oder Chuck Zito, der lange das Chapter New York leitete, hatten daran ebenso ihren Anteil wie die Medien, die, statt der Wahrheit Genüge zu tun, die Legende der „Big Red Machine" pflegten.

Nun standen wir uns Auge in Auge gegenüber, und fünf Minuten lang passierte nichts. Und weil auch brutale Kriminelle gelegentlich Vernunft walten lassen, beschlossen beide Führungsspitzen, zu einer Beratung zusammenzukommen. Das Ergebnis war, dass sich die Angels entschuldigten und versprachen, die Strafaktionen in Berdoo zu beenden und die dortigen Mongols zu dulden.

Ich war nicht der Einzige, den dieses Verhandlungsergebnis überraschte. Und Cleetus war deutlich anzusehen, wie sehr er es missbilligte. Dass sich der wichtigste und bekannteste Motorradclub der Welt von uns die Regeln diktieren ließ, empfand er offenbar als Schmach.

Ich hingegen verließ das Flamingo mit gänzlich anderen Gefühlen. Denn auch wenn ich mich dagegen zu sträuben versuchte, war ich stolz auf uns – und ein bisschen auch auf mich selbst. Schulter an Schulter mit den anderen Mongols hatte ich den berüchtigten Hells Angels Paroli geboten. Und das ohne jede Gewaltanwendung.

Ich hatte meine Aufgabe erfüllt, und langsam wurde es Zeit, Billy St. John in den Ruhestand zu schicken.

15. Kapitel

42 Festnahmen nach Razzia unter Rockern
von Mitchell Landsberg, Los Angeles Times

Hunderte Bundesbeamte, verstärkt durch die örtliche Polizei, führten am Freitag in mehreren Bundesstaaten gleichzeitig eine Razzia durch und nahmen dabei 42 Personen fest. Bei der Aktion, die dem Motorradclub Mongols galt, wurden zahlreiche Waffen, Kokain und gestohlene Motorräder beschlagnahmt.

Die Razzia war der Schlusspunkt einer Ermittlung, die sich über zweieinhalb Jahre erstreckte und für die sich ein Beamter in die Bande eingeschleust hatte, teilte das Amt für Alkohol, Tabak und Schusswaffen (ATF) mit.

Laut Behördenangaben zählen die Mongols zu den gewalttätigsten Gruppierungen der USA, und den Mitgliedern werden zahlreiche Verbrechen zur Last gelegt, darunter Mord, Erpressung, Brandstiftung, Drogenhandel, unerlaubter Waffenbesitz …

Der Beamte des ATF, über dessen Person keine Angaben gemacht wurden, schloss sich den Mongols im San Fernando Valley an und diente sich bis zum Schatzmeister hoch. Dafür hatte er eine aufwändige Prüfung seiner falschen Identität durch einen Privatdetektiv über sich ergehen lassen müssen.

Wie ein ehemaliger Angehöriger der US-Streitkräfte und langjähriger Mitarbeiter des ATF eine solche Prüfung überstehen und zwei Jahre lang unentdeckt bleiben konnte, ist eines jener Geheimnisse, die das ATF nicht lüften wollte. Das gilt auch für alle Details des Falles …

„Unser Mitarbeiter hat sich größter Gefahren ausgesetzt, um verwertbare Beweise zu beschaffen", lobte Donald Kincaid, Leiter des ATF-Büros in Los Angeles, in einer schriftlichen Erklärung. Nach seinen Worten hat die Razzia die Bande „mitten ins Herz getroffen".

Die Zeit zwischen der Ausfahrt nach Laughlin und meinem endgültigen Ausstieg betrug einen Monat – eine denkbar grauenhafte Zeit. Denn während ich meine Gewohnheiten aufrecht erhielt und mich nahezu täglich mit den Mongols traf, musste Ciccone, um die Haftbefehle zu erwirken, sämtliche Details der Ermittlungen vor einem Geschworenengericht ausbreiten. 17 zufällig ausgewählte Mitbürger und Mitbürgerinnen wussten also, dass sich ein verdeckter Ermittler bei den Mongols eingeschleust hatte. Umgekehrt hatten wir nicht die geringste Ahnung, wer diese Leute waren und mit wem sie Kontakt hatten.

Es dauerte einige Wochen, die Razzia vorzubereiten. Ich nutzte die Zeit, um bis zum letzten Tag Informationen zu beschaffen, die in die Haftbefehle einflossen.

Am Tag X, dem 29. Mai 2000, verabschiedete ich mich ein für allemal von meiner Rolle als Billy St. John. Damit verbunden war selbstverständlich auch, dass ich an einem geheimen Ort im Zentrum von Los Angeles einquartiert und in der Folgezeit rund um die Uhr bewacht wurde. Die Wohnung in Diamond Bar betrat ich nie wieder. Einige Wochen vor dem entscheidenden Schlag mussten auch meine Exfrau und die Kinder ihre Wohnung verlassen und in eine andere Stadt umziehen. Bis zuletzt sträubten sie sich dagegen, aber da es zu ihrer eigenen Sicherheit war, kannte das ATF kein Pardon.

In der Woche vor dem 19. Mai wurden Polizeikräfte aus dem ganzen Land in Los Angeles zusammengezogen. Am Ende waren mehr als 300 Beamte des ATF und 375 Polizisten an der Aktion beteiligt, die zeitgleich in Südkalifornien, Oklahoma, Colorado und Georgia stattfand. Dabei wurden zirka 70 Schusswaffen aller Art, Sprengstoff, 17 gestohlene Motorräder, zwei Kilo Kokain, erhebliche Mengen Marihuana und Methamphetamin sowie mehrere 10.000 Dollar Bargeld sichergestellt.

Bei Hausdurchsuchungen wurden mehrere Waffenlager ausgehoben. Allein bei Lonnie „Slick" Gallegos, Schatzmeister des Chapters El Sereno, fielen den Beamten drei Schrotgewehre der Marken Beretta, Mossberg und Maverick, ein halbautomatisches Gewehr Kaliber 22 von Glenfield, zwei Norinco-Sturmgewehre, eine Intratec 9-mm, eine Smith & Wesson 9mm, eine halbautomatische Jennings .22, ein Charter Arms Revolver .44, eine .357 Magnum, eine kugelsichere Weste, neun Plastiktüten mit Marihuana, militärische Handbücher und Anleitungen, 1.400 Dollar in bar sowie ein Satz Schlagringe in die Hände. Während das meiste davon offen im Haus herumlag, wurde Gallegos Kutte in einem Safe in der Garage entdeckt. Das zeigt die Prioritäten.

Um auf alle Eventualitäten reagieren zu können, wurde beim ATF ein Hauptquartier eingerichtet, in dem Vertreter mehrerer Behörden saßen, darunter die Bundesstaatsanwaltschaft, der Zoll, die Einwanderungsbehörde, die Polizei von Los Angeles und das ATF selbst. Diese Maßnahme erwies sich als absolut erforderlich, weil sich im Laufe der Aktion quasi im Minutentakt Situationen ergaben, die polizeitaktisch oder juristisch bewertet werden mussten. Die kleinste Hürde war noch, dass einige Mongols falsche Namen angaben oder sich nicht ausweisen konnten. Schwerer wog es, wenn sich Durchsuchungsbeschlüsse zwar auf Häuser, aber nicht auf die dazugehörigen Garagen erstreckten, in denen verdächtiges Material vermutet wurde. All diese Probleme landeten im Hauptquartier, wo sie im Schnellverfahren beraten und entschieden wurden. Ich selbst verbrachte den Tag überwiegend am Telefon, um Rückfragen von Kollegen vor Ort zu beantworten.

Überhaupt erlebte ich diesen 19. Mai mit einem eigentümlichen Abstand zur Wirklichkeit. Meine Rolle als verdeckter Ermittler war unwiderruflich vorbei, aber was würde die Zukunft bringen? Klar war nur, dass ich viel Zeit damit verbringen würde, als Belastungszeuge gegen die Mongols auszusagen. Bei der Menge der Verfahren konnte sich das durchaus zwei Jahre hinziehen. Doch schon jetzt begegneten mir im Hauptquartier wildfremde Menschen, die mir je nach Temperament auf die Schulter klopften, gratulierten, die Hand schüttelten oder mich wie eine Jahrmarktattraktion mit offenem Mund bestaunten.

Obwohl die Aktion reibungslos verlief, fühlte ich mich schon nach wenigen Stunden ausgelaugt – was sicherlich an dem Gewissenskonflikt lag, in dem ich mich befand. Einerseits sorgte ich mich um die Sicherheit meiner Kollegen, die es dort draußen mit Schwerverbrechern zu tun hatten. Doch mit diesen Schwerverbrechern hatte ich die letzten zwei Jahre verbracht. Und so stolz ich auf meine erfolgreiche Arbeit als verdeckter Ermittler war, so traurig machte es mich, dass sich dieser Erfolg in der

Festnahme von 42 Männern erwies, von denen ich einigen sehr nahe gekommen war.

In den Monaten darauf erfolgten weitere Festnahmen, so dass sich am Ende die stattliche Zahl von 54 Anklagen – darunter mit Carrena auch eine Frau – ergab, die zu 53 Verurteilungen führten. In Anbetracht der erdrückenden Beweislast bekannten sich die meisten Mongols schuldig. Als Belastungszeuge stellte sich aber nur Rancid zur Verfügung. So war er auch der Einzige, der von der Kronzeugenregelung profitierte und nicht verurteilt wurde.

Am Tag nach der Razzia war ich in Begleitung meiner Leibwächter mit dem Auto in Los Angeles unterwegs, als mein Handy klingelte. Am anderen Ende war Top Hat, ein Mongol aus der Nähe von Daytona Beach, Florida. Er arbeitete als Kraftfahrer und kam deshalb beruflich oft nach Kalifornien. Ich hatte ihn bei Domingo kennengelernt, und da wir in etwa gleichaltrig waren, saßen wir oft zusammen und haben uns unterhalten. So erfuhr ich, dass Top Hat, ehe er sich den Mongols anschloss, Mitglied des Warlock Motorcycle Clubs war, und zwar zur selben Zeit, als sich mein Kollege Steve Martin dort eingeschleust hatte. Noch Jahre später konnte Top Hat eine Liste von Ein-Prozentern herunterrattern, die seinerzeit ins Gefängnis gekommen waren. „Man kann eben niemandem trauen", hatte ich kommentiert.

So kurz nach der Razzia rätselten die Mongols noch, wie es zu den Festnahmen gekommen war: Hatte sich ein verdeckter Ermittler eingeschleust? War ein Anwärter die undichte Stelle? Oder war die Polizei durch elektronische Überwachung an all die Informationen gekommen?

Mit einer Handbewegung gab ich meinen Begleitern zu verstehen, dass sie keinen Ton von sich geben sollten. Denn Top Hat hatte gerade erst von der Razzia erfahren und wollte wissen, ob es mich auch erwischt hatte.

„Zum Glück nicht", antwortete ich. „Aber eine solche Scheiße hat die Welt ja wohl noch nicht gesehen."

„Ich schon, wie du weißt", widersprach er. „Mich wundert eher, dass eine solche Scheiße zwei Mal passiert. Aber zum Glück wissen wir, wer uns das Ganze eingebrockt hat."

„Wer denn?" fragte ich in der festen Erwartung, dass er meinen Namen nennen würde. Aber seine Antwort war ebenso überraschend wie beängstigend.

„Preacher, dieses Drecksstück. Aber mit dem machen wir kurzen Prozess."

Preacher war ein neuer Anwärter des Chapters South Bay, der sich in den Augen vieler Mongols schon dadurch verdächtig machte, dass er vorher einem anderen Bikerclub hatte beitreten wollen.

„Bist du dir sicher?" fragte ich besorgt.

„Und ob", bestätigte Top Hat und ließ mich wissen, dass ein vierköpfiges Strafkommando gebildet worden war, um Preacher „das Licht auszublasen", wie er es nannte. „Sie müssten eigentlich schon unterwegs sein."

„Und wenn er es gar nicht war?"

„Natürlich war er es."

Wieder einmal war ich in der Situation, eine spontane Entscheidung treffen zu müssen. Dieses Mal allerdings waren die Konsequenzen unabsehbar. Doch bei meiner Vereidigung als Beamter hatte ich geschworen, Menschenleben zu schützen, und an diesen Schwur wollte ich mich halten. Und da das Mordkommando vielleicht schon unterwegs war, blieb keine Zeit, um Ciccone die Drecksarbeit zu überlassen. Der Einzige, der Preachers Leben noch retten konnte, war Billy St. John.

Ich gab mir einen Ruck. „Preacher war es nicht", sagte ich bestimmt.

„Wer denn sonst?"

„Ich war es", gestand ich Top Hat – und damit allen Mongols weltweit. „Hast du mich verstanden? Ich bin Beamter des ATF. Also lasst Preacher in Ruhe. Wenn ihm auch nur ein Haar gekrümmt wird, sorge ich persönlich dafür, dass die Verantwortlichen hinter Gitter landen. Ist das klar?"

Top Hat hatte es die Sprache verschlagen. Einige Sekunden lang hörte ich noch seinen Atem, dann trennte er die Verbindung.

Ich rief umgehend Ciccone an und berichtete ihm von dem Telefonat mit Top Hat. John versprach, einige Leute zu Preacher zu schicken.

Billy gegen Ende der Ermittlungen.
(Mit freundlicher Genehmigung des Los Angeles County Sheriff's Department)

Und während mich meine Leibwächter weiter durch Los Angeles chauffierten, brach in mir eine Welt zusammen.

Die Verhandlungen gegen die Mongols zogen sich über zwei Jahre hin, und genauso lange musste ich vor verschiedenen Gerichten und Instanzen erscheinen und gegen sie aussagen. Doch schon bei meinem ersten Auftritt vor Gericht lebte ich nicht mehr in Los Angeles, sondern in einem abgelegenen Haus in Plano, Texas. Dort, so meinte das ATF, sei ich vor Racheaktionen sicher. Das mochte stimmen, aber richtig war auch, dass ich dort auf alles verzichten musste, was mir lieb und teuer war. Meine Exfrau und die Kinder lebten inzwischen mit einer neuen Identität in Florida, und mir war es nahezu unmöglich, Kontakt zu meinen Söhnen aufzunehmen, geschweige denn, sie zu sehen. Ich vermisste sie fürchterlich, und kaum weniger vermisste ich Südkalifornien und meine Freunde dort. Die einzigen Menschen, zu denen ich noch regelmäßig Kontakt hatte, waren meine Leibwächter.

Für die Verhandlungen musste ich jedes Mal nach Los Angeles fliegen, und der erste Anlass war das Verfahren gegen Junior, dem Vorgänger von Little Dave als Präsident. Als ich Kalifornien verlassen hatte, war ich zumindest äußerlich noch immer Billy St. John. Und selbst im ATF hatten sich alle daran gewöhnt, dass ich lange Haare und einen langen Bart trug. Als ich nun am Flughafen von Los Angeles landete, stieg ein frisch frisierter und rasierter Mann aus dem Flugzeug. John Jacques, der mich zusammen mit einigen weiteren Kollegen abholen sollte, kannte mich zwar von einigen Lehrgängen, die wir gemeinsam absolviert hatten, erkannte mich aber erst, als ich ihn fragte, ob er jemanden abholen wolle.

„Ja", bestätigte er lachend, „aber mir wurde gesagt, es handele sich um einen Rocker mit Rauschebart."

Nachdem wir uns herzlich begrüßt hatten, brachten sie mich zu einem Auto mit getönten Scheiben und fuhren mich zum Gericht. Im Laufe meiner Karriere hatte ich oft prominente Personen beschützen müssen, darunter der Präsident der Vereinigten Staaten und Würdenträger aus aller Welt. Daher kannte ich das Prozedere aus dem Effeff. Aus der Perspektive des zu Beschützenden erlebte ich es allerdings zum ersten Mal.

Mehr als allen anderen war mir klar, dass der Personenschutz nötig war. Denn es konnte keinen Zweifel daran geben, dass sich die Mongols nichts sehnlicher wünschten, als mich umzubringen.

Ich versuchte mich mit dem Gedanken zu beruhigen, dass meine Kollegen alle erdenklichen Maßnahmen zu meiner Sicherheit getroffen hatten. Denn obwohl das Gerichtsgebäude von Polizisten umstellt war, wurde ich zu einem Hintereingang gebracht. Sollten die Mongols vorhaben, mich zu erschießen, würden sie ihr Glück an einem anderen Tag versuchen müssen.

Kurz nachdem ich zu den Mongols gestoßen bin, war Junior wegen bewaffneten Raubüberfalls zu 16 Jahren Haft verurteilt worden. Cleveren Anwälten war es gelungen, das Urteil wegen eines Verfahrensfehlers anzufechten und einen neuen Prozess zu erwirken. Ich sollte über die Methoden berichten, mit denen die Mongols Belastungszeugen einschüchterten und Entlastungszeugen zu beschaffen verstanden.

Dass meine erste Aussage in diesem Prozess stattfinden sollte, kam mir sehr gelegen. Denn da ich Junior kaum kannte, fiel es mir auch nicht schwer, ihm gegenüberzutreten. Zudem war er ein brutaler und notorischer Verbrecher, der unbedingt hinter Gitter gehörte.

Bei anderen Verfahren nagten jedoch schwere Gewissensbisse an mir, die sich im Laufe der Jahre zu Höllenqualen auswuchsen. Die Tage, an denen ich vor Gericht erscheinen musste, hasste ich bald so sehr wie die Wochen und Monate als Anwärter. Zu meiner großen Erleichterung bekannte sich Red Dog in allen Anklagepunkten schuldig und wurde zu drei Jahren Gefängnis verurteilt, ohne dass ich gegen ihn aussagen musste.

Schon vor dem Abflug aus Texas quälte mich regelmäßig der Gedanke, den Männern in die Augen sehen zu müssen, die mich noch vor Kurzem als ihren Freund bezeichnet hatten. Wir hatten zusammen gefeiert, getrunken und gekämpft. Ich kannte die Namen ihrer Kinder und ihrer Frauen. Und ich hatte keinen Zweifel daran, dass Leute wie Domingo, Rocky oder Evel für mich durchs Feuer gegangen wären. Ihnen gegenüberzutreten würde, daran führte kein Weg vorbei, eine überaus schmerzliche Angelegenheit werden. (Domingo legte ein umfassendes Geständnis ab, so dass mir wenigstens in diesem Fall die Aussage erspart blieb.)

Im Februar 2001 fand der Prozess statt, in dem sich Evel wegen Motorraddiebstahls und Hehlerei verantworten musste. Wieder war ich als Zeuge vorgeladen, doch dieses Mal fiel mir die Reise nach Los Angeles doppelt schwer. Denn in vorangegangenen Verfahren hatte Evel schon so viele Jahre Gefängnis aufgebrummt bekommen, dass es auf ein paar mehr oder weniger nicht ankam. Nur hatte das nicht ich zu entscheiden. Ich war nur ein kleines Rädchen in einer gut geölten Maschinerie. Außerdem, so sagte ich mir, war Evel ja selbst schuld. Und da ich auf der Seite des Gesetzes stand, stand ich auf der richtigen Seite.

Allerdings hatte ich oft genug erlebt, dass auch diese Seite tückisch sein konnte. Mancher Angeklagte, der des Mordes überführt schien, hatte das Gericht als freier Mann verlassen. Die größte Beruhigung aber war mir der Gedanke, dass Evel nicht mich einen Freund genannt hatte, nicht für mich durchs Feuer gegangen wäre, sondern für ein Phantom mit dem Namen Billy St. John. Den ATF-Beamten William Queen würde er hingegen töten, ohne mit der Wimper zu zucken.

Während im Gerichtssaal der Prozess seinen Lauf nahm, saß ich in einem streng bewachten Raum und wartete darauf, dass ich in den Zeugenstand gerufen wurde. Der Gedanke, Evel gegenübertreten zu müssen, ließ mich wie im Vorhof zur Hölle fühlen.

Um mich abzulenken, unterhielt ich mich mit meinem Freund und Kollegen Zack, der zu meiner Bewachung abgestellt war. Dabei glitten meine Gedanken immer wieder in die Vergangenheit ab. Mal sah ich mich mit Evel im The Place, wo wir am Tresen Bier tranken und uns Geschichten erzählten. Dann fiel mir die Softail Springer ein, die wir in meinem Wohnzimmer zerlegt und wieder zusammengebaut hatten. Schließlich glaubte ich sogar das Geräusch zu hören, wie er mich mit seiner Harley überholte, obwohl ich schon 130 Sachen fuhr. Allerdings erinnerte ich mich genauso gut an jene Episode bei ihm zu Hause, als er seine Freundin verprügelt hatte und ich sie wieder zusammenflicken musste.

Wie sehr hätte ich mir in diesem Augenblick gewünscht, ein normaler Polizist wie Zack zu sein, für den es nur Schwarz und Weiß, Gut und Böse gab.

Ich hingegen kannte auch die Zwischentöne, und während der Gesetzeshüter in mir wusste, dass die Mongols ins Gefängnis gehörten, sagte eine andere Stimme das genaue Gegenteil. Denn was Kollegen wie Ciccone und Zack niemals verstehen würden war, dass ich bei all den Unternehmungen der Mongols nicht nur dabei gewesen war, sondern sie auch miterlebt und vor allem mitempfunden hatte.

Als meine „Mutter" starb, hatte niemand vom ATF mir kondoliert. Vermeintliche Schwerverbrecher wie Evel hingegen hatten mich getröstet und umarmt. Nicht nur bei diesem Anlass hatte ich das unsichtbare Band erleben dürfen, das Gruppen wie die Mongols zusammenhielt.

Die staatlichen Behörden konnten und mussten sie daran hindern, mit Drogen und Waffen zu handeln, andere Menschen zur erpressen, auszurauben, sie zu überfallen oder gar zu töten. Aber was sich der Gerichtsbarkeit entzog und eher vorbildlich als verwerflich war, das war der unbedingte Zusammenhalt der Gruppe. Und der war stärker als jede Blutsverwandtschaft und auch als jede Droge.

Mitten in meine Gedanken hinein ging die Tür auf. Als ich aufsah, blickte ich in Ciccones ernste Miene. „Du bist dran, Billy", sagte er.

Schweren Herzens folgte ich ihm in den Gerichtssaal. Während ich zum Zeugenstand ging, sah ich in den Augenwinkeln Evel. Noch gelang es mir, den direkten Blickkontakt zu vermeiden. Ehe ich befragt wurde, kam der Gerichtsdiener mit der Bibel, auf die ich eingeschworen wurde.

„Schwören Sie, die Wahrheit und nichts als die Wahrheit zu sagen, so wahr Gott Ihnen helfe?"

Warum sprach der Mann von Wahrheit im Singular? Es gab doch mehrere. Aber daran war das Gericht wohl nicht interessiert. „Ich schwöre", sagte ich und betrat den Zeugenstand.

Bis dahin war es mir gelungen, Evels Blicken auszuweichen. Doch nun zwang mich eine unsichtbare Kraft, ihn anzusehen. Zu meinem großen Erstaunen lag in seinen Augen weder Hass noch Mordlust, sondern eine tiefe Trauer. „Was machst du da, Billy?" schien sein Blick zu fragen. „Ich bin es doch, Evel!"

Dann holte mich die Stimme des Richters in die Wirklichkeit zurück. „Nennen Sie uns bitte Ihren Namen und Beruf."

Es dauerte einen Moment, bis ich die richtige Antwort parat hatte. „Mein Name ist Queen", sagte ich endlich. „William Queen. Ich bin Beamter des Amtes für Alkohol, Tabak und Schusswaffen."

Nachwort

Unsere Operation versetzte dem Motorardclub Mongols einen schweren, aber keinen vernichtenden Schlag. Genau zwei Jahre nach meinem Abschied fuhr ein großer Konvoi Mongols nach Laughlin ein, um wie jedes Jahr eine Demonstration ihrer Macht abzugeben. Und wie ich es im Kasino des Flamingo selbst erlebt hatte, wussten sie auf jede Provokation der Hells Angels eine Antwort.

Doch dieses Mal blieb es nicht bei Drohgebärden.

Am 27. April 2002, kurz nach 14 Uhr, verließen zirka 30 Hells Angels das Flamingo Hilton und fuhren mit ihren Harleys zum nahegelegenen Harrah's Casino, wo sie sich mit 50 weiteren Angels treffen wollten. Am Eingang stießen sie auf etwa 40 Mongols. Ein Angel trat einem Mongol mit einem Karatetritt gegen den Brustkorb. Dann brach die Hölle los. Erst flogen nur Fäuste, dann auch Schraubenschlüssel, Hämmer und Messer. Schließlich zog ein Mongol eine Pistole und schoss einem Angel in den Bauch.

Als der Kampf vorüber war, lagen drei Biker tot am Boden – zwei Angels und ein Mongol. Die Leiche eines dritten Angels wurde später am Straßenrand in San Bernardino gefunden.

Der getötete Mongol war mein Freund Bronson vom Chapter Los Angeles, der mir geholfen hatte, meine Softail Springer neu zu lackieren. Bei der Vorstellung, dass sich dieser etwas ältere und ruhige Typ an einem solchen Gemetzel beteiligte, versagte meine Fantasie. Vor allem aber tat es mir unendlich weh.

Aber so ist die Welt der Ein-Prozenter. Denn so viel Angst und Schrecken Gruppierungen wie die Mongols auch verbreiten mögen, verdienen sie in einem Punkt fast unser Mitleid: Über kurz oder lang richten sie sich nämlich selbst zugrunde. Gefängnis, Drogenabhängigkeit oder Mord – mit einem solchen Ende muss jeder rechnen, der sich das schwarz-weiße Abzeichen auf die Kutte näht.

Die Ermittlungen gegen den Motorradclub Mongols führten zu folgenden Anklagen und Gerichtsverfahren

Es bekannten sich schuldig

1. James, „Jimmy" AFANESKO:
   Verurteilung wegen Verstoß gegen das nationale Waffengesetz (Title 18, U.S. Code, sec. 922[g]1). Gefängnisstrafe.

2. Phillip „Evel" ALARCON:
   Verurteilung wegen des Handels mit gestohlenen Motorrädern (RICO Predicate Act). Gefängnisstrafe

3. Jeremy „J.R." McDONALD:
   Verurteilung wegen des Handels mit gestohlenen Motorrädern (RICO Predicate Act). Gefängnisstrafe.

4. Raymond „Ray-Ray" CHAVEZ:
   Verurteilung wegen Verstoß gegen das nationale Waffengesetz (Title 18, U.S. Code, sec. 922[g]1) und das nationale Betäubungsmittelgesetz (Title 21, U.S. Code, sec. 841[a]1). Gefängnisstrafe.

5. Donald „Red Dog" JARVIS:
   Verurteilung wegen Verstoß gegen das nationale Waffengesetz (Title 18, U.S. Code, sec. 922[g]1). Gefängnisstrafe.

6. Thomas „Tommy T" LUNA:
   Verurteilung wegen des Verstoßes gegen das nationale Betäubungsmittelgesetz (Title 21, U.S. Code, sec. 841[a]1). Gefängnisstrafe.

7. Carrena BERRARA:
   Verurteilung wegen des Verstoßes gegen das nationale Betäubungsmittelgesetz (Title 21, U.S. Code, sec. 841[a]1). Gefängnisstrafe.

8. Bruce BOYSON:
   Verurteilung wegen des Missbrauchs von Staatseigentum. Als Dispatcher der California Highway Patrol verschaffte sich Boyson Zugang zu staatlichen Computern und gab vertrauliche Informationen an die

Mongols weiter. Dafür wurde er fristlos entlassen und zu einer Gefängnisstrafe verurteilt, nach deren Verbüßung er für drei weitere Jahre unter Bewährung stand.

9. Johnny „Cowboy" VEGA:
Verurteilung wegen Verstoß gegen das nationale Waffengesetz (Title 18, U.S. Code, sec. 922[g]1). Gefängnisstrafe.

Anklage wegen Mordes

1. Adrian „Panhead" GUTIERREZ:
Gutierrez mußte sich vor dem Kammergericht von Los Angeles verantworten und wurde des Mordes schuldig gesprochen. Gefängnisstrafe.

2. David HANNA:
Die Ermittlungen dauern noch an.

Anklage wegen des Handels mit Maschinengewehren

Die folgenden fünf Angeklagten wurden wegen des Handels mit Maschinengewehren angeklagt und zu Gefängnisstrafen verurteilt:

1. Timothy „Domingo" ALVAREZ
2. Robert „Bobby Loco" GARCIA
3. Ernest „AK" JIMENEZ
4. Michael „Mansion Mike" LUJAN
5. Richard „Shaggy" VOGEL

Zwei Angeklagte wurden zudem des Besitzes von Maschinengewehren schuldig gesprochen und zu Gefängnisstrafen verurteilt:

1. Ernest „AK" JIMENEZ
2. Johnny „Cowboy" VEGA

Anklage wegen Verstoß gegen nationale und kalifornische Waffengesetze

Folgende Personen mussten sich vor verschiedenen Gerichten verantworten und wurden zu Gefängnisstrafen verurteilt:

1. Christopher „Recon" CASTILLO
2. Richard „Rancid" CLAYTON
3. Douglas „Bucket Head" CRAMER
4. Lonnie „Slick" GALLEGOS
5. Joe „Lil Joe" GONZALEZ
6. Martin „Largo" GUEVARA
7. Joseph „The Kid" HOWARD
8. Leonard „Lenny" VALLES
9. Manuel „Woody" CARDENAS

Cardenas wurde freigesprochen. Ein Mongol hatte ausgesagt, dass die fraglichen Waffen ihm gehörten. Die Folge war, dass gegen ihn ein Verfahren eingeleitet wurde.

Anklage wegen des Verstoßes gegen nationale und kalifornische Betäubungsmittelgesetze

Folgende Personen mussten sich vor verschiedenen Gerichten verantworten und wurden zu Gefängnisstrafen verurteilt:
1. Richard „Richie" FRANCHINA
2. Rudy „Rocky" MARTINEZ
3. Donald „Hobbit" NELSON
4. Giovonni „Geo" RAMIREZ
5. Michael „Casper" PANACCIA
6. Robert „Bobby Loco" GARCIA

Anklage wegen des Handels mit gestohlenen Motorrädern

Zwei Angeklagte wurden für schuldig befunden und zu Gefängnisstrafen verurteilt:
1. Gerard „Buddy" MGRDICHIAN
2. Joanne MGRDICHIAN

Anklagen wegen Diebstahls

Zwei Angeklagte mussten sich wegen Diebstahls vor Gericht verantworten und wurden zu Gefängnisstrafen verurteilt:

1. Vicky MARTINEZ
2. Pam (Nachname unbekannt)

Anklage wegen schwerer Körperverletzung
1. Richard SLAYTON

Anklage wegen des Diebstahls von Motorrädern
Drei Angeklagte wurden schuldig gesprochen und zu Gefängnisstrafen verurteilt:
1. Felipe GOMEZ
2. Francisco MARTINEZ
3. Jose PIZANO

Weitere Verfahren, insbesondere wegen Bildung und Mitgliedschaft in einer kriminellen Vereinigung, sind noch anhängig.

Widmungen und Danksagungen

Mein erster und wichtigster Dank gilt meiner wunderbaren Frau Allysson, die in mir das Feuer entfacht, das für die Entstehung dieses Buches die Voraussetzung war. Deine Liebe und Ermutigung hat es erst möglich gemacht.

Für meine Kinder, die ihren Vater drei Jahre lang vermissen mussten. Heute würde ich mich gegen die Ermittlung und für euch entscheiden.

Für Carolyn, Jimmy, Gene und Debbie. Auch wir hatten viel zu wenig gemeinsame Zeit.

Dank an meinen Agenten Doug Century. Der Erfolg des Buches geht zu einem großen Teil auf seine Kappe.

Dank an meinen Lektor Lee Boudreaux und seine Kollegen bei Random House, die ihren Teil zum Gelingen beitrugen.

Für alle Mitglieder des Teams, das die Mongols vor Gericht brachte.

Dank an John Ciccone, Darrin Kozlowski, John Carr, Eric Harden, Cleetus und Paul.

Dank an Tom Brandon vom ATF, der John Ciccone und mir den Rücken freigehalten hat.

Dank an Sally Meloch, der zuständigen Staatsanwältin.

Dank an Jerry Friedberg, dem zuständigen Staatsanwalt, der den Überblick behielt, wenn es unübersichtlich zu werden drohte.

Dank an John Cooper für seine Unterstützung im Hauptquartier des ATF.

Dank an Al Phoenix für alles, was er für mich getan hat – gleich ob im Büro oder beim Einsatz vor Ort.

Dank an George Bernard, Steve Campbell und John Torres für ihre Dienste als „Schutzengel".

Dank an Steve Trethewy für die Unterstützung in Phoenix und beim Schreiben dieses Buches.

Dank an Howard Levine. Wenn ich ihn brauchte, war er da.

Dank an Steve Martin. Keiner kann mich so aufrichten wie er.

Während meiner Zeit beim ATF hatte ich das große Privileg, von einigen Vorgesetzten noch Unterstützung zu bekommen, als andere den Fall längst abgeschrieben hatten. Diese Leute zeichnen sich durch unbeirrbare Überzeugungen aus, von denen sie sich auch durch widrigste Umstände nicht abbringen lassen. Ihre Entscheidungen basierten auf klaren Vorstellungen von Gut und Böse, die unabhängig von politischen Strömungen oder persönlichen Interessen Gültigkeit haben. Dafür bewundere ich sie aufrichtig, denn aus demselben Holz waren auch die Männer und Frauen geschnitzt, die unser Land gegründet und groß gemacht haben. Dank an Lanny Royer, Tony Ferguson und Larry Cornelison.